国家出版基金项目
NATIONAL PUBLICATION FOUNDATION

西安明城志——中国历史城市文化基因系列丛书

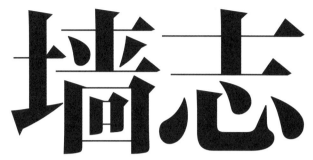

墙志

历史进程中的西安明城城墙

U0330655

李昊 叶静婕 沈葆菊 编著

中国城市出版社 中国建筑工业出版社

审图号：GS（2020）5901号

图书在版编目（CIP）数据

墙志：历史进程中的西安明城城墙／李昊，叶静婕，沈葆菊编著．—北京：中国城市出版社，2019.6

（西安明城志：中国历史城市文化基因系列丛书）

ISBN 978-7-5074-3178-0

Ⅰ.①墙… Ⅱ.①李… ②叶… ③沈… Ⅲ.①城墙－历史－西安 Ⅳ.①K928.77

中国版本图书馆CIP数据核字（2019）第050690号

《西安明城志——中国历史城市文化基因系列丛书》的第一辑《墙志 历史进程中的西安明城城墙》，以西安明城墙为样本，详述古代城市的主要标志——城墙在历史进程中的兴衰荣辱和存废演替，探讨城墙作为城市遗产"文化表征"的内在价值、"生命延续"的空间本质与"持续更新"的发展路径。

责任编辑：陈 桦 王 惠

责任校对：姜小莲

西安明城志——中国历史城市文化基因系列丛书

墙志 历史进程中的西安明城城墙

李昊 叶静婕 沈葆菊 编著

＊

中国城市出版社、中国建筑工业出版社出版、发行（北京海淀三里河路9号）

各地新华书店、建筑书店经销

北京锋尚制版有限公司制版

北京雅昌艺术印刷有限公司印刷

＊

开本：880毫米×1230毫米 1/16 印张：24 字数：554千字

2020年12月第一版 2020年12月第一次印刷

定价：168.00元

ISBN 978－7－5074－3178－0

（904152）

发现历史空间的谱系
呈现在地日常的丰饶

旧石器时代早期，蓝田猿人开始在蓝田县公王岭一带狩猎采集，距今约100万年。

新石器时代晚期，母系氏族聚落出现于浐河东岸半坡，距今约6500年。

公元前11世纪末，周文王在沣河西岸营建丰京，至今3000余年。

公元前202年，刘邦借秦二宫，营建汉长安城，至今2220年。

公元618年，唐王朝建都长安，续建隋大兴城，至今1400年。

公元904年，佑国军节度使韩建以唐皇城为基础改建长安城，至今1114年。

公元1378年，明洪武十一年西安府城扩城定型，至今640年。

公元1649年，清顺治六年拆毁明秦王府，修筑满城，至今369年。

公元1912年，陕西都督拆除满城西、南两面城墙，至今106年。

公元1952年，修建西安火车站广场拆除解放门城墙，首开豁口。

公元2004年，三个大跨度的拱桥式城门连接原解放门豁口，明城墙终于合拢。

经过漫长的生命进化，人类脱颖于动物世界，以主体自觉重新审视自然客体，开启"观乎天文，以察时变；观乎人文，以化成天下"的文化进程。从"逐水草而居"的渔猎游牧到"日出而作、日落而息"的农耕定居，从氏族部落到国家政权，人类文明的帷幕在生产力的推动下拉开。城市的出现是文明发展的重要标志，不仅成就了地球上最为独特的人类景观，更是人类文化基因的物质载体和深层结构。

关中平原地处北纬33°~34°，夹峙于陕北高原和秦岭山脉之间，山环河绕、地域宽阔、原隰相间、土地肥沃，优良的自然环境条件为聚落文明的萌发提供了厚实的土壤与养分，并直接作用于聚落的营建观念和空间形态。从原始社会的氏族村落、农业社会的大国都城、近现代的西北重镇到今天的国家中心城市，西安在世界聚落营建史上留下浓墨重彩，是研究中国城市历史发展的典型样本。西周、秦、西汉、新、绿林、赤眉、东汉献帝、西晋愍帝、前赵、前秦、后秦、西魏、北周、隋、唐、黄巢的大齐、李自成的大顺，先后有六个统一王朝、五个分裂时期政权、两位末代皇帝以及四个农民起义政权在此建都，代表中国古代文明标志性节点的周、秦、汉、唐位列其中。层积的历史与风土共同形成了独特的地域文化图谱，在中华文明的宏大谱系中华光夺目。

西安明城区源于隋唐长安城皇城，明洪武年扩城形成了目前的格局，是保存至今最为完整的、规模最大的中国古代城垣。它真实记录了千年来的空间变迁和社会历程，历史与文化价值突出。本丛书以文化人类学为站点，分析明城区物质空间的特征、形态和发展；空间营建的理念和制度；社会生活的风土、性格和精神。思考传统与当下、空间与社会、设计与制度的内在关联与价值扬弃，探索当代中国城市品质提升和文化复兴的基点、路径和方向。

第一，探究文化基因的生成本底与演进机制——空间进程 + 社会演变

首先，本丛书是对历史城市文化基因生成本底的整理与记述。以西安历史核心区——明城区为研究对象，分别从四大空间要素"墙""屋""街""形"入手，记述西安明城区的历史发展进程、空间形态演变和社会生活特征，由古及今、由表及里、由物及人、由形及场，进行历时性与共时性的全景文化展示。本丛书希望打破此类图书相对单一的空间与历史视角，在文化考察的基础上，融贯人类学视野和社会学方法，结合团队长期以来的基础性研究，呈现西安城市空间的文化形态与社会变迁，记录生活其中的人的样态，探究中国历史城市的演进机制。

第二，挖掘文化基因的精神内核和构成体系——文化精髓＋营城智慧

其次，本丛书是对中国历史城市文化基因内在精神的探索与挖掘。通过对西安明城区历史进程和社会人文的深度解析，探索中华优秀传统文化和营城智慧，发现城市空间特质与文化内核。城市与人的活动相互关联，不同历史阶段的价值标准、审美风范与生活习惯映射在城市空间上，经过时间的浸润与沉淀，焕发出优雅的文化之光和地域风韵。本丛书探讨西安城市营建历程所映射的人地关系，不同历史时期的价值观念、生活方式与空间图式的深层关联，挖掘内在的人文属性和价值取向，探讨中国历史城市的场所精神。

第三，辨识文化基因的形态谱系和空间特质——语汇提取＋价值回归

最后，本丛书是对中国历史城市文化基因形态图示的提取与彰显。进入城市化后半程以来，城市发展方式已经由向外扩张转为存量提升，城市空间不只是社会活动的背景，直接参与生产与消费的全过程，文化建设与品质提升成为城市的核心诉求。在全球化的网络体系中，城市的核心竞争力在于自身的独特性与不可替代性，城市发展首先来自对自身资源的评估与判断。对历史城市而言，其文化价值的挖掘与呈现必然是应对未来发展的核心和关键。本丛书探讨在继承优秀传统文化和营建经验的基础上，如何逐步改变和适应，构建当代城市的文化精神和价值内核。

丛书包括四册，分别从历史、地域、生活、场所四个维度展开。

第一辑：《墙志 历史进程中的西安明城城墙》，以城墙为线索，梳理西安城市发展的演进历程，记述明城城墙的前世今生与兴衰荣辱。

第二辑：《屋志 地域视野下的西安明城建筑》，从关中地区的聚落营建开始，整理西安明城各时期代表性建筑，辨析地域空间的生成机制与影响因素。

第三辑：《街志 生活维度中的西安明城街道》，以市井生活为主脉，研究西安明城街道空间，探讨街道场所的空间属性和生活价值。

第四辑：《形志 场所精神下的西安明城形态》，从人类学的整体关切入手，提取西安明城文化基因，明确历史城市的层积特质和活态属性。

边界在历史进程中的建立与消隐

西安有3000多年的建城史，十三个王朝相继在此建都，周礼、汉制、秦统、唐盛，无一不是中国古代社会的关键节点。文化的丰裕培育了西安独特的人文气质与精神格调。"九天阊阖开宫殿，万国衣冠拜冕旒"，"长安"这个曾经万人仰慕的大都会，以其雄浑宏大的布局、巍峨壮丽的建筑、博采兼容的胸怀和俯视天下的气度成为西安历史上最辉煌的一页，也直接构架了西安文化基因的基本格序。豪迈、恬淡、悠闲的人文风土源于千年时光的凝结、"自古帝王都"的气度以及几经沧桑、笑傲沉浮的智慧觉悟。

作为全国首批公布的24个历史文化名城之一，西安人文昌盛、古迹众多，总面积11.32平方公里的明城区是历史叠加的核心区域，拥有年代久远、内涵丰富、类型繁多的文化资源，形成了西安特有的城市风貌和地域文化。据统计，明城区内有国家级文物保护单位14处、省级文物保护单位26处、市级文物保护单位15处，另有北院门历史街区、七贤庄历史文化街区、三学街历史文化街区3片，历史建筑49处等。

明城区以城墙为边界，以钟、鼓楼等特色建筑为标志性节点，以南北大街、东西大街为轴线，以纵横垂直交错的街巷为肌理，构成了城市的基本骨架。这种形态格局又在很大程度上深深地影响着西安整个城市的形态结构。明城区如同一个原点，定位了城市的空间坐标。在城市向外的空间拓展均以明城区为核，确立轴线、片区、路网等。南北延伸的龙脉、规整的路网格局、多条轴线的建立，在不断强化这种空间形态。西安已是迈向千万人口的超大城市，而明城区永远是城市的发展之源。

明城区不仅是一个承载历史的文化空间，还是一个融合了日常邻里、公共交往和社会活动的生活空间，是文化层不断叠加和城市生活经验不断累积的区域。北院门的特色餐饮、三学街的传统匠作、西仓的文玩雅趣依然在当代城市生活中延续传承。今天，历史文化名城保护的观念已经从静态的文物建筑与历史街区环境保护，转变为与共生的建成遗产保护再利用。明城区作为承载城市文化生活、旅游商业生活、市民休闲生活的复合场所，是体现城市活力、展现城市多样性的核心空间，是城市持续发展的动力源泉。

西安明城墙构成了一幅宏大的城市文化图景，关联不同的历史空间，串联众多的生活场所。聚落营建之初，城墙成为城市区分自然的标志，作为一个纯粹的军事防御工事，"筑城以卫君，造郭以守民"，从隋唐皇城营建开始，历经宋元金时期的府城经营，明洪武拓建，清满城分治，至今已存在1400多年。当下，作为中国现存规模最大的古代城防体系、全国大城市中仅有的得到完整保存的古代城垣，以其深厚的文化内涵和独特的视觉形象成为古城西安的主要标志。

西安明城墙环绕明城区东、西、南、北四周，界定了城市的轮廓，形成了有形的空间边界和无形的文化边界。在历史文化遗产的价值得到确认之后，城墙边界的角色逐渐淡化，取而代之的是依托城墙本体，包括环城路、环城公园、护城河、顺城巷等一体化的公共空间。明城墙并未成为封存在展柜中的"历史标本"，而是进化为城市公共活动的空间场所，人们在巨大的城市背景中交往互动，生机盎然。在环城公园散步、遛鸟的老人，顺城巷早市吆喝叫卖的菜贩，城墙上一起运动锻炼的好友，拿着相机不断拍摄的中外游客，甚至还有低头默走的僧侣。他们生活在彼此平行又时有交集的剧本中，共同诠释了西安当代城市生活的精神面貌。

西安明城墙及其周边区域，将丰富的历史文化资源转译为城市公共活动空间，与当代人们的生活紧密相连，成为一座展示西安城市生活的博物馆，在基因图谱上延续着当代的谱系，传达着文化的意义。

编者

2018年11月

西　　安　　明　　城　　志

目　录

壹 基质——关中地区的聚落缘起

陕西临潼姜寨原始聚落的复原图（中国国家地理网）

两次史前革命，一是"新石器时代的革命"，另一是"城市革命"。

初期的人类，因生产方式变更，生活上就有了这两次极大的变化；而正因为这两次大变化，人类文明，乃得以发扬。故这两次革命，在历史上所发生的作用与18世纪英国的产业革命，有着同样重要的意义。

——［英］柴尔德著．周进楷译《远古文化史》

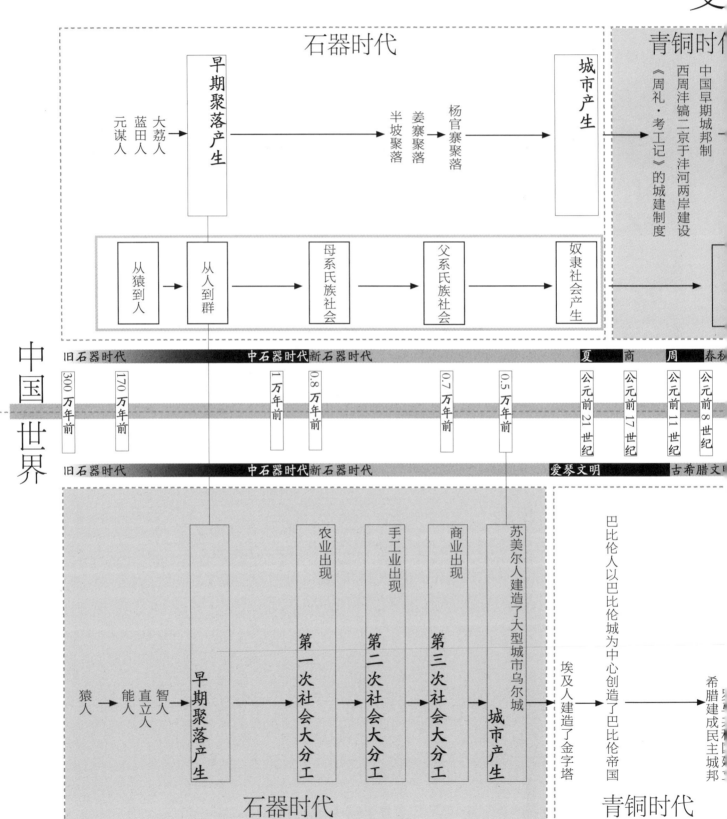

城市·演变

石器时代

早期聚落产生 → 城市产生

元谋人 / 蓝田人 / 大荔人 → 早期聚落产生

半坡聚落 / 姜寨聚落 / 杨官寨聚落 → 城市产生

从猿到人 → 从人到群 → 母系氏族社会 → 父系氏族社会 → 奴隶社会产生

青铜时代

《周礼·考工记》的城建制度

西周沣镐二京于沣河两岸建设

中国早期城邦制

中国

旧石器时代　中石器时代　新石器时代　　夏　商　周　春秋

300万年前　170万年前　1万年前　0.8万年前　0.7万年前　0.5万年前　公元前21世纪　公元前17世纪　公元前11世纪　公元前8世纪

世界

旧石器时代　中石器时代　新石器时代　　爱琴文明　古希腊文明

农业出现 → 第一次社会大分工

手工业出现 → 第二次社会大分工

商业出现 → 第三次社会大分工

苏美尔人建造了大型城市乌尔城 → 城市产生

猿人 → 能人 / 直立人 / 智人 → 早期聚落产生 → 第一次社会大分工 → 第二次社会大分工 → 第三次社会大分工 → 城市产生 → 埃及人建造了金字塔 → 巴比伦人以巴比伦城为中心创造了巴比伦帝国 → 希腊建成民主城邦

石器时代

青铜时代

农业时代　　工业时代　知识时代

秦于渭河北岸营建咸阳城
西汉长安城依循『象天法地』营城
隋唐长安城兴建
宋在唐皇城基础上设置京兆府
元在京兆府的基础上设置奉元路
明向东向北扩建西安府城
清改名为西安城
中国城市化率突破50％

社会主义国家

魏晋南北　隋唐　宋金元　明　清　　　　　　　民国　新中国成立

公元3世纪　公元6世纪　公元10世纪　公元14世纪　公元17世纪　公元18世纪　公元19世纪　公元20世纪　1949年　2008年　2011年

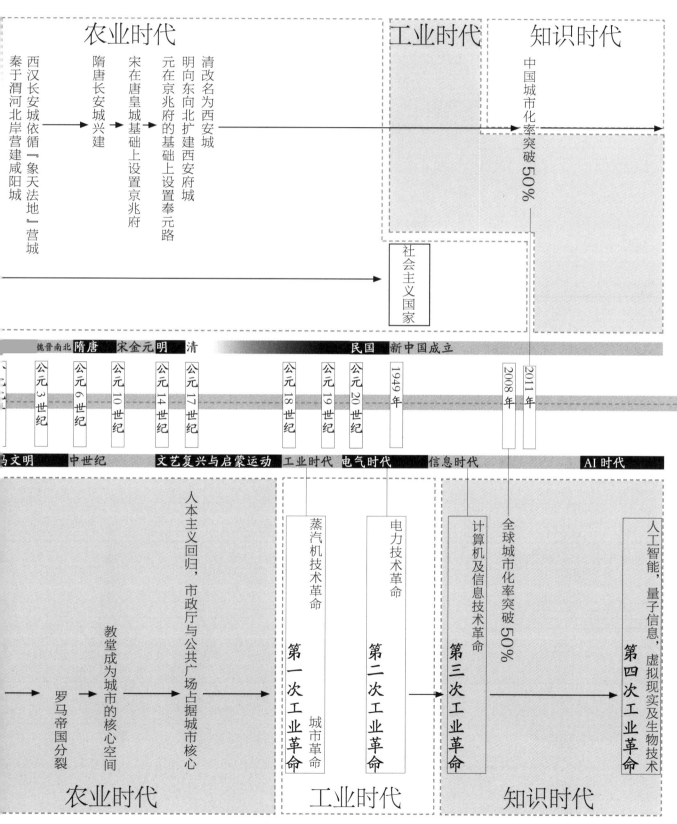

马文明　中世纪　　文艺复兴与启蒙运动　工业时代　电气时代　　信息时代　　　　AI时代

罗马帝国分裂
教堂成为城市的核心空间
人本主义回归，市政厅与公共广场占据城市核心
蒸汽机技术革命　第一次工业革命　城市革命
电力技术革命　第二次工业革命
计算机及信息技术革命　第三次工业革命
全球城市化率突破50％
人工智能，量子信息，虚拟现实及生物技术　第四次工业革命

农业时代　　　　工业时代　　　知识时代

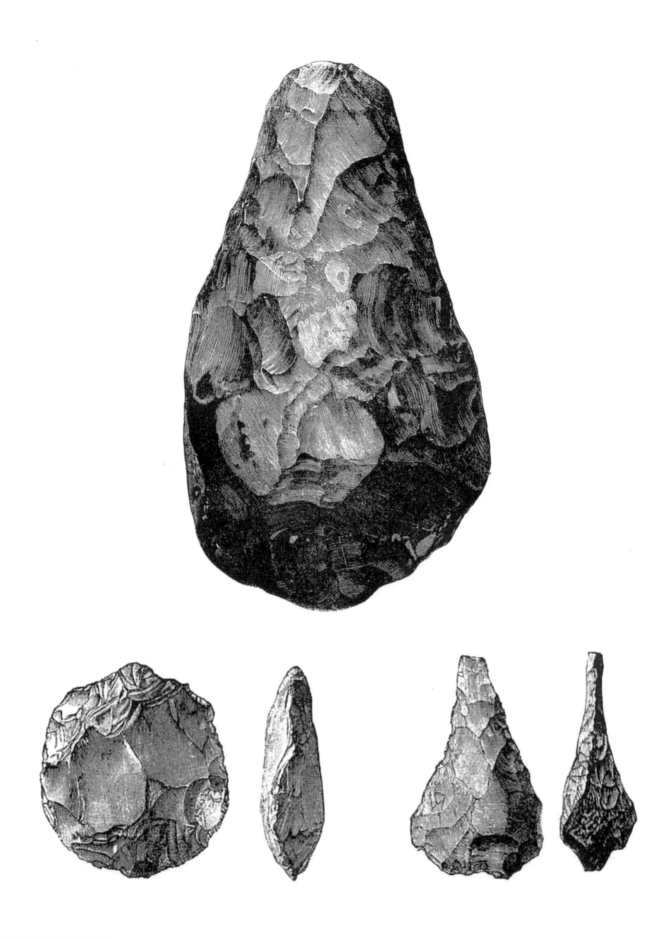

石器时代的劳动工具

"人类，只有人类，能创造自己想要的环境，即今日所谓的文化。其原因在于，对于此时此地的现实相分离的事物和概念，只有人类能予以想象或表示。"

——［美］斯塔夫里阿诺斯《全球通史：从史前史到21世纪》

1.1 本底：
聚落文明发生的自然基质

蛮荒初年，地球自然生命系统演进代谢，人类经过漫长的竞争进化终于直立于动物世界。面对险恶的生存环境选择协力合作的群居生活，从采集渔猎到畜牧耕作，伴随生产力发展逐渐形成了最初的聚落。地球表面物态万千、风土迥异，并非所有的地方都适宜人类生活。早期先民选择适宜的地点营建栖居场所，其所在地的自然地理基质不仅仅是文明发生的土壤与基本外部条件，更深深地影响着聚落文明的特征与形态。

古语云"居楚而楚，居越而越，居夏而夏"[①]。西安城所在之渭河平原、关中腹地，早在六千年前就有人类文明的踪迹，并与此地、此风、此水伴生演绎，形成了独特的基因图谱，在中华文明的宏大谱系中扮演着重要的角色。

①《荀子·儒效》

地球产生生命的条件

1.1.1 混沌初开：人类文明的发生

地球位于太阳系，是一个中等大小、围绕不断进行着核裂变、熊熊燃烧的太阳旋转的行星，同时又被月球环绕，构成了一个完整的生命外部系统。地球自身的质量所形成的地心引力足以把贴近表面的大气层吸引住，形成适当浓度和比例的空气、适宜的温度和湿度、强度适中的太阳能及紫外线，并且恰到好处地让水保持液态，陆地、海洋在地球上均衡分布以及丰富的矿物质组成。这些为生命的存在提供了与之匹配的基本条件，让有机生命能够幸运地在这个星体得以生存和繁衍。[①]

200万年前，人类脱颖于动物世界，在与自然环境的斗争中生存繁衍，发展进化。文明伴随生产力的发展变革逐渐蓄积。大约1万年前，农业与畜牧业分离，早期先民从"逐水草而居"的游牧生活逐渐过渡到"日出而作，日落而息"的农业定居生活，农业聚落形成。随着私有财产和商品交换的扩大，"因御而城、因商而市"的城市雏形分别在东西方露出端倪，并逐步成为地球上与农业乡村并置的聚落类型。19世纪后半叶，工业革命引发了影响更为深远的城市革命，城市的迅速扩张极大地改变着地球的表面形态。

人类的生存方式经历个体-群居-定居-聚落-城市，这一发展进程既受赐于地球本身的条件，也得益于人的基因选择以及与外部世界的能量交换。人类文明的演进是一个复杂的、不断与周围环境互动的过程。地球表面任一点的地理身份是唯一的，文明的萌生是在辨识这些身份特征之后的选择，世界文化差异与其最初发生地的自然基底有着最为直接的关联。

---

① 冯天瑜 何晓明著 《中华文化史》

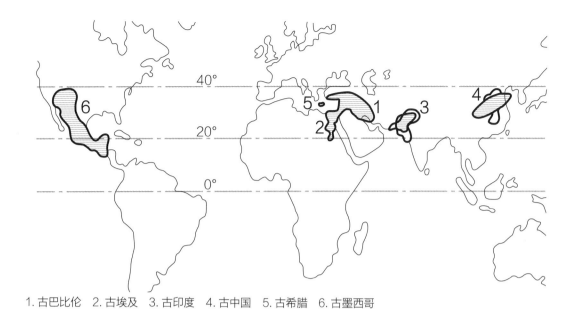

1. 古巴比伦　2. 古埃及　3. 古印度　4. 古中国　5. 古希腊　6. 古墨西哥

文明发源地的地理纬度
改绘:《城市形态史——工业革命以前》

1.1.2 相地而聚: 人类文明起源地的自然基底

自然基底包括两大部类,其一是人类生活的有机环境,指生态系统的生物成分和其他有机物质;其二是人类生活的无机环境,包括生态系统的气候、土壤、无机物质、地形、纬度、海拔高度等。人类的生产生活同自然基底之间不断进行物质与能量的代谢循环,无论自然基底本体,还是与人活动之间的关联都随着时间的推移发生着缓慢而持续的变化。

1. 气候特征: 聚集在北温带的文明起源地

人选择适宜的环境满足生存需要。气候是首要前提,特别是适宜的气温与稳定的降水,它们对人类生存是决定性的。通常情况下,极寒和极热都不利于人类的生存与活动,"在极热和极寒的地带上,人类不能够作自由的运动;这些地方的酷热和严寒使得'精神'不能够给它自己建筑一个世界。"[1]黑格尔指出历史的真正舞台就是温带,并特指北温带。自古以来人类活动的地域主要位于北纬35°左右(约北纬20°至40°),在地理上属亚热带和温带。

2. 地理特征: 孕育中西方文明的陆地与海洋

北纬20°～40°之间的地球,地理特征迥异。文明肇始,自然环境特征决定了先民的生产生活方式以及对外部世界的认知,并逐渐固化为特定的价值观念、制度体系和行为习惯。外部环境并没有直接参与人类的社会关系和社会活动,只是给人类提供了一个"真正舞台"和"表演的场地",但对文化生成的影响极其深刻。

从中国地理形势看,它"负陆面海",是一个"西高

---

① (德)黑格尔著王造时译 《历史哲学》

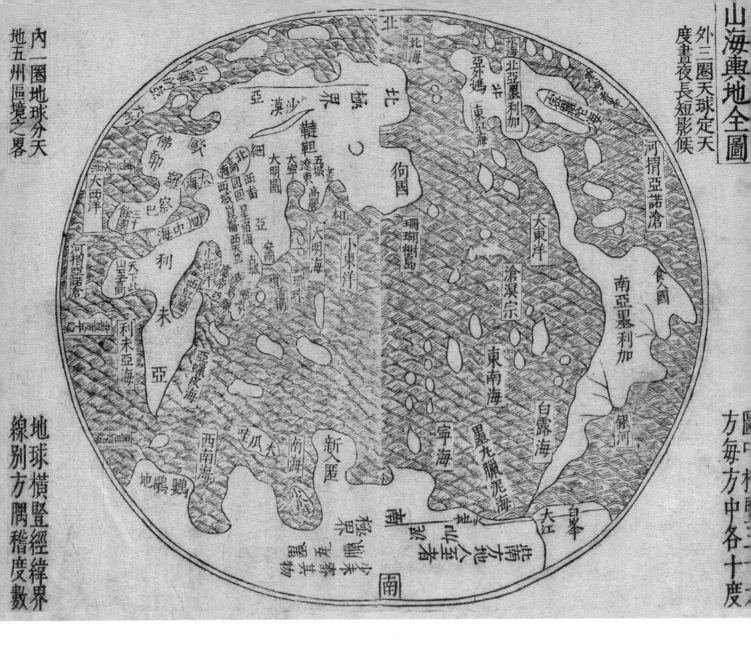

四大文明的典型特征

文明特征	中华文明	埃及文明	印度文明	美索不达米亚文明
代表国家文化	中国	古埃及	古印度	古巴比伦
气候特征	温带	干燥亚热带	热带	干燥亚热带
地理特征	地势西高东低，山地、高原和丘陵约占三分之二	山岭沙漠包围的冲积平原	地形地貌较复杂完备	山岭沙漠包围的冲积平原
产生流域	长江和黄河流域	尼罗河流域	印度河和恒河流域	幼发拉底河、底格里斯河流
文明产生时间	约公元前 3000 年	约公元前 4000 年	约公元前 3100 年	约公元前 4000 年
国家建立时间	公元前 2070 年 夏朝	公元前 3100 年 埃及第一王朝	考古缺失	公元前 2371 年 阿卡德王国
文明灭亡时间	至今	公元前 300 年	公元前 1750 年	中世纪
文字	汉字	象形文字	印章文字	楔形文字

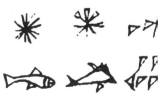

原，东大海"的"大陆－海岸型"国度。"负陆面海"并非东亚大陆独具的特点，欧洲大陆也基本如此。从地图上对比东亚大陆与欧洲大陆，很容易发现两者的差别。"东亚大陆呈现比较规则的椭圆形板块状，海洋未能深入大陆腹地，除纵深程度较浅的渤海外，基本没有内海切割，这就形成十分辽阔的远离海洋的区域"[1]。欧洲大陆则不同，其大陆轮廓呈一破碎状南宽北窄的梯形，半岛与岛屿众多，海岸线曲折，陆地与海湾犬牙交错，整个大陆地区受海洋影响巨大。

发源于爱琴海的西方文明，直面大海的开放、流动、瞬息万变，形成了西方人以个体为基点，崇尚自由、勇敢、独立的精神。华夏文明主要发源于黄河中上游的大陆腹地，气候规律，"土地沃衍，宜于农业，人各自给，安于里井，竞争较少"，四界封闭的外部地理形势将对外交流阻塞，强化了集体的意识，造就东方人因循守旧，平和、中庸的特点。中西方文明发生地气候地理迥异铺就了截然不同的文化生长之路。

3. 水资源特征：滋养古代文明的大河流域

水是生命存在与发展的基本条件，人类聚落的选择必然与水关联。聚落文明早期以和平自守的农业耕作为基础，对自然环境的依赖性较强。大河流经的区域灌溉水源充足，地势平坦，土地相对肥沃，十分有利于农作物培植和生长，是培育农业的天然沃土，适宜人类生存需要。因此几乎所有的古文明发源地，都是傍依江河湖泊，并依靠必要的水源而发展起来的。古代早期的城市营建也都选择在有河流、有水的地方。

世界四大文明发源地都毗邻大河流域。黄河长江流域是中国古代文明的主要发祥地区，尼罗河孕育了古埃及文明，古印度哈拉帕文化起源于恒河和印度河流域，古巴伦苏美尔文化也是在美索不达米亚的幼发拉底河和底格里斯河形成的两河流域发展起来的。此外，发源于爱琴海的克里特文明与墨西哥湾沿海的奥尔梅克文明同样与水有关。其各具特色的文明发展史，构成了灿烂辉煌的大河流域文明，对整个人类进步作出了巨大贡献。

[1] 周振鹤著 《东西徘徊与南北往复》

华夷图（局部）

华夷图是中国宋代石刻地图。为齐阜昌七年（1136年）刻，现存西
安碑林，是中国现存最早的一幅全国地图。

九州界疆图
年代：宋代石刻
来源：《尚书·禹贡》

1.1.3 风土相宜：中华文明起源地的自然基底

中华民族栖息的东亚大陆空间领域广大，气候类型完备，地形地貌繁复，为文化的多元发生创造了良好的自然条件，这也是其他文明发源地无法比拟的。禹贡九州中，以华夏为中心，四方分成为东夷、西戎、南蛮、北狄。四方皆有文明发生，因特定地理环境的差别形成不同的文化类型。在历史的进程中，相互吸纳融合，混血的中华"龙"文化由此生成。

1. 温湿为主的气候条件

中国大部分地区以温湿为主，铺垫了华夏文化生成的基础环境特征。气候在总体上属于大陆性季风气候，其东南部地区为亚热带和温带季风气候，西北部地区属于温带大陆性气候，青藏高原属于高寒气候。受季风的影响，中国的气候呈现出明显的季节性变换：夏季暖热多雨，冬季寒冷干燥，且高温和多雨同期。从降水量的分布来看，呈现从东南沿海向西北内陆方向逐渐递减的趋势。

2. 相对封闭的地理环境

中国大陆四方均存在天然的地理屏障。北方是茫茫草原和戈壁大漠，辽阔的西伯利亚极寒地带与大漠相接，人迹罕至。西南方是被称为"世界屋脊"的青藏高原，平均海拔在4000米以上，周围被耸立着的群山所包围，南有喜马拉雅山，北有昆仑山和祁连山，西有昆仑山，东有横断山，这些山脉海拔大多超过6000米，其中喜马拉雅山的珠穆朗玛峰为世界最高峰。西北横亘着沙漠、高原和雪山，无法逾越。西部大漠比之蒙古戈壁更为干燥、荒凉。在大漠之南、北、西三面还有昆仑山脉、天山山脉、阿尔泰山脉等阻隔。东南部被茫茫太平洋环绕，构成大陆之界。这些对于古代人来说，是难以征服的天然障壁，也形成了中国人"天下之中"的地球空间认知。

左图：塞尔登中国地图（局部）

年代：明代彩绘本
尺寸：160cm×96.5cm

17世纪的地图，原图作者不明，范围涵盖今日本、朝鲜半岛、东南亚与印度的一部分，图为英国人塞尔登的私人藏品，现藏于牛津大学博德利图书馆。

右图：甘肃大地湾彩陶

大地湾史前遗址（距今约8000年至7000年）出土的陶器，不仅是发现最早的陶器，而且陶器口沿上多绘有红色宽彩带，是中国最原始的彩绘图案。

3. 适宜农耕的生存条件

东亚大陆湿润带"草木榛榛，鹿豕狉狉"[①]，是动植物繁茂的区域。黄河中下游和长江中下游气候温和、雨量适中，华夏先民在六七千年前的彩陶文化时期，就逐渐超越了采集和狩猎阶段，进入以农耕为基本方式的新石器时代。

新石器时代的农业共同体，在公元前4000年兴起于黄河中游的各支流台地上，有排水良好而又肥沃的黄壤、适中的雨量和适宜的气温，为原始农业发展创造了良好的条件。中国首批新石器文化——仰韶文化，基本实现了从渔猎向农耕的过渡，但农业生产尚未完全形成，居住地也尚未固定。作为第二批新石器文化之一的龙山文化，已经

出现较大的、经久的村落，器物制作水平较高，社会组织也较为固定和严密，宗教仪式也相对完备。这一切都表明，华夏先民已完成了一次伟大的变革，或称之"新石器革命"[②]，中华农耕文明自此肇始。

综上，中国大部属温带、亚热带区域，最南部伸入热带，最北部伸入亚寒带。丰富的气候条件给文明多元发生创造了可能，此外中国人所赖以生存的东亚大陆是一个相对独立和隔绝的地理空间，对外封闭的地理形制使得中华文明免于外来文化的侵扰，对其生长起到了一定的护佑作用。中华文明之所以历经数千载而不曾断裂，与这种地理形势是不无关系的。

---

① （唐）柳宗元 《封建论》

② （英）柴尔德著　周进楷译 《远古文化史》

170万年前 旧石器时代早期（能人和直立人阶段）
元谋人：云南元谋发现我国境内已知的最早人类。

100万年前 旧石器时代早期（能人和直立人阶段）
蓝田人：生活在陕西省蓝田县境内。

70万年前 旧石器时代中期（早期智人阶段）
北京猿人：生活在北京境内。

50万年前 旧石器时代中期（早期智人阶段）
沂源猿人：生活在山东省沂源县境内。

13万年前 旧石器时代中期（早期智人阶段）
马坝人：生活在广东省韶关市曲江区马坝镇狮子山石灰岩溶洞。

3万年前 旧石器时代晚期（早期智人阶段）
山顶洞人：北京周口店龙骨山山顶洞穴。人类学会人工取火，进入氏族公社。

7400年前 旧石器时代晚期（早期智人阶段）
兴隆洼文化：首次发现于内蒙古敖汉旗兴隆洼，经济形态除农耕外兼狩猎、采集。

7000年前 新石器时代（母系氏族社会）
河姆渡文化：浙江余姚河姆渡母系氏族。人类学会使用陶器储存食物、栽种水稻。

6000年前 新石器时代（母系氏族社会）
半坡文化：陕西西安半坡村，人类学会制造工具和使用原始文字。

5000年前 新石器时代（父系氏族社会）
大汶口文化：中晚期山东省大汶口，人类社会进入父系社会，已出现贫富分化。

4000年前 青铜时代（私有制产生）
黄帝、炎帝：黄河流域。黄帝、炎帝部落联盟——华夏族主干"炎黄子孙"。

B.C.2070年 禹传子启 夏朝建立
自禹至桀十七世，有王与无王，用岁四百七十一年。起壬子，终壬戌。

B.C.1600年 商汤灭夏 商朝建立
天命玄鸟，降而生商，殷人屡迁，前八后五。

B.C.1046年 武王伐纣 周朝建立
黄帝居姬水，以姬为氏，周人嗣其姓，行分封制，天下共主。

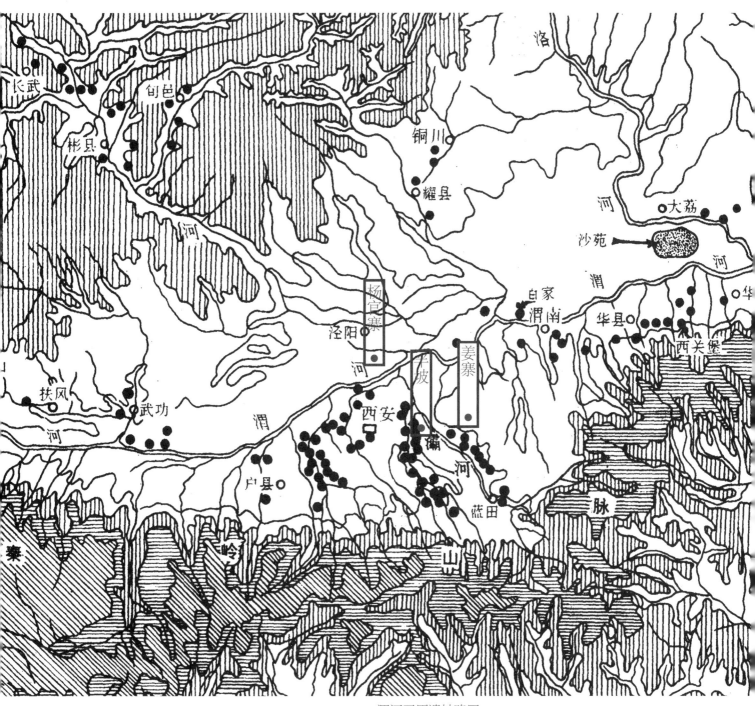

渭河平原遗址略图

来源：明嘉靖《陕西通志》

远古人类遗址在渭河平原分布广泛，其中最具有典型性的三座遗址，
分别是位于西安市以东，浐河东岸的半坡遗址；位于骊山北麓，临
河东岸的姜寨遗址；渭河北岸，泾渭交汇处西北处的杨官寨遗址。

骊山远眺关中平原（魏炜 摄）

"大王之国，四塞以为固，北有甘泉、谷口，南带泾、渭，右陇、蜀，左关、阪，奋击百万，战车千乘，利则出攻，不利则入守，此王者之地也。"

——［西汉］司马迁《史记》

1.2 四塞：关中地区的自然环境与聚落营建

关中平原夹峙于陕北高原与秦岭山脉之间，为喜马拉雅板块运动时期形成的巨型断陷带盆地，盆地两侧均有泉水和温泉出露。南北两侧山脉沿断层上升，盆地下降形成地堑式构造平原。黄土与渭河及支流携带的大量泥沙堆积其间，因地壳间歇性变动和河流下切形成高度不等的阶地。

5000年前新石器时代关中地区就出现了人类定居点，这是华夏先民在原始的生存驱动下对自然环境选择的结果。3000年前自周文王建都沣水河畔，关中地区又成为农业文明早期都城的首选之地。关中四面环山绕河，腹地原隰相间，东有崤山、华山与黄河，南面秦岭山脉，北倚北山山脉，西控陇坻。良好的自然地理格局铺垫了聚落文明繁衍兴盛的自然基底，为延绵至今的城市发展奠定了充分的物质条件基础。

1.2.1 山水沃土：关中地区的自然条件

"关中"一词最早出现于《史记》，在秦代古籍中指函谷关之中，包括秦岭北麓渭河平原、渭河谷地及渭河丘陵，东西长约360千米，南北宽约30～80千米，平均海拔500米。

1. 环境适宜：四季分明气候温和

关中地区介于北纬33°42'～34°44'30"与东经107°40'～109°49'之间，属北半球暖温带半湿润季风气候，温暖湿润，雨量适中。根据相关历史资料，关中地区1月份最冷，平均气温-1℃到-3℃；7月份最热，平均气温23℃到26℃。关中平原的无霜期为200天左右。年平均降水量一般为550～700毫米，"自古长安多秋雨"，降水主要集中在7、8、9三个月。冬冷夏热，四季分明，虽然冬春季很不稳定，常出现刮风天气，但是远少于我国东部的华北平原区，风速也小得多。气候条件非常有利于农作物生长发育。

地球上的气候同其他各种自然现象一样，寒暑燠温都处在不断变化之中（左下表）。远在半坡和姜寨人活动时期，关中地区的温度颇高，从半坡遗址和姜寨遗址中发现的一些只能生存于南方亚热带地区的动物遗骸就足以证明。据朱士光教授等学者研究，历史上该地区气候曾发生多次明显的变化，自全新世以来大致分为10个阶段，与全球的气候变化基本上是一致的。

2. 山水滋养：两山相望，八水环绕

人类生存必需两个条件，一是相对比较集中的食源，二是汲取比较方便的水源。两山相望、八水环绕的关中平原在这两个方面的条件都十分优越。

（1）南山与北山

关中地区由南北两山夹峙，《禹贡》言：雍州之地"荆岐既旅，终南惇物，至于鸟鼠"[①]，北山即关中平原北面诸山，位于长安城北，渭河北岸，自陇山以东直到黄河西岸，包括岍山、岐山、梁山、嵯峨山、九嵕山等，山峰耸立、各不相连。荆山（在今陕西省大荔县南）、岐山（在今陕西省岐山县东北）即属北山。终南则是长安城南的南山，自武功以东至蓝田以西一段总称终南山（又名中南山、太乙山、地肺山、南山、秦山等）[②]，《文选·西京赋》"终南太一"。唐李吉甫《元和郡县志》："南山西接岐州，东抵陕虢。"自东向西，绵延不绝，随地异名[③]。

全球气候变化及特征

阶段		气候特征	佐证
全新世早期		寒冷气候，平均气温较今低5～6℃	蓝田县发现高山冷水型硅藻
全新世中期	仰韶文化	暖湿气候，平均气温较今高2～3℃	
	龙山文化	亚热带半湿润气候	
西周时期		冷干气候，平均气温较今低1～2℃	"八月剥枣，十月获稻"，"六月陨霜"
春秋至西汉前期		气候回暖，平均气温较今高1～2℃	长安十月桃李开花
西汉后期		凉干气候	"陨霜，杀桑麦"
隋和唐前、中期		暖润气候	长安种橘，曲池种梅
唐后期至宋		凉干气候	"大雪杀苗稼"
金前期		温干气候，平均气温较今略高	
金后期和元代		凉干气候	"陨霜杀稼"
明清时期		冷干气候	"现代小冰期"

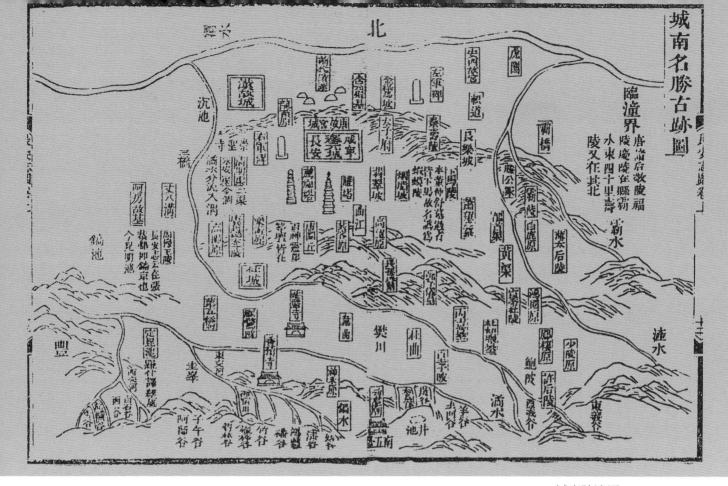

城南胜迹图
来源：明嘉靖《陕西通志》

①这里"鸟鼠"是指鸟鼠同穴之地，即现今的陇上高原。

——释《禹贡》雍州"终南惇物"和"漆沮既从"——重读辛树帜先生《〈禹贡〉新解》

②"太华、终南、太白实一山，绵亘不绝，各望其地异号命尔。"

——《雍大记》

③山岳包括"华山、骊山、翠华山、南五台、圭峰山、首阳山和太白山"

——《古都西安：西安的历史变迁与发展》

④"秦岭北坡有大峪道72个，西安市境内由周至县至蓝田县著名的峪道依次为骆峪、甘峪、耿峪、涝峪、太平峪、高冠峪、沣峪、祥峪、石砭峪、大峪、库峪、汤峪、网峪、流峪、道沟峪。"

——《古都西安：西安的历史变迁与发展》

（2）渭河及八水网络

古时的长安地区水系纵横，渭河及其支流构成最为重要的水系网络。《禹贡》言：雍州之地"导渭，自鸟鼠同穴，东会于沣，又东会于泾，又东过漆沮，入于河"；《周礼》亦载：雍州"其川泾汭，其浸渭洛"。《诗经·大雅·皇矣》讲述文王为都城选址时说："度其鲜原，居岐之阳，在渭之将。"

渭河自西向东横穿关中中部，地形由河床向南北两侧逐渐升高，渭北地势北高南低，呈阶梯状分布，高差明显，界限清晰。渭南有秦岭山脉横峙于南，自秦岭北麓形成由东南倾向西北的漫坡，从南向北包括山麓冲积扇、黄土台塬、三级阶地、二级阶地、一级阶地等，但不同地貌之间没有明显的界线，相互错杂。

大山与大水除了为先民提供了基本的生存条件，也提供了秀美的风光，秦岭山势巍峨壮丽，连绵不绝。关中平原适居于它的怀抱之中，造成一种负山面水的形势。其中山谷连绵④、河泽水系交织，司马相如云："终始灞、浐，

019

西安府疆域图

来源:《关中胜迹图志》

出入泾、渭，沣、滈、涝、潏，纡余委蛇，经营乎其内。荡荡乎八川，分流向背而异态"。八水①环绕关中腹地，形成了壮美的风景。

3. 土地宜建：原隰相间，土地辽阔

秦岭北麓、渭河以南的渭河平原，自西周起便是人类活动较为频繁的地区，自然环境最为明显的特征即原隰相间，《毛诗注疏》："高平曰原，下湿曰隰。"秦岭北麓的渭河支流冲刷土地，形成高下相间的地形。《禹贡》言雍州之地："原隰底绩"；《诗经·小雅·信南山》描述周人的农耕生活亦云："畇畇原隰，曾孙田之"。

①八水分别是泾、渭、浐、灞、沣、涝、滈、潏。《关中胜迹图志》中记载"长安之地，滈滈经其南，泾渭绕其后，灞浐界其左，沣涝合其右"。

——《关中胜迹图志》

白鹿原地貌

黄土台塬土质深厚肥沃，水草丰美，同时地形高亢，不受河水泛滥之灾。古代都城的许多宫殿，如咸阳宫、章台宫、兴乐宫、阿房宫、未央宫、大明宫等，都建筑在渭北的咸阳原与渭南的龙首原畔。原隰地形与古时的高台建筑结合形成了绝佳的建设环境要素。

渭河平原也是关中腹地地势最为开阔的地方。若以渭河、秦岭间而论，临潼以东或周至以西，南北长均不过15千米，独渭河平原长达百里，为建设规模宏大的都城奠定了场地基础。

关中地区主要小平原

名称	区位
咸阳原	位于北部，是渭泾两河的分水岭
龙首原	在今西安市区北部，长60里，呈南北走向，南起樊川，北至渭水南岸
乐游原	西安大雁塔东北部，曲江池以北
少陵原	位于浐河和滈河之间，在今天西安市长安区杜陵、杜曲、大兆之间
白鹿原	位于今西安市东南灞水与浐水之间，北起西安东郊纺织城，南至秦岭北麓，南北长约25公里，东西宽约六七公里，东南稍高，向西北倾斜
铜人原	今西安市灞桥区洪庆以东，临潼区斜口以南。
神禾原	今西安南15公里处，南起长安区正曲北江兆村、北至何家营、贾里村等地
细柳原	今西安市长安区细柳为中心，在镐京以南，津惠和兴隆以北，郭杜以西，沣河以东
毕原	位于西安西南约15公里处，又名毕陌
凤栖原	又叫杜陵原或韦曲北原，东西长15公里

上左：神农尝百草．元．王祯
上右：天子亲耕图．元．王祯
来源：《农书》

4. 粮食充足：土壤肥沃，适于农业

由河流冲积和黄土堆积形成的渭河平原土壤肥沃、土质疏松，易于耕作，并且这里水源丰富，灌溉条件优越。从渭河流域出土的新石器时代各种文物和动植物遗骸来看，早在6000多年以前，渭河流域的人们已经开始使用各种石器工具开展农业生产活动。这一时期种植的作物主要有谷子、黍子（半坡遗址的窖藏中发现了炭化谷物，姜寨遗址发现黍类植物的遗骸），以及芥菜类的蔬菜。与此同时，人们已经开始饲养猪、狗、牛、羊等家畜。

到了距今5000年左右的炎帝和黄帝时期，陕西地区的农耕文化开始迅速发展。3000年前周人已在关中和西安栽培多种作物和果树。周人以后稷即农神为先祖，《诗》云："思文后稷，克配彼天，立我烝民，莫匪尔极，贻我来牟，帝命率育，无此疆尔界，陈常于时夏。"秦汉以后，大一统的帝国更把"重本抑末"作为"理国之道"。列朝帝王都耕籍田、祀社稷、祷求雨、下劝农令，以"天子亲耕，后亲蚕"之类的仪式和奖励农事的政令鼓舞天下农夫勤于耕作。农田水利的兴修、农具的制作、农书的刊行，被视作社会大事。

秦汉时期，西安已成为我国农业发达地区。而西汉以后，除秦岭山区外，西安平原地区的原始植被多被小麦、黍、稷以及宋元以后引入的棉花、玉米等为主的栽培植被逐渐代替。丰富多样的农业种植给予关中大地充足的粮食，使得这里的人类文明得以不断繁衍。

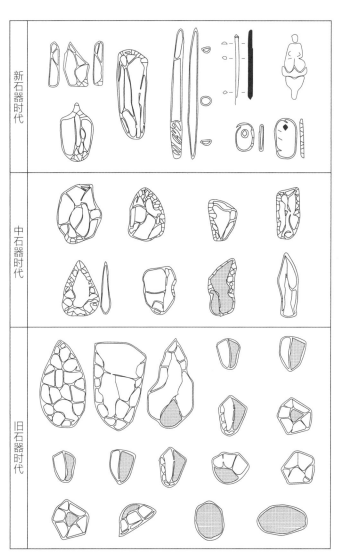

1.2.2 聚集协作：关中地区远古人类活动

远古时期，人类生产力极其低下，自然地理环境对人们生产与生活方式的选择影响显著。按照生产力的发展状况，关中地区远古人类的活动情况大致可以分为旧石器时代和新石器时代两个阶段。

1. 以采集活动为主的旧石器时代

旧石器时代可分为早、中、晚三个阶段。距今80万年左右的蓝田猿人遗址，属于旧石器时代初期。位于秦岭北麓原始森林和草原交界的地方，制作简单的打制石器，通过狩猎和采集谋生。距今20万年左右的大荔人遗址代表了旧石器时代中期人类的生产力水平，位于洛河三级阶地，人们生活于以草原为主的森林草原地带，使用的石器工具普遍呈细小状。

石器的演变发展过程
来源：维基百科

到了旧石器时代晚期，发现的遗址逐渐增多，例如陕西大荔育红河村、乾县大北沟、韩城禹门口等。因为自然环境与食物来源的变化，人们开始逐步走出森林向河谷平原进发，他们在就近的河滩中选取原料，河滩决定了利用这种原料加工出的大部分石器只能是小型的，而不可能出现旧石器时代早期的大三棱尖状器、砍砸器。

新石器时代多样的劳动工具形式

新石器时代农具—耒

2. 以农业活动为主的新石器时代

根据生产力发展阶段的不同，新石器时代可以分为三个阶段：前仰韶文化、仰韶文化和龙山文化阶段。人类生产力得到进一步发展，然而依旧受到自然环境条件的限制，但已经逐步显示出在一定程度上努力改变自然的趋势。

前仰韶文化阶段。1955年在大荔县境内发掘的沙苑文化，属于在关中地区发现的、处于旧石器时代和新石器时代之间的中石器文化。同时期的还有陕西华县老官台、渭南北刘、宝鸡北首岭下层和临潼白家村等，一般位于中小河流沿岸，高出现代河岸三四十米的地方形成聚落，堆积层较薄。这一时期已出现具有农业工具特征的石铲和石刀，说明农业活动的开始，基本属于游耕式农业。

仰韶文化阶段。该阶段遗址不仅众多，堆积层厚，而且规模较大，说明此时人类的生产力水平有了新的提高。比较著名的有半坡遗址、姜寨遗址、北首岭二期遗址、下孟村遗址、北刘遗址等等。这一时期的遗址虽然仍以靠近河流的阶地为主，但也有少部分深入到了秦岭和泾河上游。在姜寨遗址出土的生产工具中，农业生产工具在数量上占了很大比例。特别是翻土工具石铲、骨铲、角铲和耒[1]，为数众多。也有用于渔猎的工具主要有簇、矛、渔叉、网坠四类，但在数量上要比农业生产工具少。由此我们可以确定，在这一时期，农业已经成为人们获取食物资源的首要选择，虽然仍受到环境的一定制约，但是却不必再频繁的迁徙了。

龙山文化阶段。该阶段遗址主要分布于渭河、泾河流域。代表的有西安客省庄、斗门镇、米家崖、扶风县案板三期遗存、华阴横镇、华县泉护村等。这一时期农业的发展较之仰韶文化时期又有了较大进步。在案板遗址有些灰坑中还留有成堆的碳化谷粒与出土相当数量的石刀，可看出农作物的收获量是较多的。此外，这一时期的家畜饲养也比较兴旺，遗址中多出土有狗、猪、羊、牛的遗骸。

关中地区自然环境对中华文明起源及其特点的影响显著，它促使中华先民从进入定居农耕生活开始，就形成了具有浓厚的大协作特色的生产和生活方式，为中华先民在人类历史上最早形成规模最大的、统一的共同体，并且连续不断地发展五千多年，奠定了初步的基础。

---

① 耒［lěi］古代的一种翻土、开沟渠农具，形如木叉，
上有曲柄，下面是犁头，用以松土，可看作犁的前身。

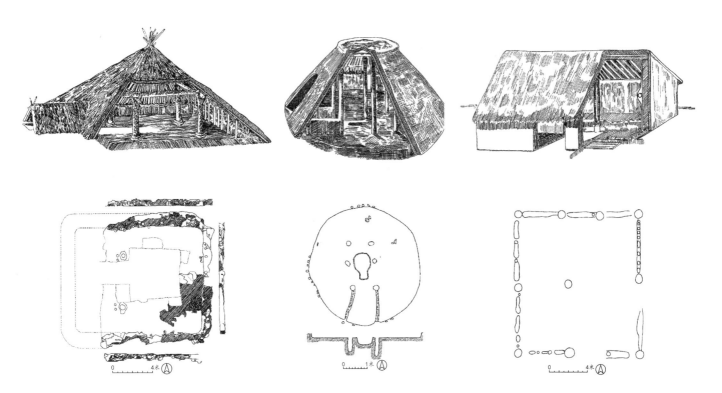

半坡房屋复原图

1.2.3 择水而居：关中地区远古聚落营建

关中地区拥有适宜的气候、充沛而方便的水源、丰富的动植物种类以及易于耕种的土地，其先天的自然环境特征为人类定居的发生创造了条件。蓝田猿人遗址和半坡遗址等众多的远古文化遗迹可以证明此地人类文明的久远。人类选择某个自然环境较为优越的地区进行聚集与繁衍又会使这个地区较易发展成为繁荣的经济区，早期聚落的发生与发展为后来的都城营建奠定了基础。

1. 居民点的选址——河谷与平原

从现已发掘的石器遗址看，人们最早选择的居地多是河谷和平原，尤其是河谷更适宜原始人的生活。以仰韶文化为例，迄今为止发现的千余处仰韶文化遗址，除了少部分在秦岭山地和华北平原的西部边缘外，大多数位于黄土高原，而关中渭河流域是这支文化最发达的地区。渭河流域的遗址多发现于发育较好的二级阶地上，特别是河流交汇处。当时渭河及其支流浐、灞等河流沿岸都有人类活动。尤其是沣河两岸，更显突出。近代以来，在这一带先后发现了多个新石器时代的遗址。著名的半坡遗址就在西安城东6千米浐河二级阶地上。

河谷距离水近，易于饮水和捕鱼，河旁林木易于狩猎，沿岸土壤肥沃，又宜于耕种，而且河谷中的层层阶地，人们居住其上，足以防备洪水暴涨，不至于遭受淹没的灾难。

石器时代的遗址不仅众多，而且有些遗址的规模也相当大。渭河流域的新石器时期遗址有些比现在的中等村落还要大些。从面积看一般在数万或数十万平方米，大的可达几十万平方米，最大的如华阴西关堡、咸阳尹家村达到100万平方米左右。当然，不能据此说明当时的人口稠

早期氏族部落生活想象图（图虫创意网站）

密，就当前已经发现的来看，石器时期的遗址分布极不平衡。原始社会人类适应和利用自然环境的能力较低，人们固然发现了河谷地区是理想的聚居地，但并不是所有的河谷都适宜居住。所以有些河谷地区居民点分布虽不算很少，总体上依然不多，至于离河谷较远的地方如丘陵、山地就差得更远了。

2. 社会特征——从原始群到氏族公社

原始社会早期是人类历史上最长的一个社会发展阶段，生产力极其低下是原始社会发展缓慢的根本原因。人类只会制造简单的石器工具，通过采集和狩猎维持生活。个体无力同自然界进行斗争，为谋取生活资料必须相互协作，人们按照性别、年龄实行自然分工，是平等的互助合作关系，产品归社会全体成员共同占有，实行平均分配。原始社会的社会组织经历了以血缘为纽带的原始人群和通婚联姻的氏族公社两个发展阶段。氏族是人们联结起来的共同生产和生活的基本经济单位，又经历了母系氏族和父系氏族两个阶段。前者妇女是氏族的主体，氏族成员的世系按母系计算，财产由母系血缘亲属继承；后者世系按父系计算，财产按父系继承，氏族领导权落在男子手中。通常情况下，一切重大问题由全体成员参加的氏族会议作出决定。

3. 产业特征——农业为主

旧石器时期关中地区的人们主要通过采集和渔猎获得生活来源，虽然土地肥瘠并不直接与生活相关，但山林、河流和泽薮与他们的生活却有着极密切的关系。因为果实和野兽要从山林中采集和猎取，河流和湖泊不仅提供了饮水，且水中鱼类亦是食物的一个重要来源。

到了新石器时期人们就已经开始从事农业。考古发掘表明，关中地区的泾渭流域是最早发展起农业的地区之一，农业在这一区域有较为古老的历史。西安附近的半坡遗址所出土的器物表明，远古时期关中的居民除了从事当时先进的农业生产外，以陶器制作为主要内容的原始手

半坡遗址生活场景（半坡博物馆）

工业也有非常高的水平。半坡出土的陶器为手制，有各种盆、钵、罐、瓮和尖底瓶，其重要特征之一是普遍为彩陶。

4. 聚落环境特征——外环设沟，内部分区

生活在关中境内的氏族部落，在利用自然和改造自然的过程中，逐渐形成了原始的农业耕种，并定居下来。随着氏族部落成员的增加，定居点不断扩大，形成了一个个相对独立的聚落。这些聚落一般都划分为若干区域，并有房屋、窑场等原始社会所需的空间设施。如西安半坡一带的聚落由居住区、作坊区和墓葬区组成，有房基40多座，墓葬200多座，陶窑6座。临潼姜寨的聚落有100多座房屋基址，分为五个小区。每个小区都有一个大房子和若干小房子。五个小区围成一个大圈，中间是一个面积较大的广场。值得注意的是，为了防止外来各种侵扰，聚落的外围地区一般都有壕沟和城墙的设置。这些聚落开始显现出城市的雏形。

1.2.4 先民营造：关中地区远古聚落考古实证

关中地区的早期聚落考古可以追溯到建国初期，其中最有代表性的是距今6000年左右的姜寨聚落和半坡聚落遗址，被视为中华聚落文明的开端。新千年后，关中地区又在泾渭交汇处发现了杨官寨环壕聚落遗址，随着考古研究的进一步深入，这次发现有可能将关中地区的城市建设史从距今3000年的周代，推进至距今5500年的庙底沟文化时期。

1. 半坡聚落遗址

位于陕西省西安市东郊灞桥区浐河东岸，是黄河流域一处典型的原始社会母系氏族公社村落遗址，属新石器时代仰韶文化，距今6000年以上，于1957年展开系统的考古工作。

半坡遗址代表器具展示

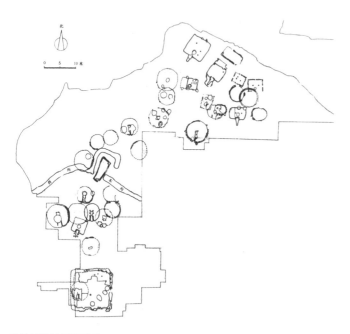

半坡遗址平面图
来源：《陕西古建筑》

遗址占地面积约50000平方米，大致形状为南北稍长、东西略短的不规则形，分为大围沟围绕的居住区、围沟以北的氏族公共墓地和以东的制陶区三部分。在发掘的大约10000平方米范围内，发现和出土了丰富的遗迹和大量的遗物。

半坡聚落的范围为不规则圆形。居住区在中央，分南北两片，每片有一座供公共活动用的大房屋，还有若干小房子，小房子的面积为12～20平方米，中型的为30～40平方米，大的达160平方米左右，这种大房子在一个村子中只有一间，可能是氏族部落首领的住室或者氏族部落成员议事集会的地方，其周围则分布着窖穴和牲畜圈栏。居住区有壕沟环绕，约宽8米、深5～6米，一是防止野兽侵害，二是用于排水。沟北是公共墓地，沟东有陶窑场。专门制陶区的发现表明陶器已被广泛地应用，成为当时生产和生活的必需品，且制陶工艺也发展到一个极高的水平。

此时的器型以夹砂陶罐、泥质或细泥陶钵、盆和小口双耳尖底瓶为主；生产工具分别用石、骨、角、蚌、陶制

姜寨遗址探方发掘现场
来源：《考古故事：回忆姜寨遗址和史家遗址的发掘》

成，有斧、铲、刀、锛、磨棒、箭头、鱼钩、鱼叉等；此外半坡遗址还出土了精美多样的装饰品，芥菜或白菜的碳化种子和粟的痕迹，人工饲养的猪、狗骨骼，以及各种动物骨骼、鱼骨和果实等。由此可以看出半坡居民的经济生活是农业和渔猎并重。

2. 姜寨聚落遗址

位于骊山北麓陕西省临潼县城北约500米，地处临河东岸的第二级阶地上，是黄河中游新石器时代以仰韶文化为主的遗址。该遗址由下而上依次为半坡类型、史家湾类型、庙底沟类型和半坡晚期类型。遗址范围东西长310米，南北宽180米。揭露面积1.658万平方米，是迄今为止中国新石器时代聚落遗址发掘面积最大的一处。

整个遗址分广场中心、居住区、制陶、饲养、墓葬五个部分。居住区是村落的主要组成部分，在1万平方米居住区内发掘的遗址有仰韶时期的房子若干处。已清理出的有半坡早期120座，史家类型7座，半坡晚期7座，龙山文化时期12座。居住区略呈圆形，布局较整齐，总面积约2万平方米。中间为一块广场，所有房屋都围绕广场形成一个圆圈，门户也向中央开。房屋按大小可分为小型、中型、大型三种，按位置可分为地面建筑、半地穴和地穴式三种。房屋有100多座，分为5个群体，每个群体都有一个较大的房子，略晚的房子还施以白灰。在居住区内外有许多陶窑。墓地主要在居住区外东南方，墓葬有600多座，其中有400座属于半坡类型，有200座属于史家类型。

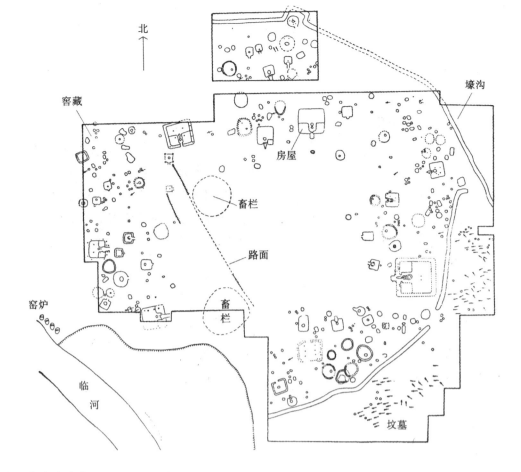

北

窑藏

壕沟

房屋

畜栏

路面

畜栏

窑炉

临河

坟墓

姜寨遗址聚落遗迹分布图
来源:《姜寨遗址发掘回望》

1   2   3

4

姜寨出土文物

1. 小口尖底瓶
2. 波折纹彩陶尖底瓶
3. 五鱼纹彩陶盆
4. 鱼蛙纹彩陶盆

  姜寨遗址出土生产工具和生活用具有1万多件，生产工具以磨制石器为主，还有许多骨器；生活用具主要为陶器。其中出土的葫芦形鱼鸟纹彩陶瓶，表现了精湛的技艺，说明制陶作为一个重要的手工业部门已有相当发展。姜寨遗址具有仰韶和龙山两种文化特征，其持续时间之长、规模之大是罕见的，向人们展示了一幅原始人生活的丰富多彩画卷。

3. 杨官寨聚落遗址

  位于陕西省西安市高陵区姬家街道杨官寨村四组东侧，地处泾渭交汇处西北约4千米的泾河北岸一级阶地上，南距现泾河河道仅约1千米，是关中地区仰韶中晚期一处特大型中心聚落遗址，距今5500年。在该遗址范围内发

杨官寨遗址航拍平面

现建造有大型环壕的庙底沟文化聚落、两侧成层摆放大量陶器的西门址、环壕内部疑似堆土迹象、聚落中央的人工水利设施等。相比于半坡（1957年发掘）和姜寨（1972年发掘），杨官寨遗址的考古发掘比较晚，目前仍在持续发掘与考古研究当中，重要的考古发现有以下三个阶段。

第一阶段（2007—2008年）庙底沟时期的聚落环壕。环壕平面形状大致呈梯形，基本为南北向布局，周长约1945米，壕内面积24.5万平方米，壕宽约6～9米、最宽处约13米，深2～3米。环壕西部发现门址一处，宽2.7米左右，在门道两侧的壕沟堆积内出土了大量陶、骨及石质文物，器物大多成层分布，保存基本完好。

第二阶段（2015—2017年）庙底沟文化大型公共墓地。该墓地总面积超过9万平方米，区域内墓葬分布十分密集，初步推测墓葬总数达数千座，这批墓葬的规格普遍较小，墓葬方向基本为东西向，在部分墓葬周围发现有疑似"幡"类标识墓葬位置的遗存。墓葬形制以偏洞室墓占据绝大多数，还有少量竖穴土坑墓。该墓地当属国内首次确认的庙底沟文化大型墓地，填补了相关领域考古发现的空白。

第三阶段（2017—2018年）窑洞式建筑与私有窑址发掘区南端发现了成排分布的半坡四期文化的房址和陶窑。房址基本上是平面呈"吕"字形的前后室结构，前室一般是地面式，后室则为窑洞式，是迄今为止中国最早的窑洞式建筑群。在房屋旁边，还发现了陶窑。该区域一般都是一间房址旁边有一个陶窑，表明当时社会分工已日趋明显，部分家庭专事陶器制造，各家庭专门储藏陶器的窑穴说明了财产私有的现象已经存在。

都城时期

夏、商	周	秦	汉	三国西晋	东晋十六国南北朝	隋	唐
—B.C.1046	B.C.1046-B.C.256	B.C.221-B.C.206	B.C.206-A.D.220	A.D.220—280　A.D.265—317	A.D.317—439　A.D.386—589	A.D.581—618	A.D.618—
	西周丰镐（统一王朝）　秦咸阳（统一王朝）	西汉长安（统一王朝）新莽常安（统一王朝）	绿林（农民起义）赤眉（农民起义）　东汉长安（末代皇帝）	西晋长安（末代皇帝）前赵长安（分裂政权）	前秦长安（分裂政权）后秦常安（分裂政权）　西魏长安（分裂政权）北周长安（分裂政权）	隋大兴（统一王朝）	唐长安（统一王...

关中地区的朝代更迭与城市演变

1.2.5 因势而变：关中地区的聚落文明变迁

关中平原因其得天独厚的自然条件，成为早期先民农业聚落的首选之地，更是古代王朝建国立都的理想场所。历史上先后有六个统一王朝、五个分裂时期的政权、两个末代皇帝以及四个农民起义政权在关中建都。按照时间顺序它们是西周，秦、西汉、新、绿林、赤眉、东汉献帝、西晋愍帝、前赵、前秦、后秦、西魏、北周、隋、唐、黄巢的大齐、李自成的大顺，一般不计入四个农民政权，被称为十三朝古都。在中国古代都城营建史上是独一无二的。

从原始社会的氏族聚落、农业社会的大国都城到近现代的西北重镇，在世界城建史上留下浓墨重彩的一笔，对当下的城市建设影响依在。在文明变迁与城市发展过程中，关中地区的自然地理特征不仅是本底的物质存在，也与不同社会时期的政治军事、社会经济、城市营建紧密关联，在聚落的兴衰变迁中扮演着关键的角色。

1. 氏族社会

从自然景观到社会生产都大相径庭的两个经济区——农耕区与游牧区共同构成了中华古文明的地理版图。以400毫米等降水线为界，其东南为受太平洋及印度洋季风影响的湿润地区，其西北为少受甚至不受东南季风影响的干旱地区。这条400毫米等降水线，成为东亚大陆农耕区与游牧区的大体边界。两个区域分别孕育了农耕文明与草原文明，是中华文明构架中最为显著的两种分支，中国古代封建社会的历史进程几乎就是两种文明的博弈过程。

关中地区的地理坐标正好处在这条农耕区与游牧区的交汇处，这里能够满足早期人类采集与游牧需求，而当农业成为社会经济发展的主体产业时，其肥沃的土地，适宜的气候，较少的自然灾害侵袭等适宜农耕生产的大部分要求，能够为早期人类生存提供稳定的食物来源，因此关中地区成为早期聚落文明产生的重要区域。

2. 农业社会

国家诞生之后，依旧以农为本，生产力发展的局限性与封建社会的统治需求让安全与稳固被视作营城最为重要的方面。综合了政治、军事和经济因素的城市营建原则首先落实在地理条件上，清人顾祖禹即有云："然则建都者当何如？曰：法成周而绍汉、唐，吾知其必在关中矣。"关中地区的区位、地理格局等因素在农业社会优势尽显。

纵观中国五千年的文明史，夏至北宋的这三千多年（公元前2070—1127年）间，黄河中下游两岸是全国经济最发达的地区，又是王朝版图的地理中心。而且从有文字记载以来的历史一直到唐代，农业文化经济重心一直在黄河流域，这正是中国早期都城必选在黄河流域的原因之一。关中在全国的地理区位优越，位于中国地形大势第二阶梯黄土高原的东南部，雄居黄河中游，对下游各地形成居高临下之势。古人云"自古帝王者必居上游"，意为国都要能够起到高屋建瓴的作用。杜佑《通典·州郡典》曰："夫临制万国，尤惜大势，秦川是天下之上腴，关中为海内之雄地"故"秦川自古帝王都"。

此外，地理格局也是都城营建需要考虑的重要因素。这一点有时要胜过经济中心的重要性，也要胜过天下之中的实用性。四塞为固，金城千里，为天下形胜。关中四面都有天然地形屏障，犹如一座规模庞大的天然城堡，加上人们在险要处立关设隘，所以战国时就有了"四塞之国"的说法，娄敬说"秦地被山带河，四塞以为固"，张良语"金城千里"，意思都是说关中具有易守难攻的军事地理形

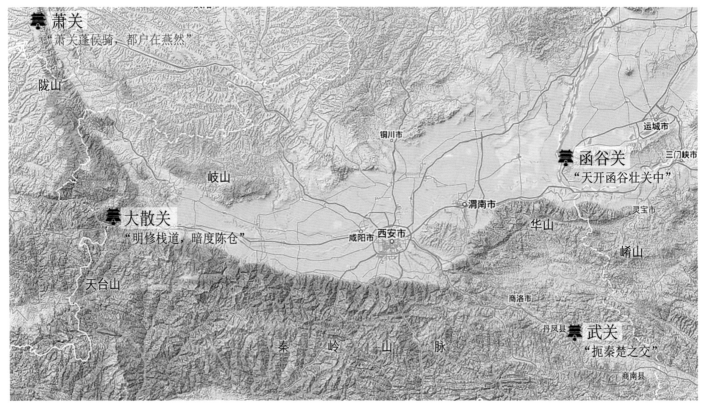

关中四关分布图

关中之称"关中"，大致有三种说法：一是指四关之中，这也是当前最普遍的谈法，分别是函谷关、大散关、武关和萧关；二是指两关之中，一种说法是函谷关和武关，另一种说法是函谷关和散关；三是指六关之中，在四关之上增加了潼关和金锁关。

《史记·年表》关中注曰："东函谷，南崤武，西散关，北萧关"。
西晋潘岳《关中记》"东自函关，西至陇关"。
南朝刘宋徐广《史记音记》"东函关，南武关，西散关，北萧关"。
《三辅旧事》"西以散关为限，东以函谷为界"。

势。长安居关中之中部，守险在数百里之处，"阻三面而守，独以一面东制诸侯"，进可以并天下，退可以封函谷，确保都城安全。因此，关中地区成为农业社会时期国都的首选之地。

3. 商业大发展

城市产生和发展的根本动力是生产力水平和社会经济条件，城市的自然环境则是它赖以维持的物质基础，只有具备优越的自然条件，才能使城市的政治地位稳固、战略地位突出、经济繁荣、社会稳定。四塞之中对造就一代名城长安起到过至关重要的作用，社会经济变化与自然条件变迁又在很大程度上影响了城市的迁移与兴衰。

关中能够成为十三个王朝都城的所在地，并被人屡屡称道，险固的四塞与肥沃的土地是重要原因。在用刀枪剑戟作为武器的时代，地理形势能发挥军事防御作用，土壤条件则能促进农业发展。但是，随着城市的扩大、人口的增多，当地粮食的产量就难以满足日益增长的需求，这在战国末期就已显现出来，秦汉两代，关中需要从关东运输大量的粮食供给。渭水含沙量大，下游河道蜿蜒曲折，再加上中途有黄河三门峡孤柱之险，为漕运增加了许多困难。

关中四关景象

1. 西北的函谷关
2. 西南的武关
3. 东北的萧关
4. 东南的大散关

此外，中国古代建筑对木材的耗损严重，随着关中都城的不断扩大，周边森林资源开始受到破坏，这种破坏在都城附近尤其明显。历代建都都要大兴土木，各项建筑用材和生活、生产燃料的需求大量增加，使森林受到相当大的损失。这种现象在汉代已初露端倪，当时关中虽然有"陆海"之称，但都城附近只有鄠（今陕西省户县）、杜（今陕西省长安县）的竹林，能与秦岭上的相提并论，再无其他森林可以称道。

在中国历史上，从周秦到汉唐，全国的政治中心常辗转于长安、洛阳之间。在此两千年间，国都不在长安，就在洛阳，或同时将长安、洛阳作为国都和陪都。唐以后，随着商品交换的大发展，城市需要更多的开放性与包容度，国内经济重心逐渐转向东南部，长安、洛阳的中心地位迅速衰落，同样位于黄河流域的开封作为北宋国都的时间也不算太长久。其后，全国的政治中心随着商业经济一同呈现向南、向东迁移的趋势。从此，关中再未成为全国的政治中心，逐渐变成西北地区的军事重镇，在区域的社会政治格局中发挥重要作用。

贰 初创——西安地区的早期营城

清代毕沅在《关中胜迹图志》中描绘的汉建章宫盛景

秦有四塞之固，昔后稷封斄，公刘处豳，大王徙岐，文王作酆，武王治镐，其民有先王遗风，好稼穑，务本业，故《豳诗》言农桑衣食之本甚备。有鄠、杜竹林，南山檀柘，号称陆海，为九州膏腴。始皇之初，郑国穿渠，引泾水溉田，沃野千里，民以富饶。汉兴，立都长安，徙齐诸田，楚昭、屈、景及诸功臣家于长陵……

——[东汉] 班固《汉书·地理志》

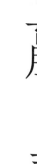

姬・周　　　　　　　　　　　　　　　　　　　　　　　　　　　赢・秦

中国

西周	东周・春秋	东周・战国	秦

西周：
- 周文王伐崇商，建立丰京　B.C.1059年
- 周武王灭商，都镐京，西周开始　B.C.1046年
- 周幽王被杀，西周结束　B.C.771年

东周・春秋：
- 周平王迁都洛邑，东周开始　B.C.770年
- 秦国开始有史记事　B.C.753年
- 道家学派创始人老子生年　B.C.571年
- 儒家学派创始人孔子生年　B.C.551年

东周・战国：
- 三家分晋，春秋之终、战国之始　B.C.453年
- 秦孝公任用商鞅第一次变法　B.C.356年
- 第二次变法，提议迁都，次年秦迁都咸阳　B.C.350年
- 屈原投汨罗江而死　B.C.278年
- 秦庄襄王任吕不韦为相国，灭东周　B.C.249年

秦：
- 秦王嬴政建立中国第一个统一的封建王朝　B.C.221年
- 秦王子婴向刘邦投降，秦朝灭亡　B.C.207年

世界

公元前十一世纪　公元前八世纪　公元前六世纪　公元前四世纪　公元前三世纪

- 大卫统一犹太各部落，建都于耶路撒冷　B.C.1000年
- 希腊进入古风时代，希腊城邦最初形成　B.C.800年
- 第一届奥林匹克，希腊历史元年　B.C.776年
- 罗马建城，罗马史元年　B.C.753年
- 罗马共和国建立，王政时代结束　B.C.509年
- 医学之父希波克拉底生年　B.C.460年
- 《十二铜表法》颁布，罗马成文法的开端　B.C.449年
- 希波战争结束，打破东西方隔绝　B.C.449年
- 雅典卫城帕提农神庙建成　B.C.432年
- 古希腊哲学家柏拉图生年　B.C.427年
- 希腊先哲亚里士多德生年　B.C.384年
- 古埃及被波斯灭亡　B.C.343年
- 阿育王建立帝国式政权，佛教广泛传播　B.C.273年

刘·汉

又

东汉

张骞第一次出使西域，开辟丝绸之路 B.C.139年

汉武帝「罢黜百家，独尊儒术」 B.C.134年

霍去病收复河西走廊，打通西域通道 B.C.121年

铸五铢钱，是中国史上流通最久的货币 B.C.118年

司马相如卒，著有《子虚赋》《上林赋》 B.C.118年

设立乐府官署采集民歌，后称「乐府诗」 B.C.112年

中国第一部纪传体通史《史记》成书 B.C.91年

王莽篡汉，改国号为新，托古改制 A.D.8年

昆阳之战，王莽被刺杀身亡，新朝结束 A.D.23年

刘秀建立东汉，为汉光武帝，定都洛阳 A.D.25年

汉明帝于洛阳首建佛寺，后名白马寺 A.D.68年

班固作中国第一部纪传体断代史《汉书》 A.D.80年

蔡伦改进造纸术 A.D.105年

华佗卒，他被誉为「外科鼻祖」 A.D.208年

曹丕篡汉建魏，都洛阳，东汉灭亡 A.D.220年

公元前二世纪　　公元一世纪　　公元二世纪

B.C.146年 罗马开始确立在希腊的统治

B.C.49年 恺撒成为罗马独裁者

B.C.27年 屋大维被尊为奥古斯都，罗马帝国开始

A.D.30年 耶稣去世

A.D.135年 犹太人被罗马人驱逐出耶路撒冷

大事记

公元前 1059 年　周　文王营丰
在今西安斗门镇沣河以西建立丰京，为西安地区始都之年。

公元前 1046 年　周　武王元年　创建西周
周武王姬发创建西周，定都镐京（今陕西西安西南）。

公元前 770 年　周　平王元年　都城东迁
周平王东迁洛邑（今河南洛阳）

公元前 349 年　战国　秦孝公十二年　秦国迁都
秦孝公十二年，秦国从栎阳迁都咸阳。

公元前 202 年　汉　高祖五年　建立汉朝
刘邦即位，建立汉朝，定都长安。

公元前 200 年　汉　高祖七年　建未央宫
萧何营作未央宫，立东阙、北阙、前殿、武库、太仓。

公元前 192 年　汉　惠帝三年　方筑长安城
方筑长安城，四年就半，五年六年城就。

公元前 138 年　汉　武帝三年　扩建上林苑
武帝刘彻在秦朝旧苑原址扩建上林苑。

公元前 104 年　汉　武帝三十六年　始建建章宫

公元前 101 年　汉　武帝四十年　建桂宫等其他宫室

公　元　4 年　汉　平帝四年　王莽奏请建明堂辟雍
王莽奏请建造明堂、辟雍、灵台，为学者筑舍万区，以备废帝自立。

夜宴图．汉画像石拓片（局部）．藏于徐州睢宁博物馆

姬

·周

B.C.1046-B.C.256 年

中国 + 世界

思想的黄金时代

诸子百家（局部）. 张生太

古希腊的荣光

雅典学院. 意大利. Raffaello Sanzio da Urbino

礼　乐　初　成

——构建"敬德宜民"的价值体系，在此基础上形成体系化的宗法、分封、井田、礼乐、国野等社会制度。

百　家　争　鸣

——思想和文化最为辉煌灿烂的黄金时代，出现了诸子百家彼此诘难，相互争鸣，盛况空前的学术局面。

城　市　雏　形

——城市开始大量兴建，从砖瓦使用、木构体系到王城营建，形成了基本的体系。

民　主　之　光

——古希腊城邦培育分权制衡的民主理念，由此衍生的公民选举、轮流执政、议会制度对西方政治影响深远。

哲　学　两　问

——古希腊缔造柏拉图、亚里士多德等哲学家，其思想遗产华光璀璨。

艺　术　繁　盛

——古希腊在文学、音乐、戏剧、艺术、建筑等方面取得了伟大的成就，是西方艺术的真正源头。

"文王受命，有此武功。既伐于崇，作邑于丰……考卜维王，宅是镐京。维龟正之，武王成之。"

——［西周］佚名《诗·大雅·文王有声》

2.1 礼序：
周时期的城市建设

追溯至公元前21世纪，正值新石器时代晚期、青铜时代初期，中国史书中记载的第一个世袭制朝代夏诞生，标志着漫长的原始社会被私有制社会所替代。从后启开始，共传十四代，延续四百余年，至公元前1600年，终被商朝所灭。中国从此进入青铜时代的鼎盛期，商是中国第一个有直接的同时期文字记载的王朝，商汤于鸣条之战灭夏后，前后相传十七世三十一王，延续五百余年。

公元前1059年，姬昌（文王）迁都丰。公元前1046年，经牧野一战，其子姬发（武王）灭商建周，即位后在沣河东岸营建镐京，史称西周。公元前771年周幽王被杀，西周灭亡。公元前770年，姬宜臼（周平王）被立为王，将京都迁至洛邑（洛阳），历史上被称为东周。公元前453年，以晋国韩、赵、魏三家联手打败执政的智氏卿族为分水岭，东周分为"春秋"及"战国"两阶段。经过夏、商两代的城邑初建，周代成为有史可查，严格按照礼制规划建都的开始，也是关中地区营城的起点。

安阳殷墟考古照片

2.1.1 城邑草创：夏商时期城市建设

我国古代城市伴随国家诞生出现，最初作为奴隶主的军事防御据点。私有制与阶级将人群的居住空间分异，"君子居国"、"小人狎于野"，即统治阶级居城，农业奴隶居野。显然国野之别既是聚居地域上的差异，又是居民阶级成分的区别。从此，由原始社会转化过来的聚落，随阶级划分而分化，作为统治据点的聚落则进一步演进为"城"，而一般氏族聚居的聚落便转变为依附于"城"的"鄙邑"。

我国奴隶制社会城市建设发展大致可分为三个阶段：夏代前期为城邑草创阶段，夏代后期至商代的城邑发展阶段，周代则为城邑成熟阶段。

1. 夏代城市建设

自启建夏，中国进入奴隶制社会，国家体制初生，城邑建设处于草创阶段。这一阶段初步完成了夏代中心地区氏族部落聚落向奴隶制国家城邑的转化。自少康中兴，奴

隶制国家正式形成，城邑建设也渐渐有所发展。一方面表现为城邑数量增多，领域内的一些大小氏族部落聚落基本上均转化为城邑。另一方面出现了正式的"城"，并开创了王畿制，这是我国城市建设发展史上具有划时代意义的重要事件。

夏人早期主要活跃于黄河中下游，正式的"城"首先出现在该区域。考古发现的晚期龙山文化城堡式聚落遗址多在河南山东一带，即可窥知这条发展线索。历史文献也有类似的踪迹可寻，例如《世本·作篇》载："鲧作城郭"，《吕氏春秋·君守篇》亦称："夏鲧作城"。鲧为禹父，是奴隶制国家即将诞生前夕的夏族部落首脑。史传鲧封于崇，《国语》称为"崇伯鲧"。崇，即崇山，为今河南嵩山之古称，可能鲧造的城堡式聚落或在嵩山一带。特别是文献记载禹都阳城，其故址即在今河南登封东南，正位于夏人活动中心地区内，更可作为上述推断的说明。至于夏时期"城"的具体规划，除推知应采取国野体制外，因史料不足尚难作进一步论述。夏时期"城"的形成，为后来的

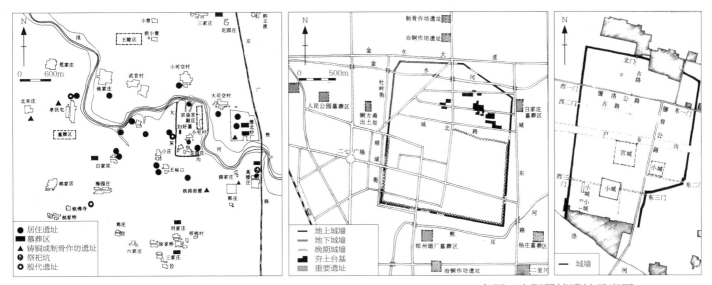

左图：安阳殷墟遗址示意图
中图：郑州商城遗址示意图
右图：河南偃师尸乡沟商城遗址示意图

城市营建奠定初基，"城市"就是以"城"为核心发展起来的。

2. 商代城市建设

商代城市建设较之夏代，在数量、规模、建设水平上都有显著的提高。奴隶社会的城市建设制度亦渐成形。

从历史记载看，商都迁徙频繁，尤其自盘庚迁殷后，国力渐强，加之国都已经稳定，"殷"的建设得到持续发展，殷都范围几近30平方千米。经多年考古发掘，可以了解城是沿洹河布置，位于南岸。其布局和西亳（河南偃师尸乡沟商城）及隞（河南郑州商城）相似，也是以王宫作为城的结构中心来安排的。宫廷区除宫室与宗庙外，尚附为王室服务的手工作坊。宫廷区的周围环布颇为密集的居民点。北岸陵墓区以王陵为中心，附近分布有贵族墓葬和大量的杀殉坑、祭祀坑，其外围也有居邑及墓葬。

殷墟与偃师尸乡沟及郑州两座前期商城比较，三者虽都展示了商代都邑建设水平，体现了按功能分区以及以宫为中心、突出中轴线主导作用的规划制度。但殷墟分区及总体布局的方式与前期两商城又有不同。殷墟采取综合性的功能分区，凡与一区主体功能相关的附属设施均纳入此区，构成具有一定综合性的片区。这种分区方式较前期二都的单一功能划分差异明显。宫是殷墟城的结构中心，以宫寝为主体，综合与此相关的宗庙、宫廷手工作坊以及府库等，组成一个综合性的片区——宫廷区。此区外围则为居住区。近年考古发现，河南安阳小屯村中心以西有一条大壕沟，可能是宫廷区的防护沟，也是与居住区的分隔设施。居住区是由许多居住聚落呈点状密集环布在宫廷区外围形成。区内各聚落外围有耕地，附有墓葬，故每个聚落实际上又是一个小的综合性居住片区。由于分区方式的变革，也引起了城总体布局形式的变化。

殷墟宫廷区与居住区的布置方式，显然与商代前期宫与居里的组配形制不同，体现了商代后期城市建设的新尝试，营建制度的新发展。从这里可以清晰地看到，随着奴隶制社会的日趋成熟，城邑建设正向新的发展阶段迈进。

2.1.2 礼乐初成：周代社会历史背景

孔子曾言："周监于二代，郁郁乎文哉！吾从周。"[1]西周时代所创造的礼乐文明和政治制度被孔子视为理想国的崇高典范。"周虽旧邦，其命惟新"[2]，自诩获得"天命"的周人，不但建立了迥异于殷商的政治伦理制度，更是将古代青铜文明推向巅峰，烧铸于青铜器皿之上的原始图腾，煊赫着那个时代的精神气质，确立了中华民族文化基因和精神品格的基本骨架。

1. 政治制度

伴随生产力的发展和疆域的扩张，"宗天尚鬼"的殷商文化逐渐被"敬德宜民"的姬周文化所取代，所谓"皇天无亲，唯德是辅"[3]。"德"的出现是中国文化史上里程碑式的事件，它构建了中华民族文化的基础，"德治""仁政"由此占据中国古代政治思想领域的核心位置。姬周经过系列的体制变革形成了一整套体系完善的国野制度和等级森严的分封制度，确立了以姬姓为中心的宗法制度。王国维说："欲观周之所以定天下，必自其制度始矣。周人制度之大异于商者，一曰立子立嫡之制，由是而生宗法及丧服之制，并由是而有封建子弟之制、君天子臣诸侯之制。"[4]此外，周代还建立了"土地王有"的井田制度以及完整的宫廷礼乐制度，把礼、乐、刑、政并列，形成了明确的周礼系统，奠定了青铜时代中华文明的古典形式。这

---

① 《论语·八佾》　　　　　　② 《诗经·大雅·文王有声》　　　　　③ （春秋末年）左丘明 《左传·僖公五年》

左图：曾侯乙编钟　战国早期

收藏：湖北省博物馆

器高：长748cm，宽335cm，高273cm

曾侯乙编钟，战国早期文物。是由六十五件青铜编钟组成的庞大乐器，其音域跨五个半八度，十二个半音齐备。它高超的铸造技术和良好的音乐性能，改写了世界音乐史，被中外专家、学者称之为"稀世珍宝"。

右图：祭祀青铜器——何尊　西周初期

收藏：陕西省博物馆

器高：38.8cm

容器底部有题献铭文，铭文大意是：周成王"初迁宅与成周"，福祭武王。成王五年四月丙戌日，开始在成周营建都城……

几种制度密切结合、相辅相成，终使古代奴隶制文化达到极致。

2. 经济发展

　　周人从其始祖时起便非常重视农业，农业是当时最重要的生产部门，该时期农作物种类较商朝有所增加，《诗·采芑》《臣工》和《周礼·大司徒》中均有关于休耕制度等农业活动的相关记载。礼制化的社会生活对牲畜的需求量巨大，畜牧业也是当时社会经济生活的重要组成部分，牲畜成为社会上拥有财富的标志之一。《礼记·典礼下》说："问庶人富，数畜以对。"周朝的手工业和商业完全被周王和贵族阶级垄断，即所谓"工商食官"。官府设立工

④ 王国维 《殷周制度论》

东周礼器上的两层建筑和生活场景

来自各地东周青铜器皿上的刻画的东周时期两层建筑，描绘了盛大的射箭比赛和接待、宴请的盛况。

正、陶正、车正等官职，管理手工业，在生产场地还派有监工。西周的手工业种类很多，分工很细，号称"百工"。

3. 科学技术

周代的冶金技术已发展到一个新的高峰，在量、质、创造新产品上都取得重大的突破。西周都城内有比商代更大规模的铜器作坊，铸造业的分布范围更加广泛，使青铜器的产量大大增加。周人开始冶铸真正的铁器，并掌握了玻璃器皿的制造方法。《考工记》分析历代手工业特征，谓"有虞氏上陶，夏后氏上匠，殷人上梓，周人上舆"，并且说"一器而工聚焉者车为多"，认为车辆制造可为周朝手工业的代表。

建筑工艺方面，周代的大型宫室建筑已普遍使用瓦覆盖屋面，板瓦和筒瓦配合使用。砖发明于西周，砖瓦的使用表明建筑已由土木建构向砖木建构发展，是建筑史上的一大进步。西周的建筑，特别是大型宫殿建筑，屋顶构架是用纵架、斜梁搭起来的木构架。西周奠定了中国木构建筑基础。天文学方面，对于彗星、日食、陨星已有准确记录，创立28宿体系规定季节，编制历法，指导生产。数学方面，发明和使用筹算计算法，现今通行的九九乘法口诀这时已经出现。医药学方面，形成"切脉""望色""听声""写形"等诊断学理论，"箴"（针）、"石""熨"等医疗器材，内、外、小儿、妇、针灸科等医学分科，出现秦的医缓，齐的秦越人（号扁鹊）等名医，以及医学专著《黄帝内经》。

4. 文化艺术

春秋之后，大国争霸、诸侯混战，"士"阶层在新的政治格局下脱颖而出，中国迎来了历史上第一个文化发展的高峰。"凡诸子百家，……蜂出并作，各引一端，崇其所善，以此驰说，联合诸侯"。[1]出现了"百家争鸣"的新局面——私人讲学兴起，培养了大批知识分子，他们从维护本阶级利益出发，聚徒讲学，著书立说，自由争辩。"诸子百家"主要有儒、墨、道、法、名、阴阳等学派，他们掀起了中国历史上空前绝后的文化气象。

周代亦是我国文学艺术发展的奠基时期，位居"五经"重要位置的《诗经》与《尚书》，其中大部分作品都是写定或形成于西周时期，是中国诗歌与散文的开端。除文学之外，还形成了音乐、舞蹈、雕塑等丰富多彩的艺术形式，成为后世艺术的创成时期。

---

① （东汉）班固 《汉书·艺文志》

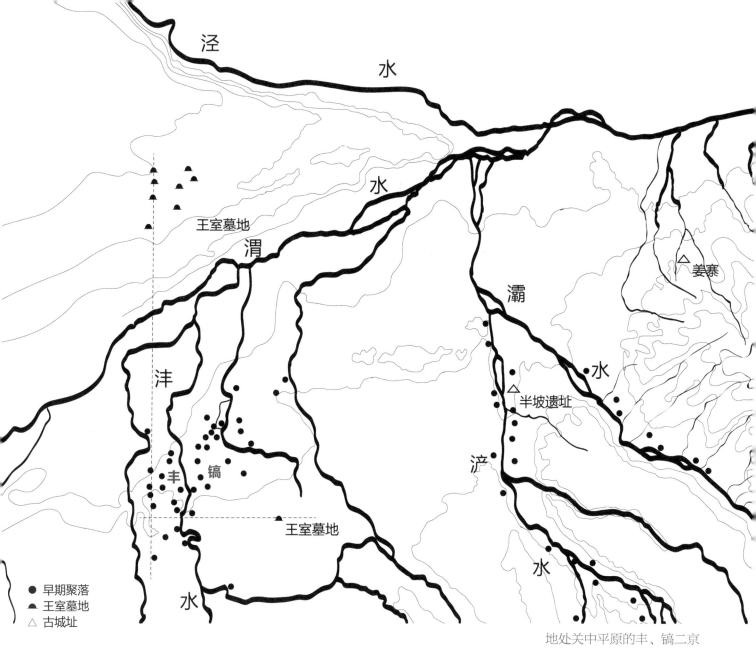

地处关中平原的丰、镐二京

2.1.3 王城营造：周都丰镐城市建设

周代是奴隶社会发展的鼎盛阶段，城邑规划和建设亦渐成熟——周人早期在藜（陕西武功县西南）从事农业生产，后迁到豳（陕西彬县一带），又迁往周原（陕西岐山）开始筑城建室，这时在部落联盟的基础上出现了国家萌芽。随后文王建丰、武王营镐、成王作洛，至此周的都城体系迅速完善起来。

实际上，从洛邑建成至西周灭亡，岐周、丰镐、洛邑三都是并存的。从职能上讲，岐周是圣都，是周人立国及其走向强盛时期的精神中心。

《国语》中有记载"周之兴也，鸣于岐山"，岐周是王朝的经济支柱，社会政治宗教大本营；丰、镐二京是宗周主都，作为军政前线，独据中央，是老根据地和新征服地区的联系枢纽；洛邑所在的成周则是陪都，是因"择天下之中以控东方"的军事统治需要而设立。三都从时间与空间上形成了整体的关联，构成周都城系统。

沣西客省庄西周四号夯土基址
来源：《陕西长安沣西客省庄西周夯土基址发掘报告》

1. 选址布局：丰镐两京，沣水西东

"武王自丰水居镐，诸侯宗之，是为宗周。
今丰水之东，长安之南三十里有镐池，即其故
都也。"

——［西晋］皇甫谧《帝王世纪》

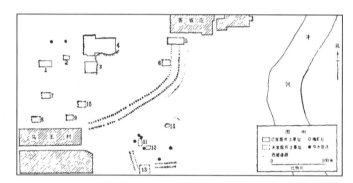

沣西客省庄西周夯土基址分布图
来源：《陕西长安沣西客省庄西周夯土基址发掘报告》

因丰镐遗址的考古工作未全面开展，文献记载也失之
过简，所以有关丰镐的城邑规模、规划结构以及西周王朝
建立后的扩建等问题，目前所知还相当有限。但至于它们
的位置，大体上已查明，就在今西安沣河两侧，周代王室
墓地坐落在沣京的正北和镐京的东南。

丰京居沣河西岸，其遗址范围东临沣河，西界灵沼
河，北至今客省庄、张家坡，南达今西王村、冯村，总面
积约6平方千米。镐京在沣河东岸，与丰京隔水相望。遗
址约在汉昆明池西北，即今之洛水村、上泉北村、普渡
村、花园村、斗门镇一带，面积约4平方公里。考古工作
者曾在这两处遗址，发现铸铜、制陶、制瓦及制骨等作坊

遗迹，以及西周居住遗址、水井、窖穴和中小贵族墓葬，
但未发现城垣、宫室与宗庙的遗迹。

从丰、镐二京所处关中平原示意图中不难发现当时的
城市选址布局与地理环境的关系尤其紧密——除丰镐二京
沿沣河两侧布置外，区域内的其他小聚落亦主要沿浐河和
灞河两侧的塬地分布，形成了滨水而居的居住方式。同
时，丰、镐二京的布置以及历代帝王墓的设置在一定程
度上也体现出了早期古人利用轴线进行布局的规划思想
理念。

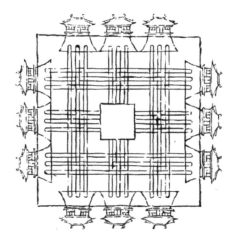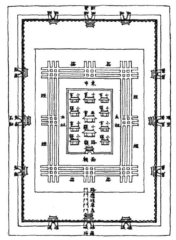

周王城图
来源：（左）宋《三礼图》，（右）明《永乐大典》

"左祖右社，面朝后市"是营国制度中关于王城内重要建筑的方位、布局及其相互关系的描述。"祖"是祭祀祖先的宗庙，"社"是祭祀土地和谷物神的神社，"朝"是臣下朝觐天子的朝堂，而"市"则是百姓聚集交易的市场。这里不仅指明了王城中所具有的重要建筑类型，同时还明确了它们之间的位置关系。

2. 建设形制：周礼王城，制度营国

"匠人营国，方九里，旁三门。国中九经九纬，经涂九轨，左祖右社，面朝后市，市朝一夫……王宫门阿之制五雉，宫隅之制七雉，城隅之制九雉，经涂九轨，环涂七轨，野涂五轨。宫隅之制，以为诸侯之城制。环涂以为诸侯经涂，野涂以为都经涂。"

——［西周］周公旦《周礼·考工记》

一般认为《考工记》中有关城市形制的记载反映了当时周都丰、镐的建制状况，是我国古代都城营建思想的启蒙，奠定了营国制度的基础。其中都城布局模式主要有以下特点。

第一，采用方格网状的道路系统，"九经九纬"指的是城内有九条直街，九条横街。

第二，城郭之间体现着尊卑有别的礼制秩序，外郭各个部分按礼制等级部署。

第三，王城布局反映了"居天下之中"的王权至上思想，采用方形平面，是"天圆地方"的理念，也寓意着对千邦万国全面的统治。

第四，王城规划结构的主轴线把王城各部分紧密联系在宫城周围，使之成为一个整体。

《考工记》详细描述了我国古代城市营建的理想布局模式。在实际的考古发掘中，通过已发现的30处夯土建筑基址，以及相当数目的墓葬、作坊和其他遗存，能够确认丰、镐二京的一般坐落位置。但因缺乏确切的文字资料佐证，所发现的几处遗存是西周贵族居址还是西周王室宫殿尚未明确，加之镐京遗址因遭秦汉两代建造上林苑、昆明池的破坏，城市聚落的总体模式和布局，依然是一个谜。

综合古文献中对于周王城的记叙和现有的考古发现，可以推断当时的城市布局已初步具备了一定的规划思想，规整而有序，是中国历史上第一个规模宏大、布局整齐的都城。

嬴
·
秦

B.C.221-B.C.206 年　　中国 + 世界

大秦扫异同一　　罗马共和民主

秦驷马图. 发现于咸阳市渭城区窑店镇秦都城遗址　　西塞罗谴责喀提林. 意大利. Cesare Maccari

中　央　集　权

——秦朝结束了自春秋战国以来诸侯分裂割据的局面，成为中国历史上第一个多民族共融的中央集权制国家。

文　化　一　统

——推行车同轨、书同文、行同伦，统一文化风俗，加强中央对地方的控制，奠定中国大一统王朝的统治基础。

共　和　民　主

——罗马的共和体制实现了权力的平等以及权力之间的相互合作与制衡，确立了古罗马共和民主思想的核心。

罗　马　形　式

——罗马建筑继承和发扬了古希腊的建筑风格，形成了对西方世界建筑艺术发展的广泛影响。

"始皇穷极奢侈，筑咸阳宫，因北陵营殿，端门四达，以则紫宫，象帝居。滑水灌都，以象天汉；横桥南渡，以法牵牛。"

——［汉］佚名《三辅黄图》

2.2 一统：秦时期的城市建设

周孝王时期，分封于秦地（今天水）的非子，以封地为氏，号为"秦嬴"。周平王时期，因秦襄公护送东迁洛邑有功，于公元前770年被封诸侯，赐地岐山以西。公元前356年，秦孝公任用商鞅变法，逐渐成为战国中后期最强大的诸侯国。公元前247年，秦王嬴政继位。公元前221年，秦王嬴政结束了自春秋战国五百年来诸侯分裂割据的局面，建立了统一的中央集权制国家——秦。

秦自公元前667年，秦德公建都雍城（今凤翔）后，三迁都城，历经泾阳、栎阳，于公元前349年迁都咸阳。"咸阳，秦都也，在九嵕山南，渭水北。山水俱阳，故名咸阳。"秦都咸阳，是中国历史上第一个大一统王朝的都城。从秦孝公十二年迁都咸阳至秦帝子婴元年（公元前206年），秦帝国灭亡，历时140年，咸阳一直作为秦国，乃至秦帝国的政治、军事、经济、文化中心。秦咸阳也继西周丰、镐二京之后，再次成为"天下"的中心。

左图：秦始皇陵兵马俑
右上：秦始皇陵铜车马
右下：秦半两钱

2.2.1 扫异同一：秦代社会历史背景

秦代可谓中国古代社会的一大分界岭，虽犹如昙花一现，但却推陈开新、光芒四射。战国时期，诸侯割据"田畴异亩，车涂异轨，律令异法，衣冠异制，语言异声，文字异形"。[1]秦始皇一统天下，扫除种种"异"相，促成了中华文化共同体的基本形式。秦开创的制度文化奠定了其后两千余年中国古代社会制度文化的大体框架。故而有言："秦者，古今之界也。自秦以前，朝野上下所行者，皆三代之制也。自秦以后，朝野上下所行者，皆非三代之制也"。[2]谭嗣同也曾道："二千年之政，秦政也"。[3]

1. 政治制度

区别于夏、商、周早期国家的分封制，秦帝国采取基于地域组织的国家郡县制，"分天下以为三十六郡，郡置守、尉、监。"[4]同时，先秦国家是政权和神权的合一，制度在礼，礼是一切制度的依据。秦帝国建立了一整套崭新的"中央集权"政治制度——以皇帝为中心，三公九卿协助处理政务，最后由皇帝裁决，在制度上保证皇权的至高无上。地方行政机构分郡、县两级，长官直接由中央任命。这样一种"皇帝-公卿-郡县"的官阶结构及其制度，自秦到清，除了官职府署名称因时有所变化之外，基本体制并无更改。可见，秦代开创了我国封建社会时期集权政治的统治模式。

2. 经济发展

秦统一后，为防范关东地区的反秦力量，采取了弱关东强关中的区域经济政策。"始皇二十六年，徙天下高赀

---

① 冯天瑜，何晓明《中华文化史》

②（清）恽敬《三代因革论》

③ 谭嗣同 1896～1897年《仁学》

④（西汉）司马迁《史记·秦始皇本纪》

富豪于咸阳十二万户，诸庙及台、苑，皆在渭南"⑤，以强干弱枝。同时，为打破各国的经济壁垒，加强各地区经济联系，秦始皇"一法度衡石丈尺。车同轨"。⑥统一货币秦制规定：货币分二等，黄金为上币，以镒（二十两）为单位；秦国原有的圆形方孔钱为下币，以半两为单位。度量衡以商鞅制定的度量衡为标准器，度分寸、尺、丈；量分升、斗、桶（斛）；衡以十钱为一两，十六两为一斤，一百二十斤为一石。

3. 科学技术

秦代在冶金、制陶、历法、地图、道路、沟渠等许多技术领域均获得极大发展，完善了"六气病源"理论，涌现了著名的医家。制造了先进的兵器，为抵抗匈奴南侵修筑万里长城，创造了秦始皇帝陵铜车马和兵马俑等伟大奇观，在中国科技史上占有重要地位。

4. 文化艺术

为加强思想控制，秦采纳李斯建议，下令焚书，严禁私学。规定除《秦纪》、医药、卜筮、农书及国家博士所藏《诗》《书》、百家语外，私人所藏儒家经典、诸子及其他历史著作，均要限期交官府销毁；谈论《诗》《书》者处死，以古非今者灭族；严禁私学，以吏为师。秦朝的思想专制政策，使战国以来私学兴盛的局面一去不返，自由的学术思想讨论氛围被终结。

2.2.2 筑城山水：秦都咸阳城市建设

"（秦孝公）十二年，作为咸阳，筑冀阙，秦徙都之。并诸小乡聚，集为大县，县一令，四十一县。为田开阡陌。东地渡洛。十四年，初为赋。"

——［西汉］司马迁《史记·秦本纪》

咸阳城是秦都城系列中的最后一个，也是我国第一个大一统帝国的都城。秦都咸阳的规划建设经过几个发展阶段：秦孝公定都咸阳并修筑冀阙、宫廷，正式确立政权的阶段；秦惠文王时期"南临渭，北逾泾，至于离宫三百"⑦的扩建阶段；秦王嬴政"写放六国宫室于咸阳北坂上"的不断丰富阶段。

1. 选址布局：弥山跨谷，表山为阙

秦时期关中地区的城市体系有三重等级的城市构成：都城、陪都和前都城、其他县治。秦人多次迁徙其政治中心的目的在于政治争霸，最终将都城迁至咸阳。咸阳地理位置优越，交通方便，近于渭水，汇通六国，能助秦完成统一全国的大任。

秦咸阳"在九嵕山南、渭水北，山水俱阳，故名咸阳"⑧，后由于渭北地势和渭河河道北徙的影响，其发展方向开始南进，并在渭河南岸营建了阿房宫、甘泉宫、兴乐宫、信宫、诸庙、章台、上林苑等建筑。其中阿房宫又

⑤《三辅黄图》　　　⑥（西汉）司马迁《史记·秦始皇本纪》　　　⑦《三辅黄图》　　　⑧（汉）辛氏《三秦记》

阿房宫图屏. 清. 袁江

收藏：北京故宫博物院

尺寸：绢本水墨，纵60.5cm，横194.5cm

《阿房宫图屏》即以秦始皇三十五年（公元前212年）兴建的阿房宫为题。袁江凭借自己精深的古建知识和丰富的想象力使一组组已经逝去的带有神秘色彩的建筑得以再现。此图使用12条通景屏的表现手法，充分利用画面的宽度与广度，再现了秦朝建设弥山跨谷，表山为阙的恢弘气势。

将秦咸阳的都城中心区域向南带动并倾斜，"阿房宫亦名阿城，惠文王造，宫未成而亡，始皇广其宫，规恢三百里，离宫别馆，弥山跨谷，辇道相属，阁道通骊山八十余里，表南山之巅以为阙，络樊川以为池。"① 如按照书中记载，始皇帝是寄希望以阿房宫成为都城咸阳新的中心，通过辇道和阁道等交通空间将整个关中地区的离宫别馆以及宫殿楼阁相连，使渭北与渭南区域的宫殿群形成为一个整体（实际上据《史记》《汉书》记载及考古发掘佐证，普遍认为阿房宫并未最终建成）。由此可见，秦都咸阳城首次将渭河水系、樊川、骊山、秦岭山北麓等自然元素与城市的选址和布局相互结合，走出开创性的一步。

---

① 《三辅黄图》

从大区域整体角度来讲，秦咸阳的营建是渐进发展的。首先由聚落和城镇等构成小型的区域中心，随着经济的发展与政治的需要，执政者开始通过宗教、仪轨等形成的国家意志，进行空间扩张。经过城市营建经验的积累，通过对原有城市区域再次规划，形成宏观的整体格局。

2. 建设形制：中央集权，象天法地

秦始皇提倡的中央集权观念，即帝国的绝对权力，也是影响都城建设形制最主要的方式。《史记·秦始皇本纪》记载"徙天下豪富于咸阳十二万户。诸庙及章台、上林皆在渭南。秦每破诸侯，写放其宫室，作之咸阳北坂上，南临渭，自雍门以东至泾、渭，殿屋复道周阁相属。所得诸侯美人钟鼓，以充入之。"咸阳城是非城郭制城市，现今考古发掘中并没有勘探出秦咸阳城有城墙的存在，它的城市格局明显地呈现一种区域性，其营建不是咸阳单一地区的孤立行动，而是和始皇对整个帝国的重新整理过程融合在一起的，体现了"集中化"的建设理念。

"二十七年作信宫渭南，已而更命信宫为极庙，象天极。自极庙道通骊山，作甘泉前殿，筑甬道，自咸阳属之。始皇穷极奢侈，筑咸阳宫，因北陵营建，端门四达，以则紫宫，象帝居。引渭水灌都，以象天汉；横桥南渡，

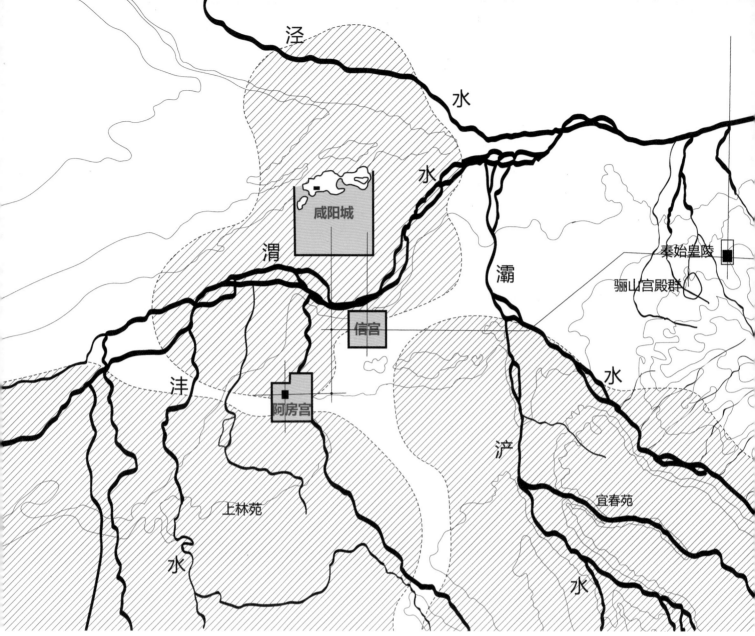

地处关中平原的秦咸阳城

秦始皇为巩固其统一帝国而采取"强干弱枝"政策，"徙天下富户"聚集于都城周围，放六国宫室于渭河之北，昭示其天下归一的雄心。后由于渭北地势和渭河河道北徙的影响，在渭河南岸营建了阿房宫、甘泉宫、兴乐宫、信宫、诸庙、章台、上林苑等建筑。秦咸阳规模庞大，宫殿雄伟，其布局体现出都城规划的"象天法地"设计思想和轴线突出的设计手法。

以法牵牛。"《三辅黄图》所载的这段文字表明了秦都咸阳营建的历史过程和最后形态意象，咸阳在嬴政建立秦朝以后被规整为一个具有"象天法地"格局的平面图式——宫馆分布地域广布关中，其核心区域位于咸阳渡口两岸渭河一阶台地，皇家园林主要分布于渭河二三阶台地和秦岭山麓山地上，墓葬随军事战略发展分散化分布，农业用地除先秦周原外主要分布于泾河与洛河之间郑国渠的灌溉范围内，渭河南原农业用地规划为皇家苑囿。初步确立了延续至今两千多年的关中城县、都邑、农业用地等构成的宏观空间格局，具有划时代的意义。

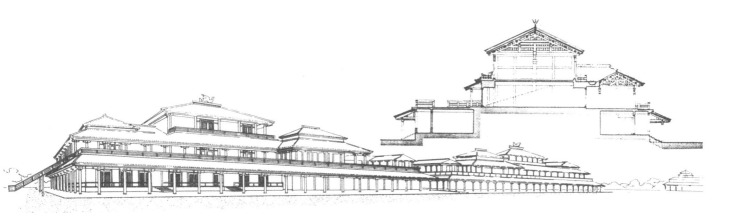

秦咸阳一号宫殿遗址复原透视图
来源:《秦咸阳宫第一号遗址复原问题的初步探讨》

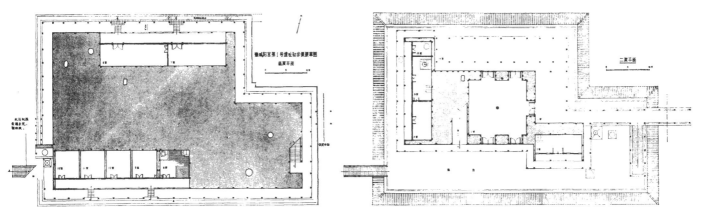

秦咸阳一号宫殿遗址复原平面图（左：底层，右：上层）
来源:《秦咸阳宫第一号遗址复原问题的初步探讨》

秦咸阳一号宫殿遗址全貌
来源: 王学理《以讹传讹"咸阳宫"，一扫蒙尘显"翼阙"——对秦都咸阳1号宫殿遗址定性的匡正》

刘·汉

B.C.206-A.D.220 年

中国 + 世界

华夏一统

罗马帝国

东汉画像砖

提图斯凯旋门上的浮雕

独 尊 儒 术

——从汉初"黄老之学"转向"独尊儒术"，董仲舒以"天人三策"对先秦儒学理论进行再创造，构建了阴阳五行说，并成为封建社会的统治思想。

汉 制 始 立

——两汉时期，儒家学者对"礼"文化理论进行了系统整理，构建了一套体系完整的礼制规范，由此全社会的行为规范在汉代定制化。

丝 绸 之 路

——汉武帝派张骞出使西域开辟了以首都长安为起点，连接地中海各国的陆上通道，建立了中西方交往的桥梁，即"丝绸之路"。

耶 稣 基 督

——发源于罗马的基督教信仰形成了独立于世俗王权之外的精神共识，并发展为高度组织化的宗教权威，为西方法治秩序的形成提供超验基础。

罗 马 帝 国

——公元前 3 世纪以后，罗马成为地中海地区的强国，其文化亦高度发展，在法律、教育、文学、史学和自然科学等方面均对后来的欧洲产生了深远影响。

公 共 空 间

——从市民的集市广场、帝王的炫耀广场到与全民享乐的公共浴场、斗兽场，城市公共空间的发展深刻地折射出社会公共生活构成与运行机制的变化。

"秦地被山带河，四塞以为固，卒然有急，百万之众可具也。因秦之故，资甚美膏腴之地，此谓天府者也。陛下入关而都之，山东虽乱，秦之故地可全而有也。"

——［西汉］司马迁《史记·刘敬列传》

2.3 格序：汉时期的城市建设

秦末天下大乱，刘邦推翻秦朝后被封为汉王，公元前202年，在楚汉之争中获胜称帝，史称前汉或西汉。汉（公元前202年—公元220年）是继秦之后出现的又一强大的统一封建王朝，分为西汉和东汉，共历29帝，享国407年。

刘邦建国初"欲长都洛阳"施政天下，而后听取了刘敬和张良的建议，放弃洛阳迁都长安。公元25年，西汉远支皇族刘秀夺取绿林、赤眉农民起义胜利果实后建立豪族地主政权，都洛阳，史称后汉或东汉。汉长安城从公元前202年汉高祖刘邦定都长安开始，至公元8年皇太子刘婴禅让帝位结束的二百一十余年间，成为整个西汉帝国的政治、经济、文化中心，作为中国第二个大一统王朝的都城，对当时社会及后代城市建设发展意义重大。

丝路山水地图. 明. 佚名

收藏：北京故宫博物院

尺寸：幅宽0.59m、全长30.12m

《丝路山水地图》约绘制于明朝嘉靖三年至十八年（1524—1539年）之间，是一幅属于明朝宫廷的皇家地图，反映了起源于西汉的丝绸之路在沿途展开各项贸易往来和文化交流的盛况。

2.3.1 汉制具成：汉代社会历史背景

公元前202年，刘邦定都长安。自此长安成为历史上继周都丰镐、秦都咸阳之后，在关中地区出现的第三个全国性政权首都。当时的长安城总面积36平方千米，号称有"六宫一库十二城门，八街九陌东西九市十六桥一百六十余间里"[1]，在世界上也只有同时代的欧洲罗马城（14平方千米）可与之媲美，享有"东长安，西罗马"的美誉。

① （北宋）宋敏求 《长安志》

② （东汉）班固 《西都赋》

1. 政治制度

汉代颁布"推恩令",作"左官之律,设附益之法",大大削弱和打击了诸侯王的割据势力。建立新的选官制度,用"察举""征召"的办法选拔人才,创州刺史制度,以加强中央集权。汉时期三次大规模出兵打败了匈奴,解除了对北方安全的威胁,并多次派人通西域。向南方用兵,奠定了现代中国疆域的初步基础。西汉开辟了中外经济文化交流的新时代,汉武帝时期,张骞率领的官方代表使团,两次出使西域,被称为古代中西交往史上的"凿空"之举,开辟了著名的"丝绸之路",汉朝和西域各国的使者、商人往来"相望于道"。作为"丝绸之路"的起点,长安城汇聚世界各地奇物异宝"殊方异类,至于三万里"②,成为当时东方世界的中心。

明器陶楼. 汉

汉代(特别是东汉)某些较大的墓葬中陪葬用的陶制建筑物模型。质地有灰陶或红陶,也有涂一层薄釉的。反映了当时社会的文化与风俗,再现汉代楼阁式建筑的风格和特点。在平面形状、结构构造、细部处理等方面,都提供了比文献、壁画和画像石更为具体的形象资料。

2. 经济发展

汉代注重发展农业生产;改革币制,将铸币权收归中央;实行"盐铁官营"和"平准均输"政策;颁布算缗、告缗令,增加了封建国家的财政收入。这一时期关中地区成为全国经济最发达的地区,汉长安城的市场繁荣与财富积累为史家所称道,班固在《西都赋》中描绘长安市场的繁华与热闹:"人不得顾,马不得旋";司马迁在《史记》中描写汉武帝即位时长安的富庶:"京师之钱累巨万,贯朽而不可校;太仓之粟陈陈相因,充溢露积于外,至腐败不可食。"

3. 科学技术

两汉时期的冶炼技术获得长足的发展,完成了从青铜时代向铁器时代的过渡;陶瓷烧造技术进步,由原始青瓷走向成熟青瓷;彩绘工艺独特,如马王堆所出土的帛书彩绘;各种生活用品齐全,如有"汉代魔镜"之称的铜镜;

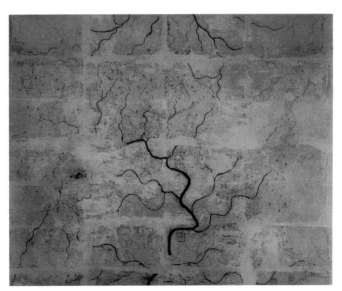

西汉初期长沙国南部地形图

此图乃1973年在中国湖南长沙马王堆三号汉墓出土的三幅马帛地图(地形图、驻军图和城邑图)之一。约为公元前168年以前作品,是中国发现最早的地图,也是保存至今世界上最早的地图。

车马出行·宴乐图

煮盐技术也不断提高，出现了蒸馏酒，酿酒水平臻于完美；农业技术大幅提高，东汉早期出现了水排等新式灌溉工具。

中国历史上第一部以"地理"命名的地学专著——《汉书·地理志》编撰于汉。张衡发明浑天仪、地动仪，对天文学和地震学做出了重要贡献。蔡伦总结前人经验，改进造纸技术，对知识学习与文化传播有着重要意义。张仲景著《伤寒杂病论》，被尊为中华"医圣"、中医之祖，华佗发明麻沸散，开创了世界麻醉药物的先例。落下闳等人制定的《太初历》第一次将二十四节气订入历法。公元前一世纪的《周髀算经》及东汉初年的《九章算术》则是数学领域的杰作。

4. 文化艺术

汉武帝"罢黜百家，独尊儒术"[1]，儒家由一家之言的学术倾向转变为全社会的文化观念，原本施行于上层社会的"礼仪"进一步规范化、系统化、世俗化，成为社会各阶层的行为规范。汉明帝时期，佛教东渡首次来到中国，在洛阳营建的第一座佛教寺庙白马寺，开始了在中国的广泛传播。东汉末年，中国本土宗教兴起，黄老之学蔚然成风，张道陵正式创立道教。

两汉崇文，赋和散文、乐府诗是该时期的主要文学形式。司马迁著有我国历史上第一部纪传体通史——《史记》，成为中国史学的奠基著作。班固及其《汉书》开创了纪传体断代史的体系，是继《史记》之后的又一部历史巨著。

2.3.2 因势随形：汉都长安城市建设

汉承秦制，汉长安城在秦原有宫殿基础上扩建而成，其建设过程大致分为四个阶段，第一阶段是西汉开国皇帝汉高祖刘邦时期；第二阶段是西汉第二位皇帝惠帝时期；第三阶段是西汉第五位皇帝武帝时期，最后一个阶段是以外戚身份篡夺西汉朝政的王莽时期。这一跨越数百年的营建过程，一方面结合新帝国的政治诉求和宗教价值观，另一方面继承传统筑城方式与理念，形成了一套较为完善的建都制度，成为后世建都的典范。

1. 选址布局——封建帝都，城群集中

汉初天下未定，经济文化处于全面复苏时期，统治者实行黄老无为政治，与民休养生息，注意恢复和发展生产，以巩固统治地位。因此汉长安城的规划上只能因借秦"兴乐宫"，筑"长乐宫"；因借秦"章台"，而建未央宫"前殿"；因地势环境，而筑"斗城"等。

汉长安城不仅继承了秦代原有的宫殿基础，还对城周的区域规划设计进行了相应的继承，并对秦代所遗留的开放式设计进行发展。规划以汉长安城为中心，城周山川池沼呼应环绕，规划布局范围涵盖整个关中地区——都城选址于渭南，满足城市规模扩大对环境新的要求，帝王陵墓在渭河以北黄土原一带一字排开。皇家园林主要位于渭河以南，形成"南林"，宫观主要分布于渭河一阶台地，农业用地主要集中在泾洛之间以及渭河冲积平原地区，形成

---

① （清）易沙白 《孔子平议》

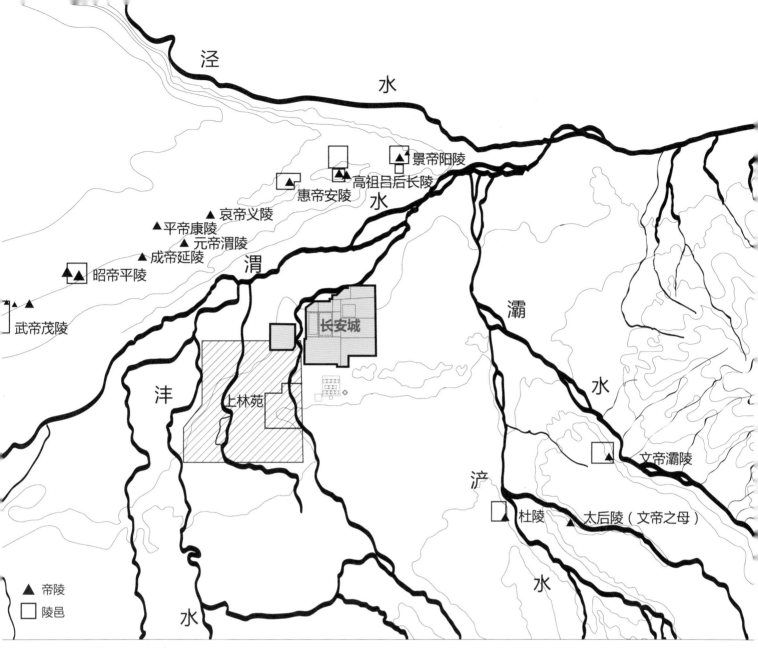

泾水

渭水

灞水

浐水

沣水

景帝阳陵

高祖吕后长陵

惠帝安陵

哀帝义陵

平帝康陵

元帝渭陵

成帝延陵

昭帝平陵

武帝茂陵

长安城

上林苑

文帝灞陵

杜陵   太后陵（文帝之母）

▲ 帝陵
□ 陵邑

地处关中平原的西汉长安城

汉长安城城市区域大致可分为以汉长安城为核心的城市及郊区，西南侧的上林苑，渭河之北和城市东南的
庞大陵墓、陵邑区四大块。其中都城的方向与南山垂直，体现了古人追求天人合一的都城设计理念。

"两线夹城，南林北农"的宏观空间结构。

　　汉长安的另一特点是西汉建立之初便仿照秦始皇的规划手法，于帝陵旁设置有一种很独特的行政区划——陵邑。"因以汉都，长安诸陵，四方辐辏并至而会，地小人众"①，陵邑满足了当权者供奉祖先的国家意志与心理需求，同时达到"内实京师，外消奸猾"②的政治目的，作

为汉长安城城周最大的商品集散地，陵邑又担负着国家税收的重要来源。战时亦可以成为保护汉长安城的军事要塞，缓冲都城的战火破坏。《汉书·地理志》载："长陵，高帝置。户五万五十七，口十七万九千四百六十九。"其人口密度超过了都城长安。整个汉长安城与成周陵邑在西安地区共同组成为一个向周边辐射的环形城市体系，这

①（西汉）司马迁 《史记·货殖列传》　　②（西汉）司马迁 《史记·津侯主父列传》

汉武帝茂陵鸟瞰
来源：央视大型历史纪录片《东方帝王谷》（王保平 摄）

在中国古代城市建设史上是首例，也是一个特例。西汉时期，汉元帝废止陵邑制度。

2. 建设形制——天材地利，壮丽重威

汉长安城总面积约36平方公里，周长25700米，周筑城墙，墙基宽16米，考古推测原城墙高度应在10米以上。又因"城南为南斗形，北为北斗形，至今人呼汉京城为斗城是也"。[1]

元代李好文在《长安志图图志杂说·北斗城》中提到"长安城南为南斗形，北为北斗形，今观城形，信然。然汉志及班、张二赋皆无此说。予尝以事理考之，恐非有意为也。盖长乐、未央，所作，皆据岗阜之势，周二十余里，宫殿数十余区。惠帝始筑都城，侯已没。当时经营，必须包二宫在内。今南城及西城两方突出，正当二宫之地，不得不屈曲以避之也。其西二门以北，渭水向西南而来，其流北据高原，千古无改若取东城正方，不惟太宽，又当渭之中流。人有至其北城者，言其委曲迂回之状盖是顺河之势，不尽类斗之形。以是言之，岂后人偶以近似而目之也欤？"他站在现实地理环境的立场上对"斗城"形成原因的分析中可以看出，汉长安城与秦咸阳不同，并非象天法地而是不规则顺地势修筑而成。而且因为先起宫室，后筑城墙，既要囊括二宫（未央、长乐）于城内，又要顺河之势保证城市安全（防水，防御）；既要省时、省工、节约投资，又要形成"路衢相径"的城市景观；就必须"因天材，就地利"，作"委曲迂回之状"，形成城垣、武库、五宫（未央宫、长乐宫、桂宫、北宫、明光宫）、东西市、沧池、明渠、八街、12门的总体规划格局。在此格局下的长安城市建设如《三辅决录》载："长安城三门，四面十二门，皆通达九逵，以相经纬，衢路平正，可并列车轨十二。门三涂洞开，隐以金椎，周以林木，左右出入

---

① 《三辅黄图》

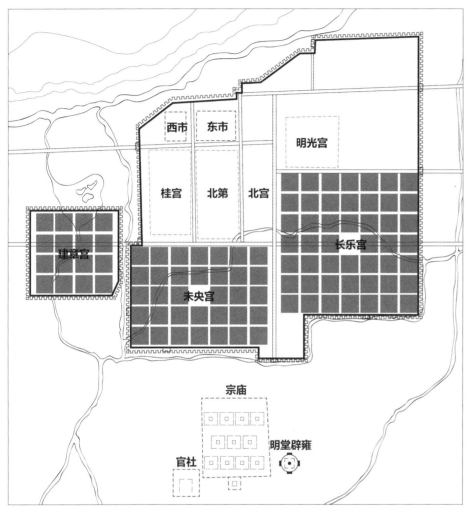

西市　东市

明光宫

桂宫　北第　北宫

建章宫

长乐宫

未央宫

宗庙

明堂辟雍

官社

上图：汉长安城平面
下图：长乐宫遗址发掘现场
来源：《汉长安城长乐宫二号建筑遗址发掘报告》

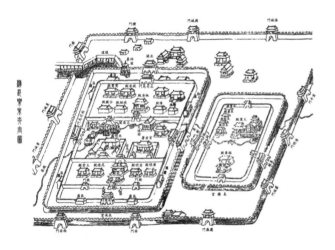

汉长乐未央宫图

来源：清. 毕沅《关中胜迹图》

未央宫是西汉帝国的大朝正殿，建于汉高祖七年（前200年），位于汉长安城地势最高的西南角龙首原上，因在长安城安门大街之西，又称西宫。它是中国古代规模最大的宫殿建筑群之一，总面积有北京紫禁城的六倍之大，亭台楼榭，山水沧池，布列其中，其建筑形制深刻影响了后世宫城建筑，奠定了中国两千余年宫城建筑的基本格局。

为往来之径，行者升降有上下之别"，可见长安城营建体制完备。

汉长安城规划营建不同于秦代开放散乱的规划布局模式，西汉政府遵循周礼中的筑城准则严格进行建设，以体现天子"重威"的政治精神意义为第一位。萧何说"且夫天子以四海为家，非壮丽无以重威，且无令后世有以加也。"[1]即四海一统，都是天子之"家"，有"普天之下，莫非王土"之意。

作为皇宫的未央宫自然"非壮丽"不可，其总体上以前殿居中布置，与传统的"天子中而处"[2]、"王者必居天下之中"[3]观念是一致的。前殿坐北朝南，前面没有布置大型宫殿建筑，在西南方向开一沧池，愈突出了建在高台上前殿建筑的"重威"和"壮丽"。官署建筑、少府建筑等主要建筑分布在西北部。未央宫轴线基本"择中"而设，南北贯穿宫城，通过前殿东侧。轴线向南延伸至西安门，再穿过汉长安城南郊礼制建筑群，形成左祖右社布

---

① （西汉）司马迁 《史记·高祖本纪》　　②《管子·度地》　　③《荀子·大略》

汉宫春晓图（局部）. 明. 仇英

收藏：台北故宫博物院
尺寸：30.6cm×574.1cm

《汉宫春晓图》是明代画家仇英创作的一幅绢本重彩仕女画，以人物长卷画，生动地再现了汉代宫女的生活情景。其用笔清劲而赋色妍雅，林木、奇石与华丽的宫阙穿插掩映，铺陈出宛如仙境般的瑰丽景象，极勾描渲敷之能事，体现了作者积极向上、热爱生活的人文思想。

局。向北出北宫门与横门大街重合，至横门大街北部，东市、西市分列左右，再北至横门，横门临渭桥，北望咸阳原上的高祖长陵陵寝。这条轴线即为汉长安城轴线，它对后代都城、宫城轴线设置原则产生深远影响。

汉代是中国封建帝国不断发展和巩固的时期，这一过程在城市建设中也体现出了务实的理念：其一，是由分散的宫殿群集结而形成的大城市一体化松散格局向大规模集中化城市格局的过渡；其二，是在当时的条件下，结合地形特点，在原有的宫殿、街坊布设的基础上，因势随形进行建设；其三，是结合了三辅地区的区域规划理念。

汉代城市建设的理念和经验日趋完备。其后，在隋唐长安城营建中得到了进一步的深化和完善，最终形成面南背北、中轴对称的棋盘式格局，达成中国古典时期都城形态的典型图示。中国古代城市营建思想体系自此趋向体系化，成为之后历代封建王朝都城和城市规划营建的楷模。

东汉末年，军阀混战告一段落，形成魏、蜀、吴三国鼎立的局面。太康元年（280年），晋灭吴，鼎立局面归于统一，出现了短暂的和平安定局面。好景不长，西晋的统一仅维持了二十多年，便再度陷入更大的分裂和战乱之中。西晋灭亡后，匈奴、鲜卑、羯、氐、羌等周边少数民族纷纷入主中原，南方先后建有东吴、东晋及宋、齐、梁、陈六朝，北方先后建有曹魏、北魏及十六国等，另在东北地区有高句丽国兴起。北方进入十六国时期，南方则建立了东晋政权，这一时期统称为南北朝时期。

在这长达三个半世纪的分裂动乱时期，汉长安延续先后做过西晋惠帝和愍帝、前赵（318—329）、前秦（351—394）、后秦（386—417）、西魏（534—556）、北周（557—581）等政权的国都，从而使其成为当时屈指可数的重要城市和政治、军事中心。

叁 隆盛——隋唐长安城

懿德太子墓出土壁画《阙楼仪仗图》（现由陕西历史博物馆收藏）

山河千里国，城阙九重门。不睹皇居壮，安知天子尊。

皇居帝里崤函谷，鹑野龙山侯甸服。五纬连影集星躔，八水分流横地轴。

秦塞重关一百二，汉家离宫三十六。桂殿嶔岑对玉楼，椒房窈窕连金屋。

三条九陌丽城隈，万户千门平旦开。复道斜通鳷鹊观，交衢直指凤凰台。

——［唐］骆宾王《帝京篇（节选）》

隋·唐

公元 581—907 年

中国 + 世界

封建社会的鼎盛

步辇图. 唐. 阎立本

欧洲分裂的开始

加利斯的祷告. 8世纪. 梵蒂冈图书馆藏

封　建　鼎　盛

——唐代达成中国封建社会时代的顶峰，在政治、经济、军事、文化、外交等各方面均取得辉煌成就。

文　化　繁　盛

——各类宗教繁荣并存、文学艺术璀璨夺目、外交政策开放包容、文化交流友好频繁。

基　督　教　化

——基督教在西欧分化的过程中，占据文化主导地位，天主教会成为分裂时期影响西欧价值观念的主体存在。

文　明　分　裂

——整个欧洲人口持续减少、贸易萎缩、蛮族不断入侵，最终分裂出三种文明：西欧文明、拜占庭文明、伊斯兰文明。

"隋曰大兴城，文帝初封大兴公，及即位，以名城、县、门、殿、园、池及寺焉，唐曰长安城，亦曰京师城。"

——［宋］宋敏求《长安志》

3.1 脉络：
隋唐长安城的建设背景与发展

　　汉亡隋立，从三国、五胡十六国至魏晋南北朝，大分裂时期持续了三百余年。公元581年，杨坚受禅建隋，公元589年，终于再次统一中国。经文帝、炀帝两代经营，大业七年（611年）步入盛世，因隋炀帝执政期间多发战争，劳民耗财，终于引起民变。公元618年太原留守唐国公李渊逼迫隋恭帝禅位，建立唐朝，一个伟大的时代拉开序幕。

　　汉后三百余年的政权动荡，使得文化环境相对自由，尤其是魏晋南北朝时期，多元文化激荡与自由成长终于培育出气度恢弘的隋唐文化，也直接造就了中国封建社会的隆盛之作——隋唐长安城。煌煌大都，巍巍长安，凝结了隋唐两朝匠作、工匠的智慧、创造与辛劳，集中体现了中国古代营城的思想观念与价值取向。经过隋唐两朝的持续经营与建设，长安城成为中国古代也是当时世界上规模最大、建筑最宏伟、规划布局最为体制化的一座都城。它不仅是中国古代城市文明的辉煌典范，更是人类城建史的伟大丰碑，对世界城市建设，尤其是东亚诸国的城市建设产生了极为重要的影响。

杨·隋

开皇

北周外戚杨坚废帝自立，建立隋朝，北周亡 581年

隋灭南朝陈，统一全国 589年

仁寿

隋征服越南前李朝，北越南地区纳入版图 603年

大业

凿永济渠，开通北至北京南至杭州的大运河 608年

李渊立杨侑为隋恭帝，自为大丞相，进爵唐王 617年

武德

大丞相唐王李渊称帝，建立唐朝，隋朝亡 618年

孙伏伽成为中国历史上第一个状元 622年

「玄武门之变」，李世民继位，开创贞观之治 626年

贞观

中国唐朝玄奘赴天竺游学取经 627年

北方各族入贡长安，尊称唐太宗为「天可汗」 630年

中国唐朝始建大明宫 634年

中国唐朝文成公主入藏和亲，拉萨始建布达拉宫 641年

中国
世界

公元六世纪　公元七世纪

格里哥利一世即教皇位，从此确立教皇权威 590年

日本「飞鸟时代」，圣德太子开始摄政 593年

戒日王继位，进入印度戒日王朝时期 606年

拜占庭希拉克略王朝建立 610年

穆罕默德开始在麦加传播伊斯兰教 612年

穆罕默德逃亡至麦地那，建立伊斯兰国家政权 622年

松赞干布统一青藏高原，建立吐蕃帝国 629年

伊斯兰军攻入波斯，波斯萨珊王朝灭亡 651年

阿拉伯帝国倭马亚王朝建立 661年

李·唐

宰相张柬之等人发动政变，唐中宗李显复位

唐玄宗开元盛世

「安史之乱」爆发，此后唐朝由盛转衰

杜佑撰成中国第一部典章制度通史《通典》

唐武宗大规模取缔佛教，会昌灭佛

黄巢在长安建立政权，国号「大齐」

佑国军节度使韩建对长安城进行改造，建「新城」

后梁建立，唐朝灭亡，五代开始

705年　713年　755年　801年　845年　880年　904年　907年

公元八世纪　　　　　　　公元九世纪　　　　公元十世纪

717年　利奥三世夺取拜占庭皇位，建立伊苏里亚王朝

732年　图尔战役，阿拉伯在欧洲的征服终止

750年　阿拉伯百年翻译运动始开，阿拉伯文化步入鼎盛期

750年　阿拉伯帝国阿拔斯王朝取代倭马亚王朝

751年　丕平三世称王，建立法兰克加洛林王朝

755年　吐蕃帝国达到全盛，成为阿拉伯帝国的劲敌

768年　加洛林王朝查理大帝在位，西欧再次崛起

800年　查理被加冕为皇帝，建立查理曼帝国

829年　威塞克斯王国统一其他六国，建立英吉利王国

867年　巴西尔一世夺取拜占庭皇位，建立马其顿王朝

869年　阿拉伯帝国黑奴大起义，使阿拉伯帝国由盛转衰

882年　留里克王朝迁都基辅，开始基辅公国时代

3.1.1 再统蓄力：隋代社会历史背景

隋文帝建国后，内修制度、外抚邻邦、薄赋轻徭，社会逐渐安定，经济、文化发展迅速。据《隋书·卷四十二》《唐会要·卷八十四》和王育民版《中国人口史》记载，隋开皇九年（589年）全国有650万户，人口33579000，至开皇十八年（598年）全国户数增至870万，人口增至44944200，有学者认为，隋朝人口峰值约为5032万[1]。隋炀帝继位后，大兴土木，开凿运河，东征西讨，大业七年达至极盛，奠定了日后大唐盛世的基础，而劳民耗财的政治作为也让隋由盛转衰，又七年而亡。

1. 政治制度

隋代采取一系列革新措施，确立三省六部制以巩固中央集权。为削弱地方势力，建立州县两级制，有效防止地方军事割据和叛乱的发生；通过设立科举制度，选拔民间优秀人才，弱化世族对仕官的垄断。此外，建立政事堂议事制度、监察制度、考绩制度等行政制度。外交政策方面，主张众国臣服的朝贡体制，各藩属国奉隋朝为宗主国，定期朝贡，和平相处，在此外交理念下，出现了万邦来朝的恢弘局面。

2. 经济发展

隋时期农业、手工业和商业均得到较大发展。隋文帝采取减轻赋税、徭役、刑罚和检验户口等措施，为农业发展提供了有利条件。沿承北周旧制，在均田制的基础上实行以租庸调制为主的服役制，减轻农民的生产压力。手工业的组织规模和技术水准在许多方面都超越前代，以丝织业、陶瓷业和造船业最具代表。商业也比南北朝时发达许多，大兴城内东、西二市，商贾云集，其繁华程度在当时世界上也较为罕见。

3. 科学技术

隋代的科技成就主要表现在天文历法、数学、博物学

---

① 路遇，腾泽之《中国人口通史》

左图：游春图. 隋. 展子虔

尺寸：43cm×80.5cm

收藏：故宫博物院

《游春图》以全景方式表现广阔的山水场景，图中除描绘山水树石外，还有白云出岫，杂以楼阁、院落、桥梁、舟楫，并点缀踏春赏玩的人物车马，展示出一幅杏桃绽开、生机盎然的融融春日之景。

与医学方面。历法比前朝更为精密，天文学家刘焯制定的《皇极历》，对后世历学提供了新标准。数学发达，当时士人皆须学习简易九数，在国子监（大学）设有算学。隋廷提倡博物学，出现大量地方志，著有《诸郡物产土俗记》、《区宇图志》《诸州图经集》《西域图记》等。医学相当发达，设有大医署，临床医学出现分科趋势，更为专业化，著名医学家巢元方撰写的《诸病源候论》，为中国第一部详细论述疾病分类和病因病理的著作。

4. 文化艺术

在宗教思想上，隋文帝前期主张调和儒、佛、道思想，以三教相辅治国。晚年他崇尚刑法，公开助佛反儒，提倡严苛重刑。文学艺术上，隋文帝时提倡朴素文学，隋炀帝时提倡华丽文学，音律学和目录学成就卓越，著有中国最早的音韵书《切韵》及目录学上地位很高的《隋大业正御书目录》，散文、诗歌、绘画与书法等方面进步较大，初唐大家之风范在此时期已初步形成。

3.1.2 丰盈灿烂：唐代社会历史背景

唐自618年李渊称帝至907年朱温篡唐，国祚289年，历21位皇帝。唐代在政治、经济、文化等多个方面均取得很高成就，是当时世界上最为繁荣、富庶、强大的国家。据《旧唐书》《通典》卷七《食货》等史书记载，唐武德元年（618年），全国有1800000户，至唐玄宗天宝十三载（754年），全国有9069154户，人口52880488，由于唐朝户口统计不严多有隐漏，故一些学者认为唐朝的人口峰值达8000万左右。[①]

1. 政治制度

唐大量沿用隋制，并有所发展。中央权力机构仍沿承三省六部制，前期核心权力在皇帝与宰相，中后期宦官影响力大增。外交政策方面，政府与边疆地区各民族之间，通过封赠、和亲等政策促进统一多民族国家的进一步发展；对外实行友好交往政策，曾多次派出使节、学者进行访外交流，通过丝绸之路与东南亚、南亚、中亚、西亚及非洲等多个国家建立联系。

2. 经济发展

唐代经济实力强盛。农业发展迅速，生产工具的进步及水利工程的发展促使粮食产量逐年提高，耕地面积不断扩大。土地、盐铁与赋税制度伴随社会发展而变革，由均田制和租庸调制转向两税制，对中国后半期的赋税制度影响深刻。手工业发展达到一定水准，以纺织业、陶瓷业和矿冶业最具代表性。城市商品经济进入萌芽阶段，有统一货币和固定交易的市场，陆路交通和水陆交通发达，商路畅通，海外贸易日渐兴盛。

① 王育民《中国历史地理概论》（下册）
葛剑雄《中国人口发展史》

唐人宫乐图. 唐

3. 科学技术

科学技术相较于前代有明显进步，我国古代四大发明之中的火药和雕版印刷都诞生于唐代。此外，以僧一行首次测量子午线长度为代表的天文成就、以孙思邈所著《千金要方》为代表的医学成就和以王孝通所著《缉古算经》为代表的数学成就等，都表明唐代的科技发展进入新阶段。

4. 文化艺术

宗教在当时社会上的地位与影响力突显。其中，道教地位最高，备受皇室青睐；佛教的政治地位虽不及道教，但其传播范围之广、经济实力之大、信徒人数之多都远在道教之上；除佛、道二教外，尚有伊斯兰教、景教、拜火教与摩尼教等外来宗教，其中以伊斯兰教和景教为最大。

唐前期思想继承了魏晋南北朝的儒学，中期以后发生重大改进，韩愈、柳宗元、李翱、刘禹锡、杜甫、白居易等人的思想创见承前启后。文学发展达到高峰，以诗歌最为兴盛，各个时期人才辈出，"初唐四杰"、大小"李杜"等杰出诗人，使中国古诗发展达到不可逾越的高峰。史书与传奇十分兴盛，二十四史中有八部出自唐代；盛产《柳毅传》《莺莺传》《长恨传》等广为人知的传奇作品。由于吸收了西域特征与宗教色彩，唐代的艺术与前后朝代迥然不同，壁画、雕刻、书法、音乐等都相当发达。

隋唐300余年是中国封建社会的鼎盛时期，几代统治者从经营帝业出发，励精图治，先后创造了隋开皇之治、唐贞观之治和开元、天宝盛世等古代治世。作为施政中心的都城长安，其地位与价值尤为显著。

3.1.3 废旧立新：隋大兴城市建设

> "此城从汉，凋残日久，
> 屡为战场，旧经衰乱。
> "今之宫室，事近权宜，又非谋筮从龟，
> 占星瞻日，不足建皇王之邑，合大众所聚。"
> ——《隋书·高祖本纪上》

公元581年，隋文帝即位后就开始重新谋划都城。隋初仍以汉长安城为都，但这仅为权宜之计，这座自汉以来历经780年的旧都已无法适合新的大一统王朝需要，无论从自然环境还是建设条件来看，汉长安城存在诸如易受水祸、饮水咸卤、排水不便、形制狭小、宫宇残破等问题，不宜作为新都。隋文帝决定重新选址，建立新都。

开皇二年（582年），文帝亲自部署，勘察汉长安城旧址周边的地形大势，最终确定将新都建于汉长安城东南二十里的龙首原南麓。据《隋书高祖本纪上》记载："龙首山川原秀丽，卉物滋阜，卜食相土，宜建都邑，定鼎之基永固，无穷之业在斯。"新都虽与汉城不在一处，但两城相距不远，一方面可以继续发挥关中地区在自然环境、农业经济、交通漕运、军事战略及政治影响等方面的有利形势，另一方面新都北靠龙首原，城址向南扩展，地势较

为宽阔平坦，发展空间充裕，可以营建规模更为宏大的新一代都城。

> "隋开皇二年，以故都制度狭小，历年既久，
> 宫宇朽蠹，乃议迁都于故城之东南十三里，
> 南直子午谷，《吕氏图》云：南直石鳖谷，
> 北枕龙首原，《长安志》云：西北据渭水，
> 左临灞，右抵沣水，《长安志》云：西枕龙首原，
> 《西京记》云：隋唐都城，在龙首原。"
> ——［清］顾祖禹《二十一史方舆纪要》

选址确定后，同年6月，隋文帝正式颁布营建新都诏书，任命左仆射高颎为营建新都大监，太子左庶子宇文恺为副监，太府少卿张煚为监丞，另以将作大匠刘龙、钜鹿郡公贺娄子幹、太府少卿高龙叉等为营建使。据《隋书·宇文恺传》记载："及迁都，上以恺有巧思，诏领营新都副监。高颎虽总大纲，凡所规画，皆出于恺"。可见，高颎负责总领都城营建之制度，具体的规划设计由宇文恺完成，其余副使协助施工和材料管理等事务。

> "先修宫城，以安帝居，次筑子城，
> 以安百官置台、省、寺、卫，不与民同居，
> 又筑外郭京城一百一十坊两市，以处百姓。"
> ——《京城·再筑京兆城》

营建工作开始后，移民拆迁、破土动工、调集工匠、供应材料、筑城修墙等依次展开。首先移民拆迁，将原住

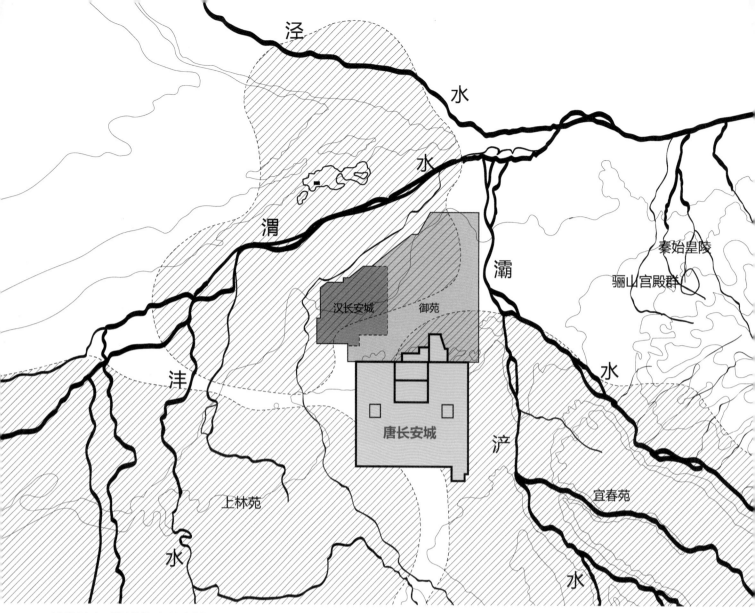

泾
水
水
渭
灞
秦始皇陵
骊山宫殿群
汉长安城
御苑
唐长安城
沣
上林苑
浐
水
宜春苑
水
水

地处关中平原的隋唐长安城

居民及其祖茔悉数迁走；然后破土动工，将新都所选区域内的古迹旧址妥善迁出；再就调集工匠丁夫，包括关中地区及潼关以东广大地区，总数达百万人之多，营建工程不免劳扰于民，据《隋书·五行志》记载："开皇四年以后，京师频旱。时迁龙首，建立宫室，百姓劳敝，亢阳之应也"。复次供应材料，由于长安周边山川大木稀缺，故营建所需的大批木材多从四面八方运输而来，还有部分为拆除汉长安城旧殿所得；最后筑城修墙，修筑顺序是"先筑宫城，次筑皇城，再次筑外郭城"[1]，全部工程以宫城宫殿区和中央机构所在的皇城衙署区为重点最先构筑，其他工程再并行开展，如外郭城中的坊里，此时都划分给百姓修筑。

开皇三年（583年）三月，宫城基本建成，称"大兴宫"，新都命名为"大兴城"，正式迁都。自决策建都至迁都，仅花费9个月时间，除外郭城城垣未全部建成外，其他诸如宫城、皇城、宫殿、官署、坊里、住宅、两市、寺观及龙首、清明、永安等城市引水渠道多已建成，工程进展之迅速，为中国古代建筑史上前所未见。

隋大兴城的建立，标志着中国城市发展史上一个新的里程碑。它在吸取以往都城建设经验的同时又有所创新，为恢宏磅礴又臻于极盛的唐长安城建设奠定了坚实基础。

①李好文《长安志图·卷上》

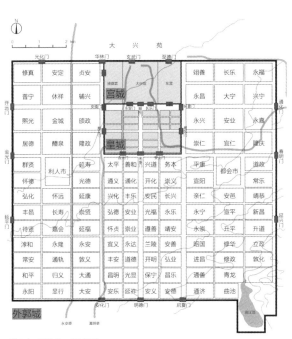

隋大兴城平面图
来源：改绘自《西安历史地图集》

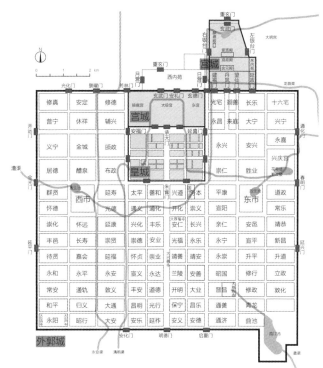

唐长安城平面图
来源：改绘自《西安历史地图集》

3.1.4 龙首再拓：唐长安城建设发展

"唐高祖、太宗建都，因隋之旧，无所改创。"

——《雍录·龙首山龙首原》

唐立国后，仍沿用隋都城，将"大兴城"改名为"长安城"，继续建设。随着政治力量的不断增强与社会经济的繁荣发展，唐长安城在大兴城基础上先后进行多次增修与改建，建筑愈加宏伟壮丽，城市规制日臻完善。

1. 郭城建设方面

"开元十八年四月一日，筑京城，九十日毕。"

——《唐会要·卷八六·城郭》

长安外郭城始筑于隋开皇二年（582年），由于工程过于浩大并未一次毕工，此后，经隋炀帝大业九年（613年）、唐高宗永徽四年（653年）至永徽五年（654年）、唐玄宗开元十八年（730年）多次修筑，才逐渐完工。永徽五年（654年）在外郭城东、西、南三面九个城门之上，修建了高大楼观。此外，还多次修筑夹城。开元时期，在外郭城东壁先后修建了由兴庆宫北通大明宫，南通芙蓉园的夹城，皇帝巡行期间可自内观测外情，而外人不可见；德宗贞元时期，在大明宫与外郭城东北角处修筑夹城，使原有夹城复道与大明宫相互对接；宪宗元和时期，又在外郭城北壁修建了西通修德坊的夹城。

2. 宫室建设方面

隋大兴城仅有一处宫殿群，即位于北部宫城之中的大

长安宫阙图. 唐. 李思训

尺寸：51.4cm×121cm
收藏：大英博物馆

自上而下依次为：《长乐宫》《蓬莱宫》《甘泉宫》
《长安宫阙图》由唐代著名画家李思训所绘，以几座
代表性的宫殿建筑为题材，展现皇室贵族的生活场
景与建筑特色。作品现藏于大英博物馆。

兴宫（唐改名太极宫）、东宫和掖庭宫，至唐代又增建多处。唐太宗李世民于
贞观八年（634年）在宫城之外东北隅修建大明宫，为父亲唐高祖避暑；唐
高宗龙朔年间（661—663年）对大明宫进行扩建，规模与太极宫不相上下。
唐高宗以后，帝王大多以大明宫为主要宫寝，只在特殊重大典礼时，去往太
极宫依照礼制行事。开元二年（714年），唐玄宗李隆基改隆庆坊为兴庆坊，
并建兴庆宫；开元十四年（726年），将兴庆宫规模扩大，侵占永嘉坊半坊之
地，使原有齐整的棋盘状街坊面貌发生改变。此外，唐高祖武德五年（622
年），在西内苑中为秦王李世民营建弘义宫（后改名为大安宫），贞观十八年
（644年）与天宝六载（747年），在长安城以东的骊山脚下营建华清宫。

3. 塔寺建筑方面

除隋修建的塔寺之外，唐时修建了两座著名塔寺：高宗永徽三年（652
年）和武则天长安元年（701年），在晋昌坊大慈恩寺先后两次动工，修建了
气势宏伟的大雁塔；中宗景龙元年（707年），在安仁坊大荐福寺塔院，修建
了玲珑秀丽的小雁塔。

4. 城市引水渠道方面

继隋初修建的龙首、清明、永安渠之外，唐开元时期又修凿了从南山引
义峪水入曲江的黄渠，天宝时修凿了从城南引潏水绕城西而入的漕渠等。

左上：莫高窟220窟斗栱线图．唐
左中：莫高窟220窟斗栱线图．唐
左下：莫高窟323窟斗栱线图．唐

右上：莫高窟172窟斗栱线图．唐
右下：莫高窟431窟斗栱线图．唐

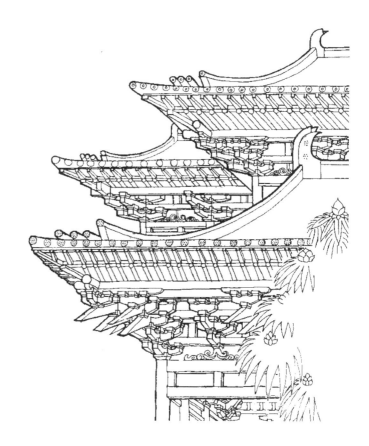

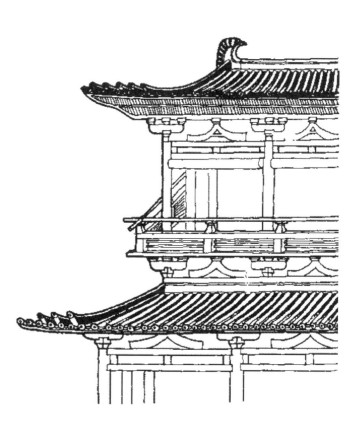

582 隋 开皇二年　六月　营建新都
在汉长安城东南、龙首原南麓营建新都，由太子左庶子宇文恺负责设计施工。

583 隋 开皇三年　三月　迁都大兴城
隋文帝由长安城迁都大兴城。

613 隋 大业九年　三月　修筑外郭城
三月征调10万人修筑大兴城外郭城墙，三年完工。

634 唐 贞观八年　十月　营建永安宫
在长安城东北龙首原上营建永安宫，为太上皇避暑，翌年改名大明宫。

647 唐 贞观二十一年　十二月　修建慈恩寺
在长安城晋昌坊隋无漏寺遗址上修建大慈恩寺。

652 唐 永徽三年　三月　建造大雁塔
在大慈恩寺西院建造佛塔，即大雁塔。

654 唐 永徽五年　三月　修筑外郭城
工部尚书阎立德监领民夫4万人，修筑长安城外郭城墙。

707 唐 景龙元年　三月　建造小雁塔
在大荐福寺南、安仁坊西北部建造小雁塔。

714 唐 开元二年　二月　营建兴庆宫
在长安城春明门内隆庆坊营建兴庆宫。

726 唐 开元十四年　是年　修筑夹城
沿长安东郭城墙北段筑夹城，由兴庆宫通大明宫。

730 唐 开元十八年　四月　修筑外郭城
修筑长安城外郭城墙，90天完工。

732 唐 开元二十年　是年　修筑夹城
沿长安城外郭城东墙南段修筑夹城，由兴庆宫通曲江芙蓉园。

788 唐 贞观四年　二月　修筑夹城
修筑皇城延喜门至太极宫永春门之间的夹城。

807 唐 元和二年　六月　修筑夹城
修筑皇城延喜门至太极宫永春门之间的夹城。

817 唐 元和十二年　四月　修筑夹城
沿郭城北墙修筑夹城，自大明宫云韶门过芳林门，西至修德坊，通至兴福寺。

904 唐 天佑元年　是年　改建新城
佑国军节度使韩建放弃长安宫城和外郭城，以皇城改建"新城"。

宫宴图（乞巧图），五代，佚名

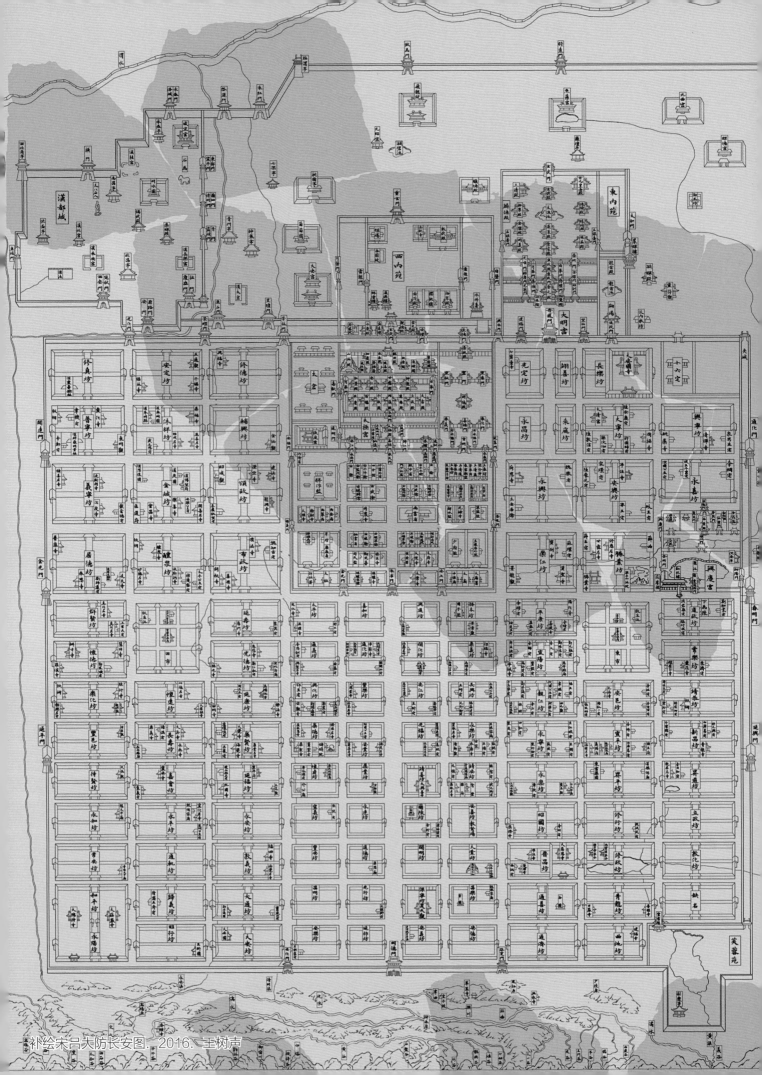

补绘宋吕大防长安图．2016．王树声

"其制度也，拥乾体，正坤仪，平两曜，据北辰，咸阳而据龙首，右社稷而左宗庙。宣达周衢，址以十二，棋张府寺，局以百吏，环以文昌，二十四署，六部提统，按星分度，俨宪台而西列，肃阴馆于北户。建倍员於前王，总维纲於御史。"

——［唐］李庾《两都赋》

3.2 格局：
隋唐长安城规划布局

隋唐长安城是中国古代城市规划设计的典范之作，在我国乃至世界城市规划史上占有重要地位。作为规划布局最为制度化的一座古代都城，长安城在基址规划、形态结构、聚居形式、城市形象等多个方面，既继承了前代的传统制度与丰富经验，又因地制宜有所变革，开创了一代都城营建的新制。

3.2.1 六爻之城：隋唐长安营城理念

隋文帝与将作大匠们在筹建大兴城时，仔细酝酿、周密部署，将中国传统营城理念与创新思想巧妙融合，在城池规划过程中谋天时、地利、人和，营造出一座布局齐整、制度严密、气势雄伟的盛世帝都。

1. 气势宏伟，规模空前

据考古实测，隋唐长安城东西宽9721米，南北长8651.7米，面积为84平方千米，是我国古代，也是当时世界上规模最大的一座都城。

《长安志》中对隋唐长安城城市规模的描述："外郭城东西一十八里一百一十五步，南北一十五里一百七十五步，周六十七里。"

——《长安志》卷七《唐京城》

莫高窟85窟华严经变莲花藏世界长安城里坊图．唐

隋唐长安城与国内古代其他都城面积比较

隋唐长安城面积	国内古代重要都城面积	长安城面积／其他都城面积
84平方千米	汉长安城（建于前202年）35平方千米	2.4倍
	隋唐洛阳城（建于605年）45平方千米	1.8倍
	元大都（建于1267年）50平方千米	1.7倍
	明南京城（建于1368年）43平方千米	1.9倍
	明清北京城（建于1406年）60平方千米	1.4倍

隋唐长安城与国外古代其他都城面积比较

隋唐长安城面积	国外古代重要都城面积	长安城面积／其他都城面积
84平方千米	东罗马帝国首都拜占庭（建于公元前658年）11.99平方千米	7倍
	伊拉克首都巴格达（建于775年）30.44平方千米	2.7倍
	日本平安京（建于793年）22.88平方千米	3.7倍

2. 象天法地，六爻之城

"建邦设都，必稽玄象。"

——《旧唐书·天文志》

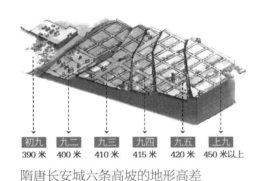

初九	九二	九三	九四	九五	上九
390米	400米	410米	415米	420米	450米以上

隋唐长安城六条高坡的地形高差

长安城在城市营建和形制布局上深受"象天法地，天人合一"之思想影响，在城市选址及建设过程中，将古人"建邦设都，必稽玄象"（《旧唐书·天文志》）作为重要的规划理念。以皇帝所居宫城象征天象中天帝所在的北辰，位于都城北部正中，以为天中；以皇城中的百官廨署，象征天象中环绕北辰的紫薇垣；以外郭城中的里坊和市场，象征环拱北辰的群星。其他

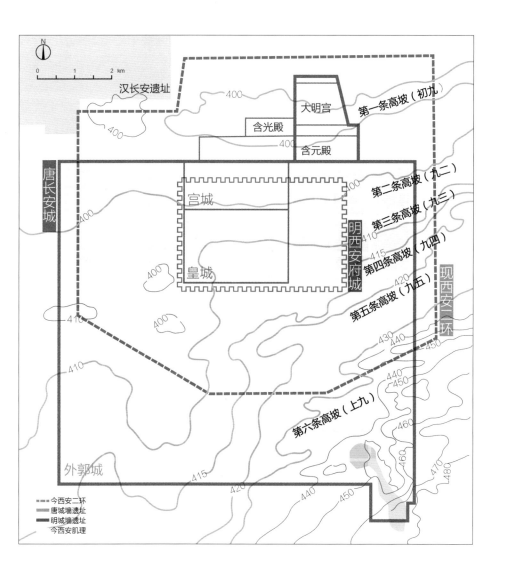

隋唐长安城六坡地形示意

本图将隋唐长安城与明西安府城及今西安二环路进行叠合，可看出六条高坡在城市中的位置与走势。

如以十二城门，取象十二支方位；门辟三道，取象天街；以朱雀、玄武等形象方位来命名皇城与宫城之门等，均体现了"象天设都"的规划思想，为都城布局增添了皇权统治的神秘色彩。

"初，隋氏营都，宇文恺以朱雀大街南北有六条高坡，为乾卦之象，故九二置殿以当帝王之居；九三立百司以应君子之数；九五贵位，不欲常人居之，故置玄都观及兴善寺以镇之"。

——［唐］李吉甫《元和郡县志·关内道一》

善借"自然形胜"，尊重并充分利用自然地势的有利条件，也是长安城重要的营建理念。在城市整体规划中，宇文恺将《周易》乾卦卦象"六爻"与龙首原上六条东西走向的高坡地势相结合，形成"君、臣、神、人"的空间关系，根据六爻卦辞，在六条高坡之上依次布置不同功能的建筑，形成整体格局。城中这六条高坡，至今仍清晰可辨。

初九——第一条高坡。第一条高坡大致从今西安城西北的红庙坡向东去，沿龙首原南麓穿过自强东路以北的二马路。根据卦辞，"初九"为"潜龙勿用"，是"勿用"之

上左：隋唐长安城初九高坡建设
上中：隋唐长安城九二高坡建设
上右：隋唐长安城九三高坡建设

下左：隋唐长安城九四高坡建设
下中：隋唐长安城九五高坡建设
下右：隋唐长安城上九高坡建设
来源：以上图均拍摄于西安博物院

六爻乾卦

上九		亢龍
九五		飛龍
九四		躍龍
九三		惕龍
九二		現龍
初九		潜龍

六爻乾卦卦象及其含义

地，仅设皇家禁苑，不在此上建立重要的宫室。

九二——第二条高坡。第二条高坡即今西安城北墙一线，大致沿400m等高线呈东西走向。根据卦辞，"九二"为"见龙在田，利见大人"，是拜见权势会得吉利之地，布设帝王宫殿，以和卦意。

九三——第三条高坡。第三条高坡即今西安城内东西大街一线，与410m等高线吻合。根据卦辞，"九三"为"君子终日乾乾，夕惕若，厉，无咎"，是君子奋发有为之地，设立百司，督促文武百官要进德修业。

九四——第四条高坡。第四条高坡大致从小雁塔折向东北，与415m等高线吻合。根据卦辞，"九四"为"或跃在渊，无咎"，是龙钻入水底也不会有任何过失之地，成为达官显贵们的理想居住之地。

九五——第五条高坡。第五条高坡即西安城内今兴善寺公园与草场坡一线东北走向的高地。根据卦辞，"九五"为"飞龙在天，利见大人"，与"九二"同为拜见权势会得吉利之地，位置尊贵，作为供奉神明之所，设有玄都观、兴善寺等宗教建筑。

上九——第六条高坡。第六条高坡即从大雁塔折向东北去的高地。根据卦辞，"上九"为"亢龙有悔"，是过犹不及、盛极而衰之地，故不建里坊住宅，只建有青龙寺。

将城市中不同功能分区分别赋予"六爻"之含义，不仅体现了中国地景文化中"形胜"的风水美学内涵，更是"天人合一"传统哲学思想的实践。

3.2.2 三城层环：隋唐长安整体格局

隋唐长安城的格局与气质反映出隋唐文化雍容大度、方正堂皇、昂扬开放的精神，其城市建设按照一个完整的平面设计和规划制度进行，布局齐整，规制严密。

1. 三城层环，开创新制

与以往都城不同，长安城在城垣建制上采取三重制，建有内层的宫城、皇城与外围的郭城，三城层层相环，秩序井然。其中，宫城位于都城北部正中，是封建皇帝与其嫔妃、皇太子居住及处理朝政之处；皇城紧依在宫城之南，是中央百官衙署所在地，文武官署、宗庙、社稷坛等置于其中；外郭城以宫城、皇城为中心，向东、西、南三面展开，是坊里居民住宅及商业、寺观的分布区。这种规划布局形式，改变了我国古代自春秋战国以来宫城位置在郭城之西（如赵都邯郸）、或在郭城西南（如汉都长安）的传统布局，将宫城置于郭城北部中心，更加突出封建皇帝居于中心的最高统治地位，体现了"据北而立，面南而治"的儒家传统思想，同时，在地形上可背靠龙首原的有利地势，利于宫城防卫和最高统治的安全。

皇城的设置，是隋唐长安城开创的建设新制。在隋以前的都城中，中央衙署散布于居民住宅区之间，两者并无严格分隔，虽然从曹魏邺城开始，都城中的中央衙署机构渐趋于集中，但将中央衙署专置于皇城之内，以高大城垣予以严密防守，与外郭城居民住宅严格分隔，则是长安城的新创，对后代都城建制产生了重要影响。

2. 中轴对称，布局齐整

长安城采取中轴线左右对称的布局方式。在外郭城区域，以中央的朱雀大街为中轴线，街东与街西的坊、市数目、位置、布局及其相应的规模和形制，均呈现左右对称，相互均等特征。在皇城区域，也以中央的承天门街为中轴线，街东与街西虽因朱雀门位置居中偏西（朱雀门东距皇城东南角1480米，西距皇城西南角1350.6米）而略有差异，但东、西区域的面积、形制和

《长安志》中关于皇城的描述："自两汉以后，至于晋齐梁陈，并有人家在宫阙之间，隋文帝以为不便于民，于是皇城之内，唯列府寺，不使杂居止。公私有便，风俗齐肃，实隋文新意也。"

——《长安志》卷十《唐皇城》

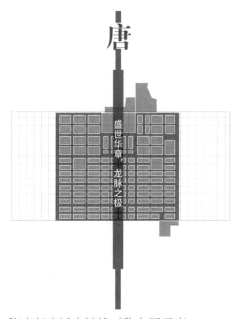

隋唐长安城中轴线对称布局示意

布局方式也都大致相同。

为了突显宫城地位，将承天门、太极殿、两仪殿、甘露殿、延嘉殿、玄武门等一系列高大雄伟的建筑群，沿承天门街——朱雀门街中轴线依次布置，以烘托皇权之威严，这不仅体现了儒家提倡的"居中不偏、不正不威"，更将古代天子中心论展现得淋漓尽致。

外郭城和皇城内的街道，皆为正东西向或正南北向，端直无曲，或彼此平行，或相互垂直，泾渭分明，布局齐整。城中各区域内建筑，在平面形制上也都整齐划一。除东、西两市各占两坊平面呈纵长方形外，宫城、皇城、外郭城及各里坊的平面形制，都是东西略长、南北略短的规则横长方形，这种形制不仅使都城在外观上极为规整，而且还可使宫城中的宫殿、皇城中的衙署以及里坊中的居民房舍，大多采取坐北朝南的布局，以适应北方的气候条件和实际需求。

3. 中枢迁移，三大内宫

由隋到唐，长安城的权力中枢所在地多次发生转移，隋朝与初唐时期的政治中心位于太极宫（隋称大兴宫），唐高宗以后中心转移至大明宫，历时达二百余年，而唐玄宗时期的政治中心则移至兴庆宫。由太极宫到大明宫再到兴庆宫，构成长安城的三大宫殿区，称为"三大内"。

太极宫为"西内"，始建于隋初，隋称"大兴宫"，此后经唐代不断修缮，至唐睿宗景云元年（710年）改称为"太极宫"。太极宫北抵西内苑，南接皇城，东界东宫，西界掖庭宫。它与东宫、掖庭宫共同构成长安城的宫城。

太极宫位于宫城中央，具有明确的轴线格局。中轴线由一系列宫门自北向南排列形成，并与皇城、外郭城的轴线相连，轴线两侧呈对称布局，分别布有东宫、掖庭宫及殿阁、门路等。宫内主体建筑遵循"前朝后寝"的布置原则，以朱明门、肃章门、虔化门等宫院墙门为界，朱明门以为"前朝"，是

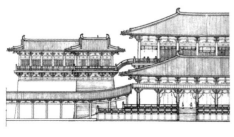
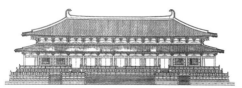

上图：大明宫麟德殿立面复原图
下图：大明宫含元殿立面复原图
来源：杨鸿勋《建筑考古学论文集》

隋唐长安城宫城平面尺度考古实测数据

名称	东西长度（米）	南北宽度（米）	周长（千米）	面积（平方千米）
太极宫	1285	1492.1	5.5	1.9
东宫	832.8	1492.1	4.6	1.3
掖庭宫	702.5	1492.1	4.3	1.0
宫城（三者合计）	2820.3	1492.1	8.6	4.2

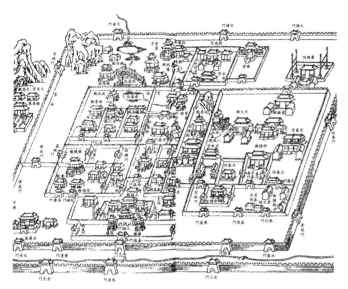

唐西内图
来源:《关中胜迹图志》

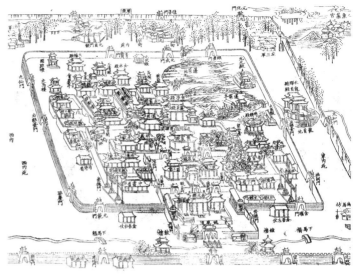

大明宫图
来源:雍正《陕西通志》

皇帝举行大典活动和视朝听政之处，以承天门、太极殿为主；朱明门以内为"内廷"，是皇帝日常接见大臣与后妃居住之处，以两仪殿、甘露殿为主。此外，宫中建有殿、亭、院、阁三四十所，并设山池院、山水、池阁、四海池等多处风景园林建筑。

"在禁苑，东偏旧太极宫后苑之射殿，据龙首山，南接都城之北，西接宫城之东北隅……大明宫南北五里，东西三里。"

——《唐两京城坊考·大明宫》

大明宫为"东内"，始建于贞观八年（634年）十月，至龙朔三年（663年）四月建成，此后又经多次增建葺修。大明宫位于外郭城东北处的龙首原高地上，平面呈一南宽北窄的楔形，根据考古实测，西墙长2256米，北墙长1135米，南墙为外郭城北墙东部的一段，长1674米，东墙的北部偏西12°多，由东墙东北角起向南1260米，转折向正东，再304米，又折向正南长1050米，与宫城南墙相接。周长7628米，面积为3.3平方千米，是"三大内"中规模最大的一处宫殿区。

因建于龙首原上，大明宫的布局受到地形条件的一定限制，加之先后经历多次修建逐步扩充而成，很难有一个完整严密的整体规划，因此，其平面形制并非传统的矩形，宫内建筑排列也不十分规整。大明宫的空间布局依然以轴线为主，由丹凤门、含元殿、宣政殿、紫宸殿等构成南北向中轴线，轴线两侧分布各类宫殿、院馆、楼观等四五十所。宫内主体建筑仍遵循"前朝后寝"的布置原则，以紫宸门为界，紫宸门以南为"前朝"，包括含元殿、宣政殿、紫宸殿等建筑；紫宸门以北为"内廷"，麟德殿、太液池等分布其间。

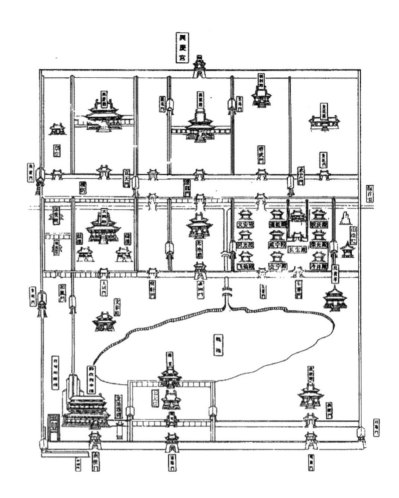

兴庆宫碑刻图

年代：北宋元丰三年（1080年）
收藏：西安碑林博物馆

该碑于1934年在西安小湘子庙街出土，曾被人们当作过沟的脚踩石板，后被发现收藏。碑刻图完整地再现了唐兴庆宫楼阁宫殿宏伟建筑之全貌，具有形象符号、名称注记、比例尺和定位方向。

"取永嘉、胜业两坊之半增广之。"

"广花萼相辉楼，筑夹城至芙蓉苑。"

"毁东市东北角、道政坊西北角，以广花萼楼前池。"

——《唐会要·卷三十·兴庆宫》

《唐会要·城郭》中对天宝年间扩建兴庆宫的描述："和雇华阴、扶风、冯翊三郡丁匠人，及京城人夫一万三千五百人，筑兴庆宫城，并起楼，四十九日毕。"

——《唐会要·城郭》卷八十七

兴庆花萼相辉楼立面复原图
来源：杨鸿勋《建筑考古学论文集》

兴庆宫为"南内"，始建于开元二年（714年）七月，是唐玄宗主持修建的一座离宫性质宫殿区，后经不断修建扩大，至天宝十三年（754年）基本完成主体建设。其平面呈一纵长方形，根据考古实测，东西长1080米，南北长1250米，周长4660米，面积为1.35平方千米，是"三大内"中规模最小的一处宫殿区。

由于兴庆宫最初只是作为离宫修建，且由府邸改建而成，因此其空间布局缺乏规律，并未考虑轴线和对称分布。宫内分区也未遵循传统的"前朝后寝"原则，只在宫城中部修筑一东西隔墙，划分为南北两部分，北部为宫殿区，南部为园林区。宫内以园林为主，宫殿建筑较少，殿、楼、亭、阁等建筑总数不过二三十所，但建筑多为楼阁式，比西内和东内的建筑更加高大奢华。

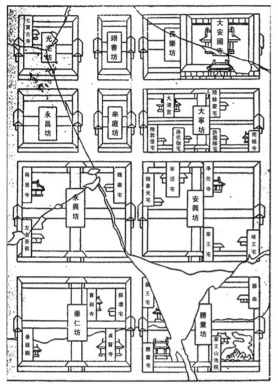

里坊鸟瞰复原图

来源：吕大防绘制石刻《长安图》

《长安图》是北宋名士吕大防绘制的长安城鼎盛时期的城市布局全景图。该石刻是中国现存碑刻最早、幅面最大、范围最广的古都平面图，其内容之丰富、符号之多样、注记之齐备、比例之准确，在世界都城图史上堪称经典。

长安城通义坊考古遗址现场

3.2.3 里坊阵列：隋唐长安城坊建设

隋唐长安城在满足封建集权统治需求的同时，也对城市中人们的居住生活、贸易交往、宗教活动等多有考虑，城市建设不断发展，日臻完善。

1. 里坊形制，规范划一

长安城继承并发展了前代都城的里坊形制，在外郭城区列置诸坊，作为百万人口住宅的分布区。这些里坊由外郭城中25条纵横交错的棋盘式路网划分而成，采取以朱雀大街为中轴线，左右对称的规划布局，朱雀街东与街西两侧的里坊在数目、位置、形制、面积上都彼此对等。同时，里坊的坊数和位置，被设计师宇文恺赋予了一定寓意，皇城两侧南北排列13坊，"象一年有闰"；皇城正南东西4列坊，"以象四时"，南北9坊，取则《周礼》"王城九逵"之制。

里坊规模大小不一，其中，宫城与皇城东西两侧诸坊规模较大，皇城正南、城市中轴线两侧的两列里坊规模较小。每个里坊四周都筑有坊墙，墙上

《长安志》中对于长安城内里坊分布的描述："朱雀街东第一坊，东西三百五十步。第二坊东西四百五十步。次东三坊东西各六百五十步。朱雀街西准此。皇城之南九坊，南北各三百五十步。皇城左右四坊从南第一第二坊，南北各五百五十步。第三坊第四坊，南北各四百步。两市各方六百步。四面街各广百步。"

——《长安志》卷七《唐京城》

长安城里坊坊门坊墙复原场景

来源：新加坡国立大学《唐长安城3D模型》

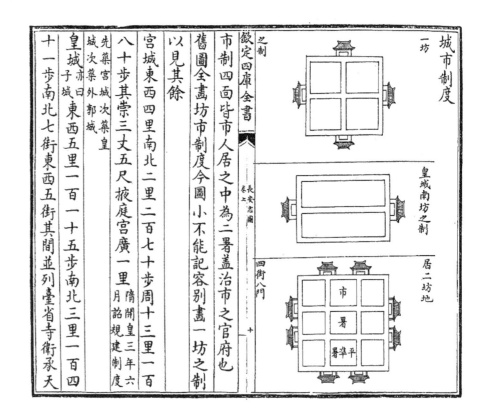

长安城城市制度
来源：《长安志图》

本图对长安城外郭城内的里坊形制进行详细描述，包括里坊规模、分布特征、内部格局等内容。

《长安志》中对长安城中里坊形制的描述："皇城之东尽东郭，东西三坊；皇城之西尽西郭，东西三坊。南北皆一十三坊，象一年有闰。每坊皆开四门，有十字街四出趣门。皇城之南，东西四坊以象四时；南北九坊取则周礼王城九逵之制。隋三礼图见有其像，每坊但开东西二门，中有横街而已，盖以在宫城直南，不欲开北街，泄气以冲城阙。"

——《长安志》卷七《唐皇城》

北门（坊门）

西北隅	北门之西		北门之东	东北隅
西门之北	十字街西之北	十字街	十字街东之北	东门之北
西门之南	十字街西之南	街	十字街东之南	东门之南
西南隅	南门之西		南门之东	东南隅

西门（坊门）　东门（坊门）

南门（坊门）

长安城里坊区划、格局及命名

设坊门。朱雀大街两侧4列坊较小，仅设东、西两门，皇城东西两侧6列坊较大，设东西南北四门，坊门早启晚闭，设专人防守。坊门与坊内街道相通，设有两门的里坊内仅有一条横街，设有四门的里坊内有十字形街。十字形街将坊内划为4个街区，其间又有小巷将其分为16个小区，横街型坊内则被分为12个小区。每个小区各有名称，唐人习惯以坊的四角命名，如东南隅、西南隅、东北隅、西北隅；对靠近东西南北四个坊门的区域，则以某门之南、某门之东、某门之西、某门之北命名；对靠近坊内十字街中心路口的区域，则称为十字街东之北、十字街东之南、十字街西之北、十字街西之南[1]，这些称谓已在考古学发掘中得到证实。[2]

隋唐长安城中里坊的规模等级划分

里坊规模等级	具体位置	东西宽度（米）	南北长度（米）
一等（最大）	皇城正东和正西的12坊	955	808
二等	宫城正东和正西的12坊	955	588
三等	朱雀大街东西两侧三至五列坊共48个	955	477
四等	朱雀大街东西两侧第二列18坊	661	477
五等（最小）	朱雀大街东西两侧第一列18坊	514	477

① 段浩然《<北里志>中的三曲》源自《西北大学学报》1981年第二期

② 马得志《唐长安城安定坊发掘记》源自《考古》1989年第四期

2. 商贸中心，东西两市

"市内货财二百二十行，四面立邸，四方珍奇，皆所积集。"

——［宋］宋敏求《长安志·卷七·外郭城》

遵循前代都城将工商业店肆集中在固定区域的制度，在外郭城中轴线两侧各设一市。隋时称东侧的为都会市，西侧的为利人市，至唐代时，依其位置分别称为东市和西市。

东、西两市的布局方式改变了中国传统都城"前朝后市"的格局，将市场靠近皇城、宫城和住宅密集区，既方便为皇室贵族与城内居民提供日常生活服务，又方便商人运送货物。

根据考古实测，东西两市平面均呈南北略长、东西略短的纵长方形，东市南北为1000余米，东西为924米，面积0.92平方千米；西市南北为1031米，东西为927米，面积0.96平方千米，两市面积基本相同。与里坊一样，两市也为封闭式建筑，四周有墙，墙四面各开2门，市门有门吏管理，定时

长安西市图（局部）.
1982. 谢振瓯

尺寸：70cm×500cm

本图描绘了长安城西市的繁荣景象，商铺林立，商贾云集，贸易繁荣。

《太平广记》中对长安城东市内临街店铺的描述："唐开元中，吴郡人入京应明经举，至京因闲步坊曲……于东市一小曲内，有临路店数间，相与直入，舍宇甚整肃。"

——《太平广记》卷一九三

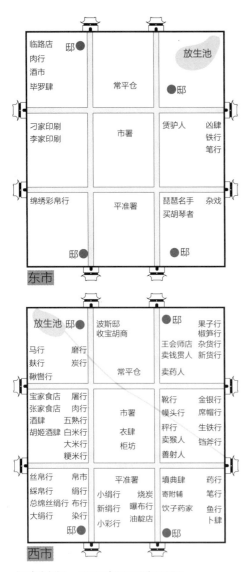

长安城东、西两市平面布局图

启闭。两市之内各有两条平行的东西大街和南北大街与市门相通，街宽约16～18米，四街在市中心交叉形成"井"字形，将市内划分为9个小区域。除四条大街外，在四周围墙内侧还有沿墙平行的四条街道，宽度均为14米左右，另外，每个区域中还有许多小巷与四条大街相通，交通十分便利。

负责市场和物价管理的市署和平准署，位于"井"字中心，其他8个小区商贾云集，以"行"（或"肆""店"）为单位将同类商品聚集起来，两市内商业门类各有220行，业种大致相仿，包括大衣行、秤行、绢行、金银行、当铺、饭店等，周边还有各类小商贩，茶肆、酒馆、旅馆繁多。

除东、西两市之外，外郭城内其他一些地方也设立过集中的交易场所，如唐高宗时曾于城南的安善坊设置"领口马牛驴"的中市，至武则天时废除；唐玄宗时在安善坊设置"南市"，但也很快废弃；唐代中后期在永福坊一带设置"宫市"，该市主要为皇子、皇孙等皇族成员服务。

3. 宗教盛行，寺观林立

"文帝初移都，便出寺额一百二十枚于朝堂，

下制云：'有能修造，便任取之'。"

——［宋］宋敏求《长安志·颁政坊》

隋唐是我国历史上宗教发展的兴盛时期，而都城长安则是全国宗教活动的中心，因此，这里各种宗教流行，寺观林立。

长安城内的寺观，多为隋初所建，这与隋文帝崇尚佛学密切相关，包括靖善坊的大兴善寺、崇业坊的玄都观、隆庆坊的禅林寺、崇贤坊的大觉寺等。其中保留至唐初的寺庙上有76所，道观6所。唐代长安宗教在隋代基础上有了进一步发展，皇室与王公贵族营建佛寺日成风气，甚至经常"舍宅为寺"，或为追献，或为祈福，或为没官。此外，唐代统治者对道教也大力推崇，在长安及全国各地兴建道观，如崇仁坊的玄真观、平康坊的万安观和嘉猷观、新昌坊的崇真观等，道观数量较隋代明显增多。唐时对外交往频繁，各种宗教汇聚于长安，因而也修建了许多外教寺观。

唐中宗以来，由于帝后的倡导，王公贵族也争相效尤，竞建佛寺。据《资治通鉴》卷二《开元二年条》记载："中宗以来，贵戚争营佛寺，奏度人为僧，兼以伪妄，富户强丁多削发以避徭役，所在充满。"

——《资治通鉴》卷二《开元二年条》

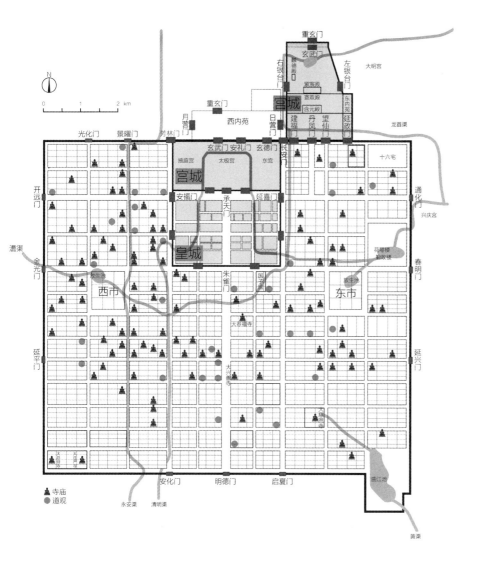

隋唐长安城寺庙道观分布图.
1996.（日）妹尾达彦

本图根据日本学者妹尾达彦《8世纪前半的长安宫城、皇城、外郭城》所载建筑位置改绘，由图可知寺庙道观在长安城内的分布特征。

　　根据曹尔琴在《唐长安城的寺观及有关的文化》一文中统计，唐长安外郭城中共有寺观159座，其中寺83座，尼寺29座，道士观34座，女冠观6座，祆祠5座，波斯寺2座。这些寺观主要分布于外郭城北部区域，接近以宫城、皇城为中心的政治核心区及以东西市为中心的商业区。布政坊内寺观最多，有7座；颁政坊、金城坊、醴泉坊各5座；平康坊、崇贤坊、休祥坊、怀德坊各4座；其余寺观零散分布于里坊之中。寺观占地规模不等，规模较大者可占尽一坊之地，如靖善坊内的大兴善寺、保宁坊内的昊天观，面积各约24.5万平方米；规模占半坊之地的，如晋昌坊内的大慈恩寺、长乐坊内的大安国寺，面积各约24.6万平方米；和平与永阳两坊南北相连，两坊东半部分为大庄严寺，西半部分为大总持寺，两寺面积各约46万平方米。这些数量庞大、规模空前的寺观，营造了"灯王照不尽，中夜寂相传"①的城市景象。

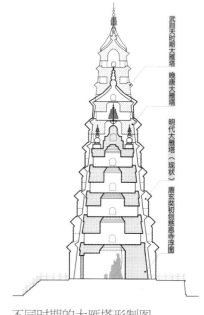

不同时期的大雁塔形制图

①节选自《满公房》（唐）綦毋潜

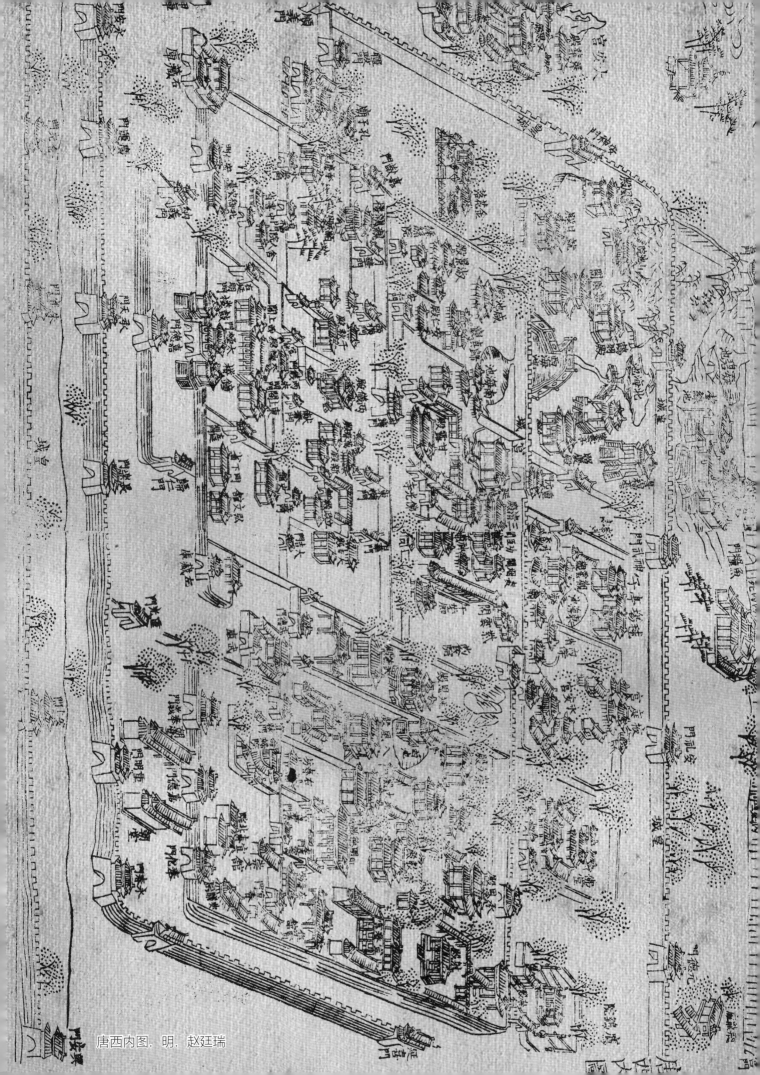

唐西内图．明．赵廷瑞

"隋氏设都，虽不能尽循先王之法，然畦分棋布，闾巷皆中绳墨，坊有墉，墉有门，逋亡奸伪无所容足。而朝廷官寺，居民市区不复相参，亦一代精制也。"

——［宋］吕大防《隋都城图》

3.3 墙起：
唐长安城与城墙的建设形制

隋唐长安城由宫城、皇城、外郭城三部分组成，三者在功能及政治地位上有所差异，相应的城墙高度、宽度、形制也具有等级特征。从唐代都城周边战争从未在外郭城受阻的情况可知，外郭城城墙在高度、坚固度及防御能力方面比宫城、皇城略逊一筹。城墙作为不同区域之间的界线，使都城空间的等级秩序更加明显，不同高度的城墙内居住着不同身份地位的人群，等级越高，其周围城墙越高。

3.3.1 外郭守民：外郭城及城墙建设形制

"外郭城东西一十八里一百一十五步，

南北一十五里一百七十五步，

周六十七里，其崇一丈八尺。"

——［宋］宋敏求《长安志·卷七·唐京城》

外郭城又名罗城，或罗郭城，是长安城的外围城，也是百姓居住与经济文化活动的主要区域。外郭城修筑于隋开皇二年（582年），而后又经历了多次增筑和修葺，第一次是隋炀帝大业九年（613年），"发丁男十万城大兴"[①]；第二次是唐高宗永徽四年（653年），"率天下口税一钱，再增筑之"[②]，永徽五年（654年），"筑京师罗郭，和雇京兆百姓四万一千人，板筑三十日而罢"[③]；第三次是唐玄宗开元十八年（730年），"筑京城，九十日而毕"。[④]

1. 平面形制

外郭城的平面形制呈东西略长、南北略短的规则横长方形，根据考古实测，其东西长9721米，南北宽8531.7米，周长36744米，面积84平方公里，是今西安明城区的7.5倍。

2. 空间布局

外郭城中，以街成坊，以坊置宅，夹以寺观、市场，井然有序。根据《长安志·唐京城》记载："郭中南北十四街，东西十一街"。至唐高宗龙朔二年（662年），在大明宫丹凤门前新增一条南北向纵街。朱雀门街位于全城中央，将外郭城分为东西两半，城东、城西以朱雀门街为中轴线呈现左右基本对称的特征，东、西两侧的街道、里坊与市场在位置、数目、形制等方面最初保持对称，但伴随大明宫与兴庆宫的修建，使原先的对称形制发生了一些变化。朱雀门街为11条南北大街中最宽的，达150～155米，向北一直贯穿至宫城朝廷正殿，极力凸显皇权统治的核心地位。

外郭城明德门复原图
来源：《中国考古学大辞典》

关于外郭城的规模，文献记载与考古实测相较，东西宽度较为接近，实测数仅长出26.35米（十八步弱），可能是文献记载数未把两边郭城的厚度计算在内。南北长度，实测数长出456.45米（三百一十步强），相差如此之大，说明文献记载之数有误。

《长安志》中对长安城布局特征的描述："郭中南北十四街，东西十一街。其间列置诸坊，有京兆府万年、长安二县治所，寺观、邸宅、编户错居焉。当皇城南面朱雀门有南北大街，曰朱雀门街，东西广百步。万年、长安二县以此为界，万年领街东五十三坊及东市，长安领街西五十四坊及西市。"

——《长安志》卷七《唐京城》

①《隋书·炀帝纪》 　　　　②《长安志·唐京城》 　　　　③《旧唐书·高宗纪》

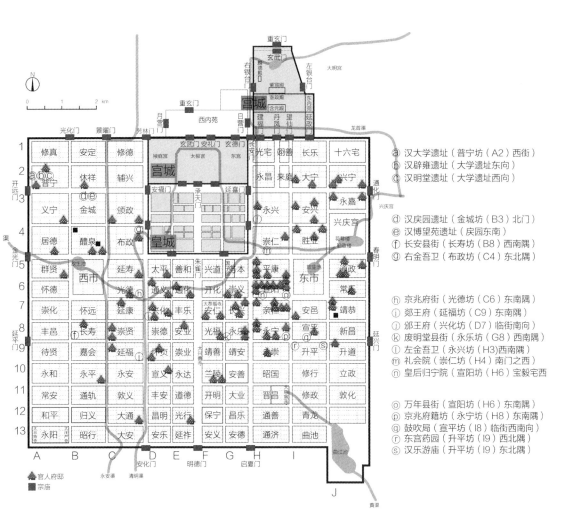

长安城外郭城布局图.
1996.（日）妹尾达彦

ⓐ 汉大学遗址（普宁坊（A2）西街）
ⓑ 汉辟雍遗址（大学遗址东向）
ⓒ 汉明堂遗址（大学遗址西向）

ⓓ 汉庆园遗址（金城坊（B3）北门）
ⓔ 汉博望苑遗址（庆园东南）
ⓕ 长安县街（长寿坊（B8）西南隅）
ⓖ 右金吾卫（布政坊（C4）东北隅）

ⓗ 京兆府街（光德坊（C6）东南隅）
ⓘ 邠王府（延福坊（C9）东南隅）
ⓙ 邠王府（兴化坊（D7）临街南向）
ⓚ 废明堂县街（永乐坊（G8）西南隅）
ⓛ 左金吾卫（永兴坊（H3）西南隅）
ⓜ 礼会院（崇仁坊（H4）南门之西）
ⓝ 皇后归宁院（宣阳坊（H6）宝毅宅西）

ⓞ 万年县街（宣阳坊（H6）东南隅）
ⓟ 京兆府籍坊（永宁坊（H8）东南隅）
ⓠ 鼓吹局（宣平坊（I8）临街西南向）
ⓡ 东宫药园（升平坊（I9）西北隅）
ⓢ 汉乐游庙（升平坊（I9）东北隅）

本图根据日本学者妹尾达彦《8世纪前半的长安城：外郭城》改绘，由图可知外郭城整体格局及府邸、宗庙等建筑的分布情况。

▲ 官人府邸
■ 宗庙

3. 城墙形制

外郭城墙是都城防御的首道屏障，统治者十分重视。城墙均以夯土板筑而成，夯土面宽3～5米，每层厚度为0.09米。墙高"崇一丈八尺"，约合5.3米，宽度在墙基处一般为9～12米，个别地方由于倒塌后补筑，宽度至20米。城墙墙角并无向外突出的角台或角楼建筑。

城墙四面各开3座城门，共设城门12座。据清代徐松《唐两京城坊考》记载："南面三门，中明德门，东启夏门，西安化门；东面三门，中春明门，北通化门，南延兴门；西面三门，中金光门，北开远门，南延平门；北面三门，中景曜门，东芳林门，西光化门。"这十二道城门皆为隋开皇二年（582年）建都时所修，除明德门为5门道外，其余城门均为3门道。唐高宗永徽五年（654年）十一月增修外郭城时，在东、南、西三面修建了高大的城门楼。

外郭城墙之外修掘有城壕，与郭城城垣共同构成都城外围的防御体系。城壕宽9米多，深4米。城门外的壕沟上有石桥或吊桥建筑，便于交通。据考古发掘证明，至中唐以后城壕才被逐渐废弃填平。另外，在开元十四年（726年）、开元二十年（732年）、德宗贞元四年（798年）、宪宗元和二年（807年）和元和十年（815年），在外郭城墙外五次修筑夹城，以便帝王及皇室贵族的外出活动。

④《唐会要·城郭》

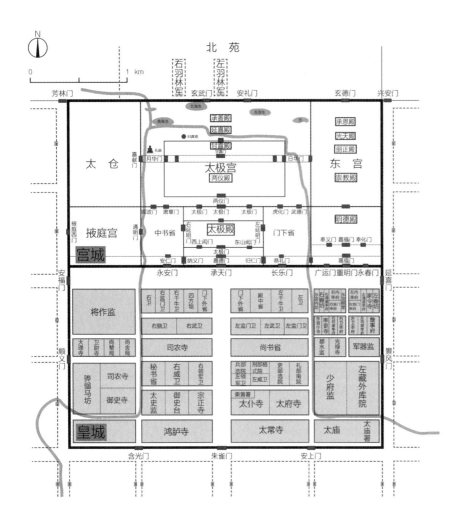

长安城宫城及皇城布局图.
1996.（日）妹尾达彦

本图根据日本学者妹尾达彦
《8世纪前半的长安：宫城和皇
城》改绘，由图可知皇城内百官
衙署及宫城内三大宫殿群的布局
特征。

3.3.2 内城卫君：皇城及城墙建设形制

"皇城东西五里一百一十五步，南北三里
一百四十步。城中南北七街，东西五街，其间并
列太省寺卫。宫城南门外有东西大街（南北三百
步，东出皇城之延喜门，西出皇城之安福门）。

承天门外，横街之南，有南北大街，曰承天
门街（东西广百步，南出皇城之朱雀门）。"

——［宋］宋敏求《长安志·卷七·唐京城》

皇城又名子城，位于郭城之内，宫城之南，是长安城
中的第二重城，也是中央军政机构和宗庙所在地，为全国

封建统治的中枢。其位置布局，既有利于中央机构的安全
和防卫，又便于最高统治集权接近和及时处理内政。

1. 平面形制

皇城的平面形制呈东西略长、南北略短的规则横长方
形，根据考古实测，其东西长2820.3米，南北宽1843.6
米，周长9.2千米，面积约5.2平方千米。

2. 空间布局

根据《唐两京城坊考》记载："左宗庙，右社稷。百
僚廨署列于其间，凡省六，寺九，台一，监四，卫十有
八。东宫官属，凡府一，坊三，寺三，率府十。"皇城内

有东西向街道7条，南北向街道5条，彼此纵横交错，笔直齐整。街道交叉形成类似里坊的小区域，中央衙署与东宫官署布设其中。另外，依照《周礼·考工记》中王城"左祖右社"之制，在皇城内东南隅布置太庙，西南隅布置社稷坛。

皇城在空间布局上体现出对称的特征，整体上以承天门街为中轴线，政府衙署呈左右对称格局；同时在东宫重阳门外，以横街之南至第四横街之北的南北向街道为中轴线，东西对称布置东宫官署，因此，重阳门以南的这条街可视为皇城的一条副轴线。

3. 城墙形制

今西安遗存的明清城墙，实则是在唐皇城城墙基础上增筑而成，以皇城墙的西南角为基点，利用其南墙和西墙，分别向东、向北拓建。皇城的西城墙即为今西安城西南城角向北至玉祥门南的一段城墙，南城墙即为今西安城西南城角向东至开通巷稍东的一段城墙。

皇城仅在东、西、南三面筑城墙，北面无墙，以"横街"与宫城相隔。城墙为夯土板筑，高三丈五尺（合10.3米），墙基厚达18米。城墙顶部内外沿皆筑有低矮的女墙，用于城顶防护和御敌屏障，建在城顶内沿的女墙不设垛口，也称宇墙，建在城顶外沿的女墙设有垛口，也称垛墙。

皇城墙的东南隅和西南隅，皆筑有角台，其上建有角楼，因皇城东墙与西墙的北段分别与宫城的东、西城墙相接，故东北隅和西北隅无角台或角楼建筑。

皇城的东、西、南三面城墙上共开设7座城门。

南面三门——中为朱雀门，东为安上门，西为含光门；

东面两门——中为景风门，北为延喜门；

西面两门——中为顺义门，北为安福门。

皇城西墙被今西安城墙玉祥门以南部分叠压，南墙被今西安城开通巷南口以西的南城墙所压，东墙自开通巷南口以东30米处，穿东大街、新城广场、省人民政府以东，位于今西五台、莲湖公园承天门遗址至省人民政府一线以北范围内。

上图：古代不同时期遗址的土层堆叠
下图：唐长安城遗址城墙断面夯土层
来源：摄于西安唐皇城墙含光门遗址博物馆

唐末对长安城进行改建形成韩建"新城"，在其西北角处发现有贴附于城墙主体之外加筑的圆形夯土台基，说明此西北城角处曾建过圆形角台，可能是韩建"新城"或元代修葺城墙时加筑的，而非唐长安城皇城原有。

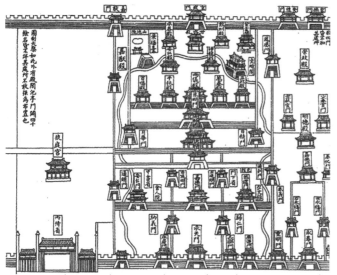

上图：含光门遗址考古现场
来源：摄于西安唐皇城墙含光门
遗址博物馆

下图：唐宫城图
来源：《长安志图》

3.3.3 三宫并置：宫城及城墙建设形制

"宫城东西四里，南北二里二百七十步，周
一十三里一百八十步，崇三丈五尺，南即皇城，
北抵苑，东即东宫，西有掖庭宫"

——[宋]宋敏求《长安志·卷六·宫室四》

宫城属内城，是皇帝及皇族居住和处理朝政之地，为
全国封建统治活动的中心。宫城紧靠皇城，由太极宫（隋
大兴宫）、东宫、掖庭宫三部分构成。

1. 平面形制

宫城的平面形制呈东西略长、南北略短的横长方形，
根据考古实测，宫城东西总长2820.3米（其中太极宫长
1285米，东宫长832.8米，掖庭宫长702.5米），南北宽
1492.1米，周长8.6千米，面积约4.2平方千米。

2. 空间布局

宫城之中，太极宫居中，规模最大；东宫居东，规模
次之；掖庭宫居西，规模最小。宫城的整体布局具有明确
的轴线特征，中轴线由一系列宫门自北向南排列形成，与
皇城、外郭城轴线相连，轴线两侧对称布置东宫、掖庭
宫、殿阁、门路等，强化了长安城严整有序的规划特征。

3. 城墙形制

宫城城墙是长安城中的第三重城墙，对帝王居所进行
保卫，因而是隋文帝营建新都时最先修筑的重点工程。宫
城四面均筑有城墙，为夯土板筑，土质十分坚实。墙高三
丈五尺（合10.3米），墙基宽一般在18米左右，只有东城

唐长安城宫城复原沙盘模型
来源：摄于西安大唐芙蓉园长安城微缩景观

墙部分的宽度为14米多，与外郭城相比，宫城城墙筑建得更为坚固高大。

目前，学界对于宫城的城门数量和名称尚存争议，主要分歧在于太极宫和东宫南面的城门数目。根据辛德勇先生的《隋唐两京丛考》中的考证成果，认为太极宫宫城城墙上共开设有10座城门。

南面六门：太极宫南面三门——中承天门，西永安门，东长乐门；

东宫南面三门——中重明门，西广运门，东永春门；

北面三门：太极宫北面两门——西玄武门，东安礼门；

东宫北面一门——玄德门（隋称至德门）；

西面一门：掖庭宫西面一门——掖庭西门。

东面未设门。

综上所述，长安城中宫城、皇城、郭城之间层层环抱的布局方式、高低渐次的等级差异、对称有序的空间秩序，不仅增强了都城的安全防御性能，更加突出了皇权力统治的核心地位。

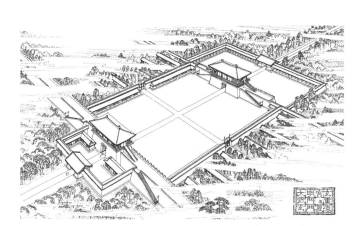

大明宫玄武门及重玄门复原鸟瞰图
来源：傅熹年《唐长安大明宫玄武门及重玄门复原研究》

承天门位于长安城的中轴线上，等级较高，是皇帝举行"外朝"大典之处。据《唐两京城坊考·宫城》记载："若元正、冬至，陈乐设宴，会赦宥罪，除旧布新，当万国朝贡使者、四夷宾客，则御承天门以听政。"

——《唐两京城坊考·宫城》

报恩经变相图. 唐. 莫高窟壁画

长安寂寂今何有？废市荒街麦苗秀。
采樵斫尽杏园花，修寨诛残御沟柳。
华轩绣毂皆销散，甲第朱门无一半。
含元殿上狐兔行，花萼楼前荆棘满。
昔时繁盛皆埋没，举目凄凉无故物。
内库烧为锦绣灰，天街踏尽公卿骨。

——［唐］韦庄《秦妇吟（节选）》

3.4 减缩：唐长安城的衰落

　　根据清人赵翼在《廿二史札记》中记载："唐人诗咏长安都会之繁盛，宫阙之壮丽，以及韦曲莺花，曲江亭馆，广运潭之奇宝异锦，华清宫之香车宝马，至天宝而极矣。"历经安史之乱、吐蕃短暂攻占、朱泚兵乱等战火之后，长安城虽屡遭破坏，但尚能得到及时修复，至黄巢起义前，这座大唐帝都依然"神丽如开元（盛世）时"。从公元883年至904年的短短21年间，长安城先后遭受多次严重打击，根基被彻底摧毁。天佑元年（904年）唐昭宗被朱全忠胁迫迁都洛阳，满目疮痍的长安城，被佑国军节度使兼京兆尹韩建改建为"新城"。此后，长安虽稍有恢复，但却失去帝都之位。

黄巢等人领导的农民起义

3.4.1 战乱祸城：唐长安城的破坏

唐代中后期，封建统治日趋腐败，中央政权力量逐渐削弱，连续战乱祸及长安，恢宏盛景日渐衰耗。

1. 首次重创：黄巢之乱

> "初，黄巢据京师，九衢三内，宫室宛然。
> 及诸道兵破贼，争货相攻，纵火焚剽，
> 宫室、居市、闾里，十焚六七。"
>
> ——《旧唐书·僖宗纪》
>
> "至巢败，方镇兵互入掳掠，火大内，
> 惟含元殿独存，火所不及者，止西内、
> 南内及光启宫而已。"
>
> ——《新唐书·黄巢传》

黄巢之乱，是长安城沉沦的开始。唐僖宗广明元年

（880年）十二月，私盐商人黄巢率领农民起义军攻占长安，僖宗逃离。起义军进驻长安城之初，并未发生较大的破坏事件，依然"九衢三内，宫室宛然"[1]，但这种情况并未维持很久，入城农民军纪律日益松弛败坏，抢掠杀人事件不断发生，并很快发展为各部将帅纵兵大掠，焚烧街市，滥杀无辜。

公元883年四月八日渭桥一战，农民军被迫撤离，唐军全面收复长安。据《资治通鉴》记载："官军暴掠，无异于贼，长安室屋及民，所存无几。"[2]都城和宫室遭受严重破坏，"纵火焚剽"[1]，以致整座帝都"宫室、居市、闾里，十焚六七"[1]，辉煌壮丽的大明宫，被烧毁得仅剩含元殿。

由于宫室被焚，故唐僖宗滞留蜀中（四川），令王徽充任大明宫留守京、畿安抚制置修奉使，修复长安宫殿，"徽外调兵食，内抚绥流亡，逾年，稍稍完聚。兴复殿寝，裁制有宜"[3]，经过数年修缮，长安城得到了一定恢复，但这次修复"仅复安堵"（《旧唐书》卷十九下），"仅定一二"

---

① 《旧唐书》卷十九下《僖宗纪》　　② 《资治通鉴》卷二百五十五《唐纪》　　③ 《新唐书·王徽传》
　　　　　　　　　　　　　　　　　　七十一，僖宗中和三年四月甲辰附考异

（《资治通鉴》卷二百五十六《唐纪》七十二），与旧有规制相差甚远。随后不久，宦官与藩镇之间矛盾加剧，使长安城再遭厄运。

2. 连续毁坏：军阀毁城

唐僖宗光启元年（885年），掌握禁军的宦官田令孜，与藩镇军阀王重荣、李克用争战失败，在挟持唐僖宗退出长安时，田令孜下令，在长安城全城放火，致使"宫阙萧条，鞠为茂草"[④]，长安宫室再遭涂炭，唯昭阳、蓬莱等三宫仅存。

至唐昭宗时期，国运弥艰，关中地区成为各路强藩逐鹿之地，为长安城带来更大的灾难。唐昭宗乾宁三年（896年），凤翔节度使李茂贞率军攻入长安，昭宗出奔华州，投靠镇同军节度使韩建。李茂贞在长安城中大肆焚掠，于是"宫室廛闾，鞠为灰烬，自中和以来葺构之功，扫地尽矣"[⑤]。

公元898年，唐昭宗即以韩建为修复宫阙使，负责长安宫室修复事项。此次修复的宫室主要是大明宫，修复工程由韩建部将蔡敬思督役，费时一年余，靡费较大，至光化元年（898年）八月，昭宗才返回长安，入居大明宫。

> "毁长安宫室百司及民间庐舍，取其材，浮渭沿河而下，长安自此遂丘墟矣。"
>
> ——［宋］司马光《资治通鉴·卷二六四》

唐昭宗天祐元年（904年）正月，强藩朱全忠强行将唐昭宗挟持至洛阳，并对长安城进行彻底破坏，唐王朝的都城也从此东迁洛阳。为使东迁之事没有任何回旋余地，朱全忠下令将所有宫殿、衙署及室屋全部拆毁，将砖木等建筑材料以舟船载运浮渭而下，以至洛阳。同时，将城中居民按照户籍整体迁洛，以空长安。根据《旧唐书·昭宗本纪》记载："全忠率师屯河中，遣牙将寇彦卿奉表请车驾迁都洛阳。全忠令长安居人按籍迁居，撤屋木，自渭浮河而下，连薨号哭，月余不息。"五代人刘从义也回忆道："昔唐之季也，四维幅裂，九鼎毛轻。长庚袭月以腾芒，大盗寻戈而移国。帝车薄狩，夜逐流萤；民屋俱焚，林巢归燕。银阙绮都之庄丽，顿变丘墟；螺宫雁塔之精严，仅余灰烬。"经过这次浩劫，本已残破不堪的长安城，"自此遂丘墟矣"[⑥]。

唐代代表性出土文物

1. 三彩：女骑马俑，官俑
2. 器皿：碎朱砂药盒，三彩盘
3. 佛像：密交造像，释迦牟尼立像
4. 饰物：束颈玻璃瓶，金花漆背铜镜

④《旧唐书·僖宗本纪》 ⑤ 刘昫《旧唐书》卷二十 ⑥《资治通鉴》卷二六四

3.4.2 弃宫舍外：唐长安城的改建

"唐天祐元年，匡国节度使韩建筑。

时朱全忠迁昭宗于洛，毁长安宫室百司及民间庐舍，长安遂墟。

建遂去宫城，又去外郭城，重修子城，

南闭朱雀门，又闭延喜安福门，北开玄武门，

是为新城，即今奉元路府治也。

城之制，内外二重，四门，门各三重。"

——[元] 李好文《长安图志》

唐昭宗迁都洛阳后，长安城从此失去国都地位，韩建被任命为佑国军节度使兼京兆尹。面对长安城宫室官署、民居庐舍拆毁殆尽、城市人口大量减少的现实状况，韩建出于军事防守方面的考虑，认为有必要缩小规模。天祐元年（904年），韩建以旧皇城为基础，对长安城进行大规模改建，经韩建修葺和改造过的长安城，史称"韩建新城"。

韩建对原有长安城的改建主要包括以下几项：

——缩小城区，放弃长安宫城和外郭城；

——修葺皇城，并在皇城内新筑"子城"（即"衙城"）；

——将宫城南垣作为子城的北墙，与皇城的东、西城垣连接在一起；

——封闭三处城门，增开一处城门；

——改造城区，拆除里坊外围坊墙，形成开敞式新制；市场不再设置于固定区域，开放地散布于居民区的街巷之间；

——在新城外围四周环掘护城壕；

——在新城外东、西两侧各筑咸宁、长安两县治所的小城。

由于新城面积大大缩小，原来设置于外郭城中的长安、咸宁两县治所均被隔离在城外，因此，在新城的东、西两门（景风门、顺义门）之外又各建一座小城，作为长安、咸宁两县的治所。韩建将大城改为小城，其所修"新城"，经五代、宋、金、元沿用，直至明初。

关于韩建新城"去宫城和外郭城，又重修子城"的具体理解，学术界存在不同看法。
本文采取吴宏岐的观点（源自《论唐末五代长安城的形制和布局特点》），他认为：韩建重修的"子城"，并非李好文所谓的"即皇城也"，实际上指的是京兆府或佑国军所在的衙城。并考证，从天祐元年三月至天祐三年的两年有余，韩建"是有足够的时间改筑皇城并新筑一个子城的。"

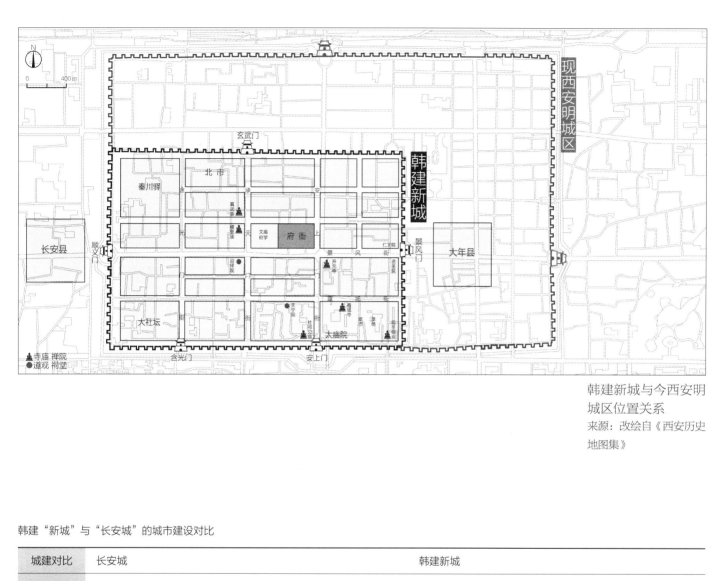

韩建新城与今西安明
城区位置关系
来源：改绘自《西安历史
地图集》

韩建"新城"与"长安城"的城市建设对比

城建对比	长安城	韩建新城
城市格局	由外郭城、皇城、宫城三部分组成	拆除外郭城和宫城，仅保留皇城，称为"子城"，进行修治
城市规模	周长 36.7 千米，面积 84.1 平方千米	周长 9.2 千米（长安城的 1/4），面积 5.4 平方千米（为唐长安城面积的 1/16）
城墙布局	皇城有东、南、西三面城垣，北面为宽阔的横街，作为皇城与宫城的分界	将宫城南垣作为子城的北墙，与皇城的东、西城垣连接在一起，使子城四面均环有高大的城垣
城门数量	原长安城皇城共设门 7 座	封 3 门，增 1 门，共设门 5 座
城门形制	皇城南垣：中朱雀门（5 门洞），东安上门（3 门洞），西含光门（3 门洞）	子城南垣：封朱雀门，留安上门、含光门，且均改为单门洞
	皇城东垣：中景风门（3 门洞），北延喜门（3 门洞）	子城东垣：封延喜门，留景风门，且均改为单门洞
	皇城西垣：中顺义门（3 门洞），北安福门（3 门洞）	子城西垣：封安福门，留顺义门，且均改为单门洞
	宫城南垣：中承天门，永春门、重明门、广运门、长乐门、永安门	子城北垣：仅保留承天门，改名为"玄武门"，改为单门洞，其余诸门皆封

大唐伎乐图．谢振瓯

忆昔开元全盛日，小邑犹藏万家室。
稻米流脂粟米白，公私仓廪俱丰实。
九州道路无豺虎，远行不劳吉日出。
齐纨鲁缟车班班，男耕女桑不相失。
宫中圣人奏云门，天下朋友皆胶漆。

——［唐］杜甫《忆昔二首（节选）》

3.5 繁盛：唐长安城生活图景

唐长安城规模宏大，人口众多，作为盛世之都，体现了中国古代封建社会达至巅峰的壮丽与博大，包容与丰厚，既是国家政治、经济、文化、宗教等活动开展的中心，也容纳了普通百姓的日常生活与市井贸易。唐代先进的社会制度推动了生产力的发展，也促进了城市生活的繁荣，养成唐人烈烈腾腾的生活情调以及丰富繁盛的社会图景。唐长安成为古代世界的中心，东方文化的渊薮，东西方文化交流的桥头堡，在同周边民族与国家交往中享有极高的声誉和威望，是当时各民族向往的"天可汗之都"。

簪花仕女图. 唐. 周昉

尺寸：46cm×180cm

收藏：辽宁省博物馆

《簪花仕女图》是唐代现实主义风格
绘画的代表作，将生活在唐代的贵
族仕女养尊处优、游戏于花蝶鹤犬
之间的生活情态刻画得惟妙惟肖。

3.5.1 宵禁严密：都城管理

长安城是唐朝封建统治中枢的所在地，为保证最高统治者的安全和城市生活的正常进行，唐朝政府设置了一系列行政、治安机构，采取各种严密的管理措施，保证整个国家机器的正常运转。

都城的行政管理实行府、县两级制，上有京兆府作为最高行政官署，下有长安、万年两京县各治半片城区。此外，在县之下还建立了基层管理单位——居住区的里坊，管理各坊居民事务。

在治安管理方面，建立了与军事和监察组织相配合的诸多管理机构，包括宿卫禁军、左右街使、左金吾卫府、左右巡使、左右街使等。此外，都城的其他事务管理机构还包括将作监、都水监、都市署、崇玄署、庄宅司等。

除设立各种管理机构外，长安城的都城管理制度也相当完备，在整个中国古代社会中是首屈一指的，主要表现为实行严格的夜禁制度、禁止家藏和出行携带兵器、街衢交通管理以及城市环境卫生、绿化正规化管理等一系列制度措施。为保证监督执行，在市民中建立了严密的保伍组织，以利于各项制度的贯彻实施。

3.5.2 坊里日常：居住生活

"缘近北诸坊，便于朝谒，百官第宅，布列其中，其间杂以居民，栋宇悉皆连接。"

——［宋］宋敏求《长安志·开明坊》

根据肖爱玲在《隋唐长安城遗址保护规划历史文本研究中》中的统计，长安城内有住宅约1430处，皆分布于外郭城的里坊之中，其分布状况因地区差别而有所不同。城北地区靠近皇城和宫城，人口密集，官宅居多，其间杂以民居；城南地区尤其是最南部的四坊，所处偏远，居民稀少，耕地较多；城东北地区，靠近三内，官僚第宅密集；城西北地区，多为百姓住宅和富商大贾聚居之地。

官僚第宅在长安城里坊中的分布情况

里坊位置	官僚第宅
入苑坊	十六王子分院居住，号称"十六王宅"
胜业坊	薛王业宅、宁王宪山池院等
崇仁坊	公主第宅集中，先后有太宗女东阳公主宅、中宗女长宁公主宅、玄宗女太华公主宅、德宗女义阳公主宅、宪宗女岐阳公主宅等
安仁坊	亲王外家之处，有宁王宪外祖父刘延景宅、薛王业舅父王昕宅等
翊善坊 来庭坊	阉人居住处，有高力士宅、高延福宅等

"自兴善寺以南四坊，东西尽郭，虽时有居者，烟火不接，耕垦种植，阡陌相连。"

——［宋］宋敏求《长安志·开明坊》

莫高窟第23窟南壁的北方宅院

以朱雀门街为中界，街东万年县有住宅955处，街西长安县有474处，仅为万年县的一半，呈现"东多西少"的分布特征；此外，皇城向南第六横街以南仅有住宅111处，尚不及1430处总数的十分之一，足以说明住宅分布"南虚北实"的特点。

"凡宫室之制，自天子至于士庶，各有等差。"

——《唐六典·卷二十三·左校署》

城内住宅建制非常严整，分别排列于坊街和巷曲两侧，宅有院墙，一面开门，按院落布局。宅第制度具有严格的等级划分，根据居住者身份地位的不同，宅舍建造在门向设置、空间布局、房屋间数、架数等方面均有严格的规定。官僚贵族之宅通常临街开门，面积宽裕，为廊院式或合院式布局，宅内除门、堂、厢、寝、厨等必要设施外，有些规模较大的住宅内还有园林、池沼、马厩、球场等；而一般百姓宅居只可向坊内开门，采取以房屋围合狭小合院的布局，仅有围墙和几间茅屋，有些甚至柴门瓮牖，不避风雨。受严格的坊里和等级制度限制，一般住宅体现出极大的封闭性，且房屋立面不高。

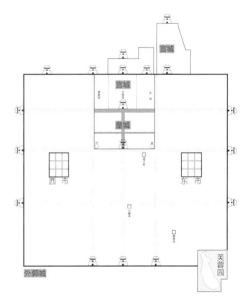

长安城东、西市分布格局

调琴啜茗图. 唐. 周昉

3.5.3 东西两市：经济生活

"大业六年，诸夷来朝，请入市交易，炀帝许之。于是修饰诸行，葺理邸店，皆使梵宇齐正，卑高如一。环货充积，人物毕盛。"

——《太平御览·卷一九一·市》

东、西两市是长安城的经济活动中心，也是维系都市居民日常生活的重要购物场所。两市内均临街设店，店铺林立，排布密集。店铺开间大多在4～10米之间，进深约为3米，此外也有一些大的商号店铺。东市繁华程度不及西市，西市内胡商众多，有许多他们开设的店铺，如珠宝店、货栈、酒肆等，是当时的国际性贸易中心。

"昼夜喧呼，灯火不绝，京中诸坊，莫与之比。"

——［宋］宋敏求《长安城·崇仁坊》

自唐高宗以后，长安城的工商业在地区上逐渐突破两市界限，在市外里坊中也出现了商业交易的店铺，夜市也已产生，如颁政坊有馄饨曲，永昌坊有茶肆，胜业坊有推小车卖蒸饼的，特别是崇仁坊的北街，店铺相连，"一街辐凑，遂倾两市"（宋敏求《长安城·崇仁坊》），这些工商业还突破了定时贸易的限制，"昼夜喧呼，灯火不绝"（宋敏求《长安城·崇仁坊》）。

手工业也在两市以外的里坊间出现，方便了居民生活，如靖恭坊有毡曲，常乐坊出美酒，延寿坊有制造玉器者，通化门附近为车工聚集之所等。唐长安的阶级分化相当严重，皇宫贵族与官僚地主阶级生活奢靡，市民百姓却常常苦于生计无着，杜甫就曾写下"朱门酒肉臭，路有冻死骨"的诗句，对长安贫富分化进行了揭露。除柴米油盐等生活物品昂贵之外，其他费用也难以承担，诗人张籍在《赠任道人》一诗中写道："长安多病无生计，药铺医人乱索钱"，就连调选在京的余干县尉王立也沦落至"佣居大宁里，穷悴颇甚，每乞食于佛祠，徒行晚归"（《唐两京城坊考·大宁坊》）的境地。因此，许多流寓长安的人士无不感到"出京无计住京难"（杜荀鹤《长安春感》）。

敦煌莫高窟第14窟中的单层佛塔

3.5.4 璀璨丰富：文化生活

唐代是我国古代音乐舞蹈艺术发展的繁荣时期，长安城音乐舞蹈家荟萃，里巷之间歌咏跳舞习以成俗。唐时音乐舞蹈分为宫廷乐舞和民间乐舞两大类，其中，宫廷乐舞包括文舞、武舞、庙舞、建舞、软舞等类型，大型歌舞大曲（以《秦王破阵乐》《霓裳羽衣曲》为代表）和以驯兽或其他动物为舞的马舞、象舞、鸡戏等；民间乐舞包括百姓喜爱歌唱的"曲子"、俗讲（说唱音乐）、踏歌（民间集体歌舞）、乞寒（群众性歌舞游戏）等，且市人街坊之间俗好相互赛乐舞。

戏剧、杂技、体育等文化娱乐活动也广为盛行。戏剧演出种目繁多，包括大面、拨头、踏摇娘、参军戏、傀儡戏等；杂技表演内容多元，动作惊险，技艺精湛，主要节目有戴竿、走绳、弄丸跳剑、踩球、弄碗、魔术等，"长安戏场上，日集数千人观之"（《独异志》上卷）；体育运动较前代有了进一步发展，时兴的体育活动包括击鞠、打马球、蹴鞠、角抵、拔河、秋千、围棋等。

3.5.5 道佛皆盛：宗教生活

唐时期宗教盛行，诸帝大都对宗教采取优容态度，使其在允许的范围内获得发展。唐前期，高祖沙汰佛道二教，至太宗时"道先佛后"，武则天崇奉佛教，睿宗崇信道教，玄宗也极端崇道。唐后期诸帝，除武宗灭佛崇道外，其他帝王对二教态度较平允。在兼容并蓄的宗教政策下，帝王对不同宗教（主要是佛教和道教）又各有偏好，佛教、道教及各种外来宗教之间也相互影响。

政府主持的大规模宗教活动很多，主要有唐前期的佛道论辩和中后期的三教论衡、迎奉法门寺佛骨、迎接西行求法归来的高僧玄奘及玄奘法师圆寂后的隆重殡葬仪式等。同时，国家或宗教团体曾多次举办大型佛教法会——无遮大会，内容由初期带有谢恩、祈福免灾等性质的施斋舍财佛事，到中期带有某些政治、宗派之争目的的活动，以及后期带有庆贺、愉悦性质的活动，受到上至帝王豪贵、下至庶民百姓等社会各阶层的关注。另外，王室贵族对于宗教也十分崇尚，例如唐朝许多公主有居家吃斋念佛、写经画像等崇佛慕道的行为，甚至有些还舍俗入道。

长安城居民的公共宗教生活也很丰富，他们在庆祝传统节日如除夕、元旦、元宵节、中秋等节庆时融入了浓厚的宗教色彩，庆祝节日的同时也是他们宗教生活的体验过程。每逢节庆时，长安城中诸寺常举行俗讲活动，用转读、梵叹和唱导来作佛经的通俗讲演，这既是僧人化导民众的传教方式，同时也成为民众喜闻乐见的节日娱乐活动。

然而，在唐后期武宗时期，却出现了大规模的禁佛活动。会昌五年（845年），武宗下令长安两街各留两所佛寺，其余全部废毁，对佛教势力造成巨大打击。与此同时，武宗又在长安大作道场，大筑道观，直至宣宗继位后，佛教才得以恢复。

肆 过渡——五代宋金元废都

北宋画家张择端所作《清明上河图》局部.（现由北京故宫博物院收藏）

天祐元年，昭宗东迁于洛，降为佑国军，

梁开平元年改府曰大安，二年改军曰永平，后唐同光元年复为西京府，曰京兆；

晋天福元年改军曰晋昌。

汉乾祐元年改军曰永兴，其府名仍旧，本朝因之。

——[宋] 宋敏求《长安志》

朱·五代

赵·宋

开平

朱温建国号「梁」。唐亡，进入五代十国时期　907年

李存勖在太原称帝，国号「唐」，史称「后唐」　923年

后唐亡。石敬瑭称帝，国号「晋」，史称「后晋」　936年

契丹耶律德光南下灭后晋，改国号为「辽」　947年

建隆

后周大将赵匡胤发动「陈桥兵变」，建立宋国　960年

宝元

李元昊称帝，国号「大夏」，史称「西夏」　1038年

元丰

司马光著《资治通鉴》，中国第一部编年史通体　1084年

吕大防绘《长安图》，中国最早的城市平面图　1080年

元祐

李诫著《营造法式》，世界最早的建筑手册　1091年

公元10世纪　　　公元11世纪　　　公元12

909年　伊斯兰教什叶派建立法蒂玛王朝，征服摩洛哥

911年　加洛林王朝结束。德国君主康拉德一世诞生

918年　高丽王朝建立

919年　亨利一世当选德意志国王，开启萨克森王朝

962年　神圣罗马帝国时期开始

963年　拜占庭帝国处于第二个全盛期

987年　建立卡佩王朝，西法兰克王国被法兰西王国取代

1014年　克努特大帝在位时期，建立北海帝国

1024年　神圣罗马帝国萨利安王朝开始

1054年　罗马天主教会与君士坦丁堡东正教会分裂

1087年　法国中世纪英雄史诗《罗兰之歌》的文字形成

1096年　欧洲基督教世界发动第一次十字军东征

成吉思汗·元

和 建炎 绍兴 | 开禧 至元 | 至正 洪武

建炎

金灭北宋，宋康王在南方建朝，史称「南宋」
1127年

绍兴

宋金订立「绍兴和议」，形成南北政权并立局面
1142年

刘豫绘《华夷图》，世界最古老的地图印版
1136年

开禧

铁木真获称「成吉思汗」，建立「大蒙古国」
1206年

至元

蒙古改国号为「大元」，史称「元朝」
1271年

马可·波罗到中国，撰《马可·波罗行记》
1275年

蒙古蒙哥、忽必烈攻灭南宋
1279年

至正

中国《辽史》《金史》《宋史》修成
1345年

红巾军起义，元末农民大起义爆发
1351年

洪武

朱元璋建国，国号「大明」，蒙古统治结束
1368年

公元13世纪 　　　　　公元14世纪

1163年 法国建巴黎圣母院，为早期哥特式建筑代表

1173年 意大利建比萨斜塔

1189年 英、法、德共同发动第三次十字军东征

1204年 第四次十字军东征进攻拜占庭，建立拉丁帝国

1261年 拜占庭帝国重建，帕里奥洛加斯王朝开始

1265年 英国首次国会召开

1299年 奥斯曼在小亚细亚独立建国，创建土耳其帝国

1312年 金帐汗国达到全盛，控制了东欧和中亚众多属国

1337年 英法百年战争

1358年 法国农民起义

五·代

907—960 年

中国 + 世界

五代十国乱世

中世纪欧洲分裂

卓歇图（局部）五代胡瓌

波斯与拜占庭再次作战

分 裂 变 革

——大唐帝国落下帷幕，原唐领土上各割据政权纷纷建国，进入分裂变革时代。

南 北 分 异

——北方朝代更替频繁，战乱不断，经济受到巨大损失，南方相对安定，经济发展，促使封建社会经济文化重心南移。

分 裂 割 据

——维京人的入侵使分裂的西欧各地封建主筑堡自卫，分裂割据更为加深，当代欧洲各国的雏形开始孕育。

多 国 对 峙

——拜占庭帝国处于第二个全盛时期，保加利亚帝国、西班牙的科尔多瓦国、欧洲腹地上德意志王国相继崛起。

"宋城，即天祐元年韩建所筑，今城因之。……今城西南两面皆附唐皇城，而北不及宫城，东至尽皇城东第二街。"

——［清］《嘉庆·咸宁县志·卷四》

4.1 延续：
五代时期的新城建设

　　唐玄宗天宝十四年（755年）发生"安史之乱"，乱后的唐朝在地方上被藩镇割据，中央由宦官秉政，加之门阀党争，大唐王朝终于走向末路。公元875年，由王仙芝、黄巢领导的农民起义爆发给垂死的唐王朝以致命一击。公元907年朱温篡唐，王朝彻底崩塌。中原地区相继出现了定都于开封和洛阳的后梁（907—923年）、后唐（923—936年）、后晋（936—947年）、后汉（947—950年）、后周（951—960年）五个朝代以及割据于西蜀、江南、岭南和河东等地的十余个政权，合称"五代十国"。史学家们一般称五代为中央王朝，十国为割据政权。

　　五代以后，国家统治中心向东南部迁移，长安的政治地位明显衰落，逐渐成为地区性的行政中心。唐末长安城劫后余生，由大国之都迅速衰减为地方之郡，五代延续唐末韩建新城的规制。在新的形势下，长安担负起稳定西北甚而控扼整个西部地区的重任。作为中原地区的安全屏障，五代及后世的历代统治者，并未忽视对它的经营，且不断强化其西北军事重镇的职能与作用。

125

八达春游图. 五代. 赵喦

尺寸：161.9cm×102cm

收藏：台北故宫博物院

《八达春游图》描绘了八位显贵达人纵马踏春的
场景，画面疏密有致，活泼生动，人物与马匹均
以细劲的线条勾勒，流畅舒展。画风介于唐风
和宋风之间，属五代过渡时期的典型绘画作品。

4.1.1 群雄纷争：五代社会历史背景

五代时期政权交叠，战争频发，造成社会动荡，百姓流离失所，人口变动巨大。公元839年，唐文宗时全国有499万户，至宋朝再度统一时，全国仅剩379万户，一百四十年间共减少120万户，足见唐末五代战乱的剧烈和民生的痛苦。[①]五代十国末期，后周与北汉不过一百万户，南方诸国则多达两百七十余万户。[②]

1. 政治制度

五代十国大体沿用唐朝政治制度，但各朝变化诸多，制度较为混乱。朝廷设有主管行政的三省六部、主管财政的三司与主管军事的枢密院，这一制度后由宋朝继承。此时期以"使"名官者居多，有三十余种。十国虽然臣服于五代各朝，但在制度上仍然相对独立，政治架构等同于五代。外交方面，出现了一些外族国家，如沙陀族建立的后唐、后晋与后汉，契丹族建立的辽等，对其后宋朝的外部局势影响重大。

2. 经济发展

五代时期北方地区经济落后，人口持续减少，南方地区相对安定，收容来自北方的流民，经济发展迅速。中原地区虽经济薄弱，但仍有不少君王提振谋强，如后梁太祖重视农业，恢复河南地区的生产；后唐明宗提倡节俭，兴修水利；后周世祖建立均田制，按实际占有田亩征税等。南方十国重视经济，积极兴修水利，防水治害，如吴越、南唐奖励农桑，闽及南汉促进海外贸易，前蜀和后蜀发展农耕丝织等。

手工业方面，雕版印刷进步尤为突出，印刷品主要为占卜书、字书等，刻本"九经""四经"广为流传。陶艺发生重要蜕变，民窑与官窑分道扬镳，争奇斗艳。此外，诸如纺织、造纸、制茶、晒煮盐等生产也有所发展，而南方十国的纺织业更是凌驾于北方之上。

商业方面，由于政权分置，交通阻隔，经济增长缓慢，商业发展也受到一定限制，但长江水运与海上运输便利，促进了水路商贸的兴盛。

①《中国古代经济简史》第五章《封建社会唐（后期）宋辽金元的经济》

②《中国通史·隋唐五代史》第十五章《五代与十国（下）》

韩熙载夜宴图．五代．顾闳中

尺寸：28.7cm×335.5cm
收藏：北京故宫博物院

《韩熙载夜宴图》描绘了南唐巨宦韩熙载家设夜宴的场景，包括琵琶独奏、六幺独舞、宴间小
憩、管乐合奏、宾客酬应五段场景，每一段画家均采用一扇屏风作为画面空间建构、营造美感
的主要手段。整幅作品线条遒劲流畅，工整精细，构图富有想象力。

合乐图. 五代. 周文矩.

《合乐图》描绘了皇室贵族在庭院内欣赏女乐演奏的场景。画卷左半部是听乐的男女主人和侍从，右半部分是演奏乐队，画面构图丰富，人物刻画细腻生动。

春院斗鸡图. 五代. 周文矩.

3. 科学技术

五代时期科技发展虽不如唐代，但在天文、医学、农业水利等方面仍有所进步。天文方面，民间历书颇为流行，其中《符天历》最具代表，是一部以雨水为岁首、把日法定为一万分的历法。医学方面，出现医官，后唐于清泰年间增设翰林医官之职。农业与水利方面，五代人韩鄂撰写的《四时纂要》，是继《齐民要术》之后又一本重要的农书。唐代的茶叶研究至五代时仍然盛行，有前蜀毛文锡所著《茶谱》等研究成果。这一时期河患较多，治河规模和河堤建设皆有所增加，水利工程技术完备，延续至宋代并被普遍推广使用。

4. 文化艺术

思想方面，儒学仍为国政的基本依据，其地位处于乱世也屡遭挑战，对社会、政治的影响力大大降低。人们对现实与前途深感无所期许，大多采行消极避世思想，部分儒者与百姓转向佛教与道教。文学艺术方面，五代是词的重要发展时期，以花间派的作品为代表，孕育了温庭筠、李璟、李煜等著名词人，对宋词的影响很大。史学研究在此时期十分盛行，以《旧唐书》和《唐会要》著作最为知名。绘画在继承唐朝的基础上有所创新，产生了宫廷画院，使绘画艺术走向观赏性、集中性，人物画、山水画、花鸟画发展迅速，在艺术技巧和表达形式方面均有所突破，对宋代画风影响颇大。

4.1.2 建置不均：五代新城城市建设

五代时期的"长安"承袭韩建所筑新城，城垣规模无明显变化。由于五代新城的五座城门非对称开设，因此城内布局不太规整。顺义门和景风门之间的大街贯穿全城，形成东西向的中轴线，朱雀门的封闭，使得承天门街南口不通，南北轴线已不复明显。城内交通线路包括南北向的含光门街、安上门街、玄武门街，景风门所在的东西向大街以及子城南面的东西向大街。五代新城的城内建置分布不均，由下表可知，城的中部、中北部、东部、东南部建置最多，这与该时期街道变化有一定联系。

五台山图．五代．敦煌莫高窟第61窟壁画

《五台山图》是我国现存最大的全景式历史地图，也是敦煌壁画中规模最大的山水人物图。画面规模恢宏，气势壮阔，描绘了从山西太原到河北镇州的山川道路和旅行、送供、拜佛者，展示不同身份各个阶层的人物服饰和活动场面。

五代新城城内建置一览表

位置	建置名称	备注
中部	府衙、文庙、府学、樗里庙、迎祥观	—
中北部	北市、真武庙	—
东部	开元寺、仁王院、兴国院	兴国院金时改为资圣院
东南部	太庙院、香城寺、菜市、草场、现圣侯庙	香城寺宋时改为善感禅院
南部	天宁观、杜祁公庙	—
西南部	大社坛	—
西北部	秦川驿	—

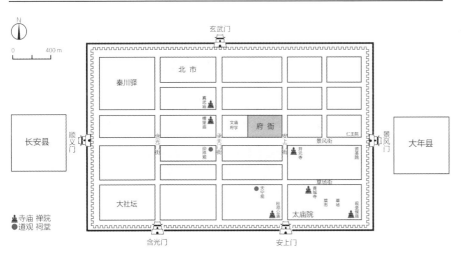

五代新城平面图
来源：改绘自《西安历史地图集》

宋·金

960—1279年

中国 + 世界

清雅文化滥漾　　　　孕育全面复兴

清明上河图（局部）. 宋. 张择端　　　十字军占领君士坦丁堡. ［法］欧仁·德拉克罗瓦

商　业　发　展

——社会经济在商业化、货币化方面均取得很大突破，商业发展兴盛，对外贸易频繁。

科　技　发　达

——科技发展突飞猛进，印刷术、航海导航、造船业均处于世界领先水平，数学、针灸学、法医学成就突出。

文　化　清　雅

——中国古代文化发展史上的高峰时期，学术思想、史学、散文诗词等方面均取得重大发展。

全　面　复　兴

——外族入侵活动减少，精干的国王走上舞台，人口增长带动经济的发展和社会的复苏。

骑　士　制　度

——受制于罗马教皇的十字军对地中海东岸发动战争，促使欧洲骑士制度迅速发展。

文　化　高　峰

——欧洲文化发展的高峰时期，涌现出许多哲学家、文学家、艺术家和科学家。

"初，完永兴城，或言其非便，诏止其役，雍匿诏而趣成之。明年，贼犯定川，邠、岐之间皆恐，而永兴独不忧寇。"

——《宋史·范雍传》

4.2 重镇：宋金时期的京兆府城市建设

公元960年，后周诸将发动陈桥兵变，拥立宋州归德军节度使赵匡胤为帝，建立宋朝。宋分为北宋（960—1127年）与南宋（1127—1279年），国祚319年。金于公元1122年由女真族建立，至公元1234年被南宋和蒙古联合歼灭。宋代是中国古代历史上商品经济、文化教育、科学艺术高度繁荣的时期。金代作为女真族建立的新兴王朝，其部落制度的性质浓厚。

宋朝建立后，长安被称为"京兆府"，北宋熙宁五年（1072年）改隶永兴军路，在京兆府新城的基础上加以修缮，称之为"永兴军城"，大观四年（1110年）又复为京兆府。金天会八年（1130年）占据长安，沿置京兆府，皇统二年（1142年）改永兴军路为京兆府路，京兆府属之。作为中国西北的军政重镇，京兆府因具有维系西北稳定、屏障中原安全的重要战略地位受到宋、金统治者的高度重视。北宋时期，西夏政权崛起于内蒙古、宁夏一带，京兆府在北宋与西夏的战争对峙中成为北宋经略西北的主要军政大员驻节地；金朝灭北宋后，又成为金人北与西夏抗衡、南与南宋争夺汉中及四川的重要据点。

大驾卤簿图书. 北宋

尺寸：51.4cm×1481cm
收藏：中国国家博物馆

"卤簿"是皇帝皇后及王公大臣出行的仪仗队伍。本图描绘了宋朝皇帝南郊祭祀天地时的宏大场景，共绘官兵5481人、车辇61乘、马2873匹、牛36头、象6只、乐器1701件、兵杖1548件，是研究宋代舆服、仪仗、兵器、乐器等制度的形象资料。

④天眷新制：1135年金熙宗即位后，废除勃极烈辅政制，采用辽、宋的汉官制度。在皇帝之下设三师，即太师、太傅、太保。朝中设尚书、中书、门下三省，其下由左右丞相和左右丞为副相。金熙宗天眷元年（1138年）又作进一步改革，将原女真、辽和宋的官职，依照新制统一换授，按功勋授予女真贵族以不同的勋爵和封国，进一步加强了相权，并规定了百官的仪制与服色。

4.2.1 文盛武衰：宋金社会历史背景

宋代社会整体较为稳定，人口增长迅速，由太平兴国五年（980年）全国有6499145户、人口3250万[①]，增至宣和二年（1120年）全国有22000000户、人口1亿1880万。[②]10万户以上的城市有50个，其中临安人口超过120万，汴梁人口超过180万，是当时世界上人口最多的两个城市。金朝人口自1141年绍兴议和后开始增长，由金熙宗皇统二年（1142年）全国有500余万户、人口3270万，增至金章宗泰和七年（1207年）全国有8413164户、人口53532151[③]，达至极盛。

1. 政治制度

宋代的政治体制大体沿袭唐代，但宰相不再由三省长官担任，而是另以同中书门下平章事为宰相；同时，增设参知政事为副相，通称执政，与宰相合为"宰执"。相权大幅萎缩，仅负责行政职能，中书门下与枢密院合称"二府"，掌文武大权。又设盐铁、户部、度支三司，主管财政大权，号称"计省"。宰执、三司、枢密使三权彼此制衡，相权得以削弱，皇权得到加强。

金代初期全面采用辽朝的北南面官制，奉行女真旧制与汉地汉制的两元制度，自金熙宗推行"天眷新制"[④]后逐步弃用女真制，采用宋代汉制，由二元政治走向单一汉法制度，使政权机制精简并强大。

2. 经济发展

宋代的经济繁荣程度前所未有。农业方面，耕地面积大幅增加，注重兴

| ①《太平寰宇记》 | ②《宋史·地理志》 | ③《金史·食货志》 |

修水利，改进农具，改良品种，农业发展迅速，并逐步走
向专业化与商业化。一些南北方主要经济作物，不仅供给
国内市场，而且远销国外。丝、麻、毛纺织业都十分发
达，西北地区流行毛织业，四川、山西、广西、湖北、湖
南、河南等地麻织业兴盛。当时，官窑、民窑遍布全国，
所产宋瓷通过海上丝绸之路远销海外。造纸业发展繁荣，
纸张的大量生产与活字印刷术为印刷业兴盛提供了基础，
当时流行的刻书以纸墨精良、版式疏朗、字体圆润、做工
考究而闻名于后世。

　　宋代商业繁盛，通行的货币有铜钱、铁钱、白银与黄
金，由于大量商品进口，铜钱、白银外流，造成硬通货短
缺。当时与宋朝通商的有欧亚地区58个国家，进行频繁的
贸易交换，政府从进口货物中获得大量税收，对经济繁荣
起到重要作用。

　　金代各地区的经济发展存在很大差异。农业备受重
视，铁制农具在农业生产中的广泛应用，促进生产进步，
农作物品种日益增多。手工业生产如陶瓷、矿冶、铸造、
造纸、印刷等，历经战乱有所复苏，金银业和玉器业也相
当发达。金代商业日益繁盛，建立许多"榷场"与西夏和
南宋进行贸易，主要输出皮革、人参和纺织品，输入茶、
药材、丝织品等。会宁府、金中都、开封府、济南府都是
当时兴盛的商业中心。

宋代女服款式及颜色

1. 褐色牡丹花罗镶花边夹衣
2. 浅褐色绉纱镶花边单衣
3. 紫灰色绉纱镶花边窄袖袍
4. 褐黄色罗镶印金彩绘花边广袖女衫

溪山行旅图. 宋. 范宽

尺寸：206.3cm×103.3cm
收藏：台北故宫博物院

《溪山行旅图》描绘了典型的北国景
色，树叶间有"范宽"二字题款。画
面主体部分为巍峨高耸的山体，山顶
丛林茂盛，山谷深处一瀑如线，飞流
百丈，营造出势状雄强的恢弘气势。

3. 科学技术

　　宋代科技成就显著，胶泥活字印刷术诞生，指南针开
始系统应用，尤其在航海导航方面。造船技术处于当时世
界领先水平，广州制造的大型海舶木兰舟技艺超凡，南宋
初年还出现车船、飞虎战船等新式舰船。传统数学成果突
出，如"杨辉三角形"，代表著作有《数书九章》和《杨
辉算法》。医学、针灸学与解剖学进步明显，医学由三科
分为九科，出现了世界上最早的法医学著作《洗冤集录》。
宋代最重要的科技著作为沈括所著《梦溪笔谈》，全面总
结了当时的科技成就，被誉为"中国科学史的坐标"。[①]

　　金代的科学技术也有很大发展。医学方面产生许多学
派，包括刘完素开创的河间学派、张元素开创的易水学
派、李东垣自创的脾胃学说，它们与元朝朱震亨的养阴说
合称"金元四大家"，对中医理论发展产生重要影响。数
学方面在金元之际发展出天元术，即古代中国建立高次方
程的方法。天文历算方面修正《大明历》，其精确度超过
宋朝优越的历法《纪元历》。

①《中国的科学与文化：定位导言》卷一

清明上河图（局部）. 宋. 张择端

尺寸：24.8cm×528.7cm
收藏：北京故宫博物院

《清明上河图》是中国十大传世名画之一，为北宋风俗画。作品记录了中国十二世纪北宋都城东京的城市面貌和当时社会各阶层人民的生活状况。

4. 文化艺术

思想方面，宋代宗教的社会影响力有所下降，更加世俗化。儒学逐渐兴起，产生新的儒学思想——理学，至南宋末年时理学已成为官方哲学。佛教流行，道教最为兴盛。

史学成果丰硕，修成诸多史学著作，代表作有司马光主编的《资治通鉴》，为中国历史上第一部编年体通史著作，此外，还有郑樵所著《通志》、唐杜佑所著《通典》、元马端临所著《文献通考》，合称"三通"。文学也十分发达，诗、词、散文异彩纷呈，以宋词最具代表，作品及残篇总计达到两万零四百多首；散文风格鲜明，以欧阳修、苏洵、苏轼人为代表；宋诗虽不及唐诗，但远在明清之上。

金代文化观念基本汉化，崇尚儒学，道家、佛教与法家也广为流传。著名的文人有王若虚和元好问，王若虚是当时颇具权威的评论家，著有《滹南遗老集》，元好问是金朝文学集大成者，著有《遗山文集》。杂剧与戏曲在金朝取得很大进步，金章宗时期董解元所著的《西厢记诸宫调》，是中国古典戏剧中一部划时代的杰作。

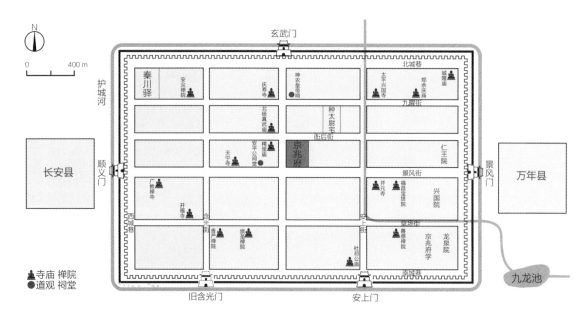

北宋京兆府城平面图
来源：改绘自《西安历史地图集》

4.2.2 厢坊划分：京兆府城城市建设

"厢坊制"是宋代城市的区划制度。唐代的城市制度是"坊市制"，居民区"坊"与商业区"市"相互分离，四周均筑有围墙，坊门、市门按时启闭。伴随城市商业的繁荣和发展，至北宋初年，坊、市的围墙被打破，居民区与工商业区不再有所区别，凡是向街的地方均可开设店铺，10世纪末、11世纪初，新的城市制度"厢坊制"代替了原先的"坊市制"。

宋仁宗庆历二年（1042年），为了预防西夏侵入关中，京兆府城由知永兴军范雍主持，进行了一次全面的修葺与加固。不过，这次城建工程只是对原有城池的补修与加固，并未在范围上进行增减。

北宋京兆府城在"韩建新城"几条主要大街的基础上，进一步形成了草场街、水池街、掖庭街、衙后街、蓬莱街、北城巷、南城巷、西城巷等次级街道，

宋京兆府城内主要街道一览表

街道走向	街道级别	街道位置及名称
东西向街道	主干道（中轴线）	城内东西向中轴线位置，是连接顺义门和景风门的街道
	主街道	东西向中轴线以北第一条街道，为庙后街
	主街道	东西向中轴线以北第二条街道，为九耀街
	主街道	东西向中轴线以南第一条街道，东段草场街，西段水池街
	次街道	府城西北街、府城北街等
南北向街道	主街道	城内南北向居中位置，为通往宣武门的街道
	主街道	宣武门街西侧，为通往含光门的街道
	主街道	宣武门街东侧，为通往安上门的街道
	次街道	府东街、府西街
沿城墙街道	次街道	沿东北城墙的北城巷（东西走向），沿东南城墙的南城巷（东西走向），沿西南城墙的西城巷（南北走向）

将城区规整地划分为若干个"厢坊"。京兆府城内主要街道参照下表。

在城内建置方面，宋京兆府城寺、观、庙院较多，分布不甚规则，具体表现为：

第一，政治中心仍居城中心。京兆府衙的位置与五代时一样，距永兴军治所颇近，处于城市中心；

第二，文化中心向东南转移。五代时府学位于城中心，宋时向东南移，处于城之东南隅；

第三，中部、东南部建置较多。这与中部为政治中心、东部为文化中心有必然联系。

此外，还着力解决了城内供水问题。京兆府城自隋初兴建以来，至宋初已近四百年，地下水日益咸卤苦涩。宋真宗大中祥符七年（1014年），知永兴军陈尧咨以"永兴军城，井泉大半咸苦，居民不堪食用"奏请修复了原龙首渠道，使城内用水品质显著提高。

金代时京兆府城的结构布局发生了一定变化。首先，含光门被封闭，城市愈加注重军事防御功能，对外交流更少；其次，城市开始设厢，据《咸宁县志》所附《金京兆府城图》标注当时京兆府城共分五厢：城东南为左第一厢、城西南为右第一厢，城东北为左第二厢、城西北为右第二厢，城中部京兆府署附近为子城厢。根据《京兆府提学所帖碑》《类编长安志》《咸宁县志》等史料研究，金京兆府城内主要街巷和建置的分布情况如下表，除表中所述之外，城内还有其他一些次级街道，包括西城巷、东南城巷、北城巷、南城巷及城南镇街等。

金京兆府城城内建置一览表

街道走向	街道级别	街道位置及名称
东西向街巷	左第一厢	草场街，旁有府学、利用仓、开元寺、福昌宝塔院、香城寺、卧龙寺、宣圣街；旧时曹官巷；枣行街；口院街，旁有白云寺、兵营
	左第二厢	景风街，旁有开元寺、玄都观、资圣院；九耀街，旁有太平兴国寺、郑余庆庙
	右第一厢	水池街、南巷、口子院街、南坡子街、台院街、西城巷
	子城厢	正街，旁有京兆府衙、颁春厅
南北向街巷	左第一厢	安上街，旁有竹林大王祠、杜岐公庙；银行街，左第一厢，旁有渠；东菜市街，旁有寺
	左第二厢	北城巷，左第二厢，旁有东城墙；章台街；太仓巷。
	右第一厢	含光街，旁有开福寺；披庭街，旁有安众禅院、韦占德观；录务街；漆器市街
	子城厢	光华门街，旁有官药局、观；通政坊街

除左表所述外，金京兆府城内见于记载的建置还包括：嘉祥观、城隍庙，在城东北隅；樗里子庙，在府衙西畔，有墓在庙后；汾阳王家庙，元时在府城北榭，仅为故基；延祥观，在城东南隅，参骆志卷五；秦川驿，在城西北角；西五台，在城西北隅。

元

1271—1368 年

中国 + 世界

蒙古帝国

欧洲复苏

元世祖出猎图（局部）. 元. 刘贯道　　　犹大之吻. ［意］乔托·迪·邦多纳

疆 域 辽 阔

——建立横跨亚欧大陆的超级大国，疆域东起日本海、东海，西抵黑海、地中海地区，北跨西伯利亚，南临波斯湾。

民 族 融 合

——境内大规模的人口流动促使各民族经济、文化交流频繁，实现了更广范围内、更高程度的民族融合。

资 本 萌 芽

——意大利资本主义萌芽产生并茁壮成长的时期，也是文艺复兴运动揭开序幕的时期，对欧洲乃至世界历史意义重大。

欧 洲 复 苏

——欧洲人口从 5800 万增长到 7900 万，法国成为当时欧洲经济最富裕，军事最强大的国家。

"圣元皇子安西王胙土关中，至元癸酉，创建王府，选长安之胜地，王相兼营司大使赵，以仆长安旧人，相从遍访周、秦、汉、唐故宫废苑遗踪故迹。"

——［元］骆天骧《类编长安志》

4.3 行省：
元时期的奉元路城市建设

　　1271年，蒙古国大汗忽必烈在汉地大都（今北京）定都，建立元朝（1271—1368年）。1279年元军攻灭南宋，全面占领汉族地区，结束了南宋与金的政权对峙局面。作为由蒙古人建立的大一统王朝，元朝领土经多次扩展后，于1310年元武宗时达到全盛，西至吐鲁番，西南包括西藏、云南及缅甸北部，北至都播南部与北海、鄂毕河东部，东至日本海。

　　元初旧长安仍沿用京兆府的称谓，元至元十六年（1279年）改称安西路城，元皇庆元年（1311年）又改称奉元路城。元奉元路城既是奉元路（总管府）治地，又是陕西行省、陕西行御史台署衙所在，故城内布置省路各级官署。此外，各类从事宗教活动的寺院、宫观和庙宇，进行文化教育的府学、贡院以及从事经济活动的专业市场等也分布其中。自唐末韩建新城至元代奉元路城，旧长安已历经350余年的恢复与建设，作为地方政治、经济、文化中心，逐渐再现繁荣景象。

4.3.1 多元融合：元代社会历史背景

二十四孝图（局部）. 元. 王振鹏

《二十四孝图》以古代24个孝子的故事为题材，是宣扬孝道的通俗读物。王振鹏完美呈现了故事精髓，用笔细致传神，画中人物举止神情均刻画得惟妙惟肖，衣纹用笔细劲流利，精谨生动，造型笔法统一而稍有变化，为元代人物画之精品。

大蒙古征服金朝的过程中发生大规模的屠杀与掠夺，随后的瘟疫与饥荒导致东亚地区人口大量减少，其中又以华北和南宋的川陕四路最为严重。元代的户口统计因无法涵盖逃户、因土地兼并而荫蔽的隐户、流民以及私属人口而不甚准确，只能根据史书的原始数据和历史资料进行推断。至元十一年（1274年），全国有15788941户[1]，元惠宗至正十一年（1351年）增长至18000000户，人口87487000。[2]

1. 政治制度

元代承袭宋代的政治制度，采取文武分权之制，以中书省为中央最高行政机关，统领六部，主持全国政务，枢密院掌管兵权。同时，新设立了宣政院（初名总制院），负责佛教及吐蕃地区军政事务，这是前代所未有的。在选用人才方面，元朝前期极少举办科举，高级官僚的录用主要采取世袭、恩荫和推举的方式，此外，尚有循胥吏（公务员）昇进为官僚的方式，这与宋代制度大异。

外交政策方面，与诸国交往频繁，各地派遣的使节、传教士、商旅络绎不绝，元廷曾要求周边一些国家或地区（包括日本、安南、占城、缅甸、爪哇）臣服，接受朝贡关系，但遭到拒绝，故派遣军队攻打这些国家或地区，其中以元日战争最为著名。

2. 经济发展

元代经济以农业为主，农业生产力虽不如宋代，但在生产技术、垦田面

---

①《元史类编》

② 吴松第《中国人口史》（第三卷）辽宋金元时期

积、粮食产量、水利兴修、棉花种植等方面均取得较大发展。畜牧政策以开辟牧场、扩大牲畜的牧养繁殖为主，尤其是孳息马群。但自然灾害对畜牧业发展造成影响，由元世祖时的盛况逐渐衰退。手工业方面，丝织业的发展以南方为主，长江下游的绢在产量上居于全国首位，超过黄河流域。瓷器在宋代基础上又有所进步，著名的青花瓷就是元代的新产品。

商业方面，通过专卖政策控制盐、酒、茶、农具、竹木等日用必需品贸易，限制了国内商业的发展，对外鼓励商业贸易，进出口商品大体与宋代相同。当时泉州是东方第一大港，货物运输量巨大，而首都大都（今北京）也是陆路对外贸易和国内商业中心，是世界闻名的大城市。

3. 科学技术

元代的科学技术有很高成就，主要表现在天文历法、数学、农牧业、医药学、地理学等方面。天文历法方面，设立远达极北、南海的27处天文观测站，在测定黄道和恒星观测方面取得了远超前代的突出成就。数学方面，涌现出一批杰出数学家及著作，如李冶所著《测圆海镜》《益古演段》；朱世杰所著《算学启蒙》《四元玉鉴》等；李冶提出的天元术及朱世杰提出的四元术，都是具有世界性影响的重要成就。医药学方面，史称金元四大家中有两位（李杲、朱震亨）出自蒙元时期。地理学方面，《元一统志》的编纂、河源的探索、《舆地图》的问世及大批游记类著作的出版是其主要成就。

4. 文化艺术

宗教思想方面，元代皇室极力推崇伊斯兰教、藏传佛教、景教等外来宗教，思想上也兼容并用，对各种思想都加以承认并提倡。元廷在一定程度上

江西高安县藏元代青花瓷

上图：富春山居图（局部）. 元. 黄公望

《富春山居图》被誉为"画中之兰亭"，中国十大传世名画之一。画面以浙江富春江为背景，山水布置疏密得当，墨色浓淡干湿并用，极富变化。

下图：消夏图（局部）. 元. 刘贯道

《消夏图》以重屏为背景，蕉荫竹影之下，一人独卧榻上，意态舒畅洒脱，笔法坚实流畅，人物刻画细腻真实，画面静谧幽雅，代表了元代人物绘画的发展水平。现藏于美国堪萨斯纳尔逊画廊。

尊重儒学，特别是宋代时形成的理学，更被尊为官学。

文学方面，以小说和元曲为主，孕育出《三国演义》和《水浒传》等长篇小说，与明代的《西游记》、清代的《红楼梦》合称"中国古典四大文学名著"；散曲和杂剧各领风骚，知名作品有《窦娥冤》《拜月亭》《西厢记》与《倩女离魂》等，元曲与汉赋、唐诗、宋词并称为"中华优秀文学遗产"。史学研究也很兴盛，胡三省潜心研究历史巨著《资治通鉴》，1286年《资治通鉴音注》全部成编，公认是对《资治通鉴》的注释最佳者。

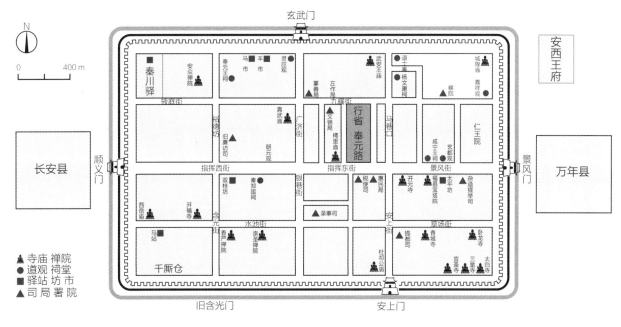

元奉元路城平面图
来源：改绘自《西安历史地图集》

4.3.2 角台筑圆：奉元路城城市建设

元奉元路城在延续宋金京兆府城基本形制的基础上，进行局部调整与修葺。关于奉元路城的史料研究主要来自于元代学者李好文所著的《长安图志》以及新编《西安历史地图集》。根据资料，奉元路城的城市建设具有以下特征。

第一，城墙角台变为半圆。奉元路城形制上最明显的变化即将城墙角台改建为半圆形，这种形制符合现代军事学上的"环形防御"原理，也是当时蒙古族统治者的建筑风格缩影。据考古调查，明代拓建西安城墙时，以长安皇城西南角为基点，利用皇城南墙和西墙，分别向东、向北拓建。拓建后明城墙的西北、东北、东南三处角台，均建为方形，而西南角却保留了元奉元路城墙的半圆形角台形制，且一直延续至今。

第二，建置分布不甚规则。奉元路城内建置轮廓大都呈长方形（除樗里庙所在区域呈正方形外），各建置地块所占面积大小不一，建置分布也无固定规律，有些区域庙、祠、宫、坊相邻，有些则市、民居、局相邻。城内整体布局不甚规则，鲜有大面积整齐划一的区域。

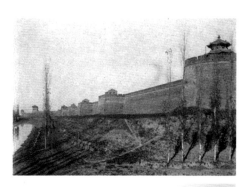

上图：1920年左右西安城墙西南城角
下图：今西安城墙西南城角

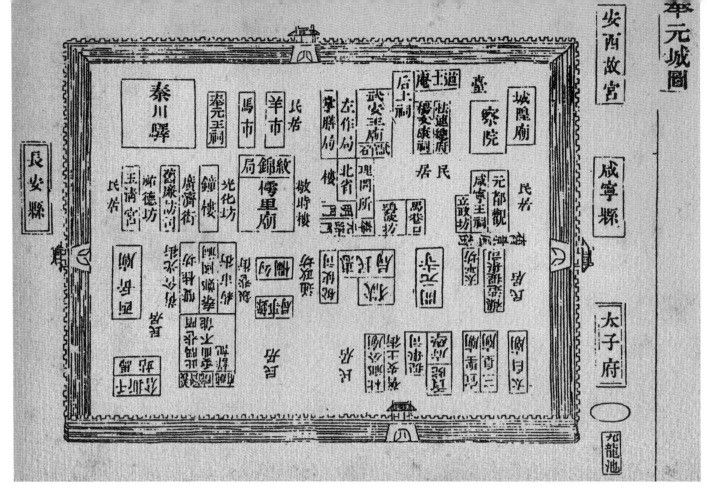

元奉元路城图
来源:《长安志图》

第三，行政建制居城中心。奉元路城并未改变五代、宋、金的政治区域分布格局，主要行政建制仍位于全城中心，包括奉元路治、纹锦局、理问所、北省、税使司、惠民局等，此外，城市中心还建有钟楼。

第四，文化建制居城东南。与京兆府城相似，文化建制集中于奉元路城的东南部，因该片区既有府学、贡院，又建有比其他区域更多的寺庙以及选拔人才的行政管理机构提举司，故文化中心逐渐在此形成。

第五，民宅散居临近城墙。奉元路城内的民宅散居于城周并临近城墙和城门，以便统治者的管理和居民出入。城南区域居民最多，计有八处居民点，并设有管理居民的行政机构——言录事司；另外，北城墙附近，东北向杨文康祠、怯连总府之南，东面杂造提举司附近，西面旧含光街以西，中间碧波坊以东也各置一处居民点。

第六，城市中心道路密集。由于政治中心位于城市中心，因此道路较为密集，彼此相互交错，包括广济街、指挥东街、光化坊街、碧波街、马巷口、九耀街等。在众多街道中，与顺义门和景风门相连接的指挥西街、指挥东街、景风街为东西向主街道，与玄武门相连接的广济街、银巷街以及与安上门相连接的安上街、马巷口为南北向主街道，交通较为顺畅；因含光门此时被封，故与其相连接的含光街、祐德坊街交通不甚通畅。

为了加强对长安地区的控制，元世祖忽必烈于至元九年（1272年）将其三子忙哥剌封为安西王，驻足奉元路，并于至元十年（1273年）在奉元路城东北部营建了规模宏大的安西王府。关于安西王府的建置缺乏史料记载，只能通过考古资料进行一定程度的复原，城内建设形制特征详见下表。

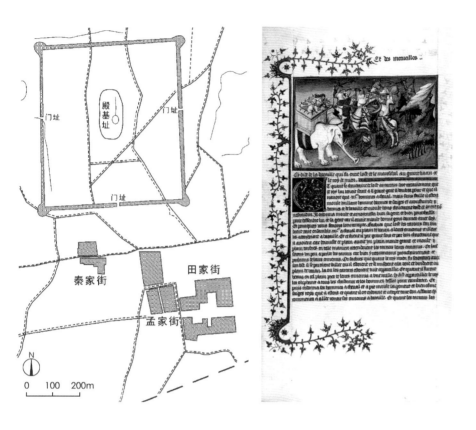

左图：安西王府勘察平面图
来源：马得志《西安元代安西王
府勘查记》

右图：马可·波罗游记抄本

安西王府建设形制特征

建置类别	具体建置特征
平面形制	呈一南北长、东西短、南部略长的长方形 东西两城基长603米，南城基542米，北城基534米，周长2282米
城基形制	城基皆为夯土版筑，东、南城基较宽，均为10米，西城基宽8.2米，北城基宽9米
城角形制	城的四角向外突出，呈半圆形，直径在29～30米，可能建有角楼
城门形制	城的北面无门，东、西、南各开一门，各门仅有一个门道 东西两门位置基本对称，门基宽14米，门道宽均为5米；南门位置略偏东，门基宽14米，门道宽12米，为进出王宫的主要门道
宫殿形制 （仅为遗址形制）	城内建筑遗址只有城中心的中央大殿台基遗址，东西两侧及北面近城墙处的一些小型建筑残迹 中央大殿台基为夯土结构，高出地面2～3米，台基上主殿应为坐北朝南

据当时意大利旅行家马可波罗所著《马可波罗游记》（张星烺译版）记载："宫在一个大平原上，到处有川、河、湖、沼源泉。宫的前面有很厚很高的墙，周围五迈耳。建筑极佳，并设有统眼。墙里有许多野兽飞禽。围墙之中央即王宫，宫很大，并很美丽，比这再好的是没有了。宫里有许多伟壮的殿同美丽的房屋。到处皆油漆绘画，用金叶，蔚蓝和无数的大理石来装饰。"可见，安西王府建筑宏伟，金碧辉煌，异常奢华。

伍 再生——明清西安城

1911年出版的《中国十八省府》英文版插图照片中描绘了当时西安城外的生活景象

明清是中国历史上社会秩序稳定的一个伟大时期。

……不幸的是，在此期间欧洲却经历了一系列翻天覆地的现代化发展……

不过这并不表明明清两代便是历史的倒退，此间取得的成就亦不容否认。

如果能更好地了解这几百年来的中国历史，我们应能发现不少的革新和发展。

中国社会远非停滞不前，不过与西方相比其步伐较慢，程度较浅罢了。

——费正清《中国：传统与变革》

朱·明

1368—1644 年

中国 + 世界

从社会转型到文化转型　　　　　　**14—17 世纪欧洲文艺复兴**

明人画入跸图（局部）. 明. 佚名　　　迦拿的婚宴［意］维洛奈思

资　本　萌　芽

——出现资本主义萌芽，手工业高速发展郑和七下西洋，对东西方世界的交流起到了巨大的推动作用。

文　化　再　兴

——科学技术有了较大发展，造船科技首屈一指，《本草纲目》《天工开物》光芒璀璨。小说达到最高艺术成就。

地　球　发　现

——15 世纪前后，人类开启了地理大发现时代，世界出现了第一次全球化。殖民主义进行着前所未有的"世界史"的扩张。

人　文　复　兴

——以文艺复兴、宗教改革和启蒙运动为代表，人文精神得到传播，封建神权受到冲击，为近代自然科学的诞生准备条件。

"据百二河山之险，可以耸诸侯之望，举天下形胜所在，莫如关中"

——［明］洪武二十四年（1391年）监察御史胡子祺上书

5.1 重扩：明时期西安城市建设

元末政治动荡，农民起义频发，朱元璋加入郭子兴队伍，于1368年攻克元大都，即称帝，国号"大明"。明是中国历史上最后一个由汉族建立的大一统王朝，历十六帝，至1644年李自成攻占北京，明亡，享国二百七十六年。明延续两百余年的和平环境，有利于社会生产力的稳步提高，农业、手工业取得了一定发展。明代中后期出现了商品经济的空前繁荣，社会经济发展水平明显超越前代，但商品经济成分相对于自然经济依然孱弱，具有资本主义性质的雇佣劳动关系远未动摇地主剥削农民的租佃关系，政治上仍然实行专制主义的中央集权制度。

明政权建立初期，朱元璋采纳谋士朱升的建议，"高筑墙，广积粮，缓称王"，开始在全国广修城池，强化政权。西安作为"天下第一藩封"秦王府所在地，以及扼制西北、西南咽喉的军事重镇，其政治军事地位在西北诸城中居于首位，因而城市建设受到高度重视。西安城迎来了唐之后最重要一个发展阶段。明洪武年间的西安城，奠定了当下西安的基本空间格局。

朱·明

太祖朱元璋参加郭子兴的抗元起义　1353年

太祖朱元璋在南京登基，建国大明，年号洪武　1368年

明朝开始修建明长城　1368年

诏以北平为北京，改北平府为顺天府　1403年

郑和出使西洋，前后历经29年，总共七次　1405年

《永乐大典》问世　1408年

成祖朱棣开工修建北京紫禁城　1416年

成祖朱棣迁都北京　1421年

王阳明提出『教条示龙场诸生』　1506年

葡萄牙人占领澳门　1553年

中国　世界

公元 14 世纪　　公元 15 世纪　　公元 16 世纪

1337 年　英法百年战争开始

1346 年　欧洲黑死病大规模流行

1453 年　东罗马帝国灭亡。英法百年战争结束

1485 年　亨利七世成为英王，玫瑰战争结束

1488 年　迪亚士到达好望角

1492 年　哥伦布初次航行到美洲

1498 年　葡人达伽马开辟西欧到东方的新航路

1500 年　葡萄牙船队到巴西，将巴西纳为殖民地

1503 年　达·芬奇开始创作《蒙娜丽莎》

1517 年　马丁·路德开启了宗教改革

张居正改革　1573年

李时珍编成《本草纲目》　1578年

徐光启译《几何原本》　1607年

兵部请严海禁　1612年

清太祖努尔哈赤即大汗位，建国大金　1616年

李自成在西安称帝，同年，明朝灭亡　1644年

清太宗皇太极称帝，建国大清　1636年

宋应星著成《天工开物》　1637年

李自成参加起义。　1629年

1567年

公元 17 世纪

1543年　波兰神父哥白尼发表天体运行论

1580年　西班牙与葡萄牙合并

1592年　日本丰臣秀吉攻朝鲜。中日朝鲜之役

1595年　莎士比亚创作《罗密欧与朱丽叶》

1600年　英国创立东印度公司

1602年　荷兰创立东印度公司

1604年　法国创立东印度公司

1607年　英国在北美建立第一个殖民地——维吉尼亚

1609年　西班牙承认尼德兰独立

1620年　五月花号出航，欧洲人自此大批移居美国

1640年　英国资产阶级革命开始

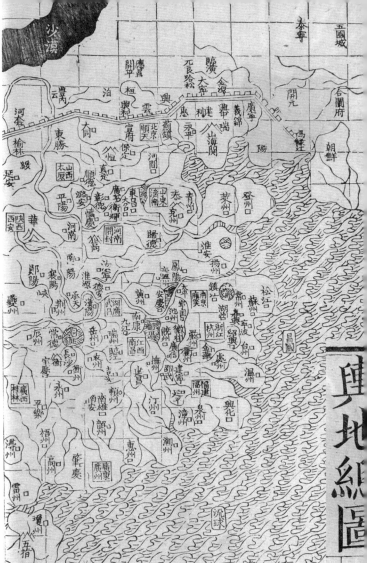

广舆图–舆地总图. 明. 罗洪先

制图年代：初刻于嘉靖三十四年（1555年）

《广舆图》是明代罗洪先根据元代朱思本的《舆地图》编绘。这是我国第一部综合性全国地图集。全书共两卷，其内容既包括政区图、边防图，又有专题图、周边地图及邻国地图，每幅地图后面都附有简短说明和解释图。此图所在本为明万历七年（1579年）海虞钱岱刊本，前有序七篇。

5.1.1 沉暮拟古：明时期的社会历史背景

明作为汉族地主阶级建立的最后一个王朝，把专制主义中央集权官僚政治推到了一个新的高度。社会经济超过宋元时代的最高水平，但伴随明朝由盛而衰，社会生活的各个领域都显示出风暴将至的征兆，延续了三千年的中国封建社会进入了晚期发展阶段。

1. 政治制度

中央集权制度空前加强，明太祖朱元璋改革中央和地方官制，提高皇权。明成祖朱棣草创内阁制度，中国历史上延续1600年的宰相制度就此终结。这些改革奠定了明

友松图（局部）．明．杜琼

现藏于北京故宫博物院。画中用竹篱所围几间茅屋，屋内中堂有二人并坐，一书童正在开门，院外小山与庭院之间，画有石桌、石几，有盆中之松，置于石桌之上，有一人正欲展纸落墨，另有两人正边走边谈，神态生动自然。画面既有清雅优美的自然景物，又有妩媚秀丽的庭园趣味。

代政治体制的基本格局，使元末大动乱中受到严重破坏的社会经济全面恢复。永乐年间的综合国力在亚洲乃至世界都首屈一指，与周边及海外六十余国均建立了朝贡关系，显示出明朝在世界上的影响力。

2. 经济发展

明代手工业技术有较大进步。明中叶以后，民营手工业超过官营手工业，占据主导地位，一些商品经济发展较好的地区出现了资本主义萌芽。嘉靖、万历时期，民间私人海上贸易活动频繁，冲破封建政府的重重阻碍，取代朝贡贸易迅速兴起。中国沿海海商的足迹几乎遍及东南亚各国。中国商品大量进入世界市场，在一定程度上缓和了世界市场贵金属相对过剩与生活必需品严重短缺的不平衡状态。由嗜好中国精美商品而掀起的"中国热"，刺激和影响了欧洲工业生产技艺的革新，在一定程度上促进了17世纪西方资本主义的兴起。

3. 科学技术

传统科技仍然位于世界前列。明代的航海技术成熟，建立了多条纵横交错的远洋航线网络。此外，明朝船队除了采用前人季风确定航线、指南针导航等技术外，还在《过洋牵星图》中记录了众多的星宿定位数据和不同海区天体高度的变化，对古代的天文导航有重要贡献。但由于明朝灭亡后世界性的交流减少，缺乏后续进展，尤其是近代自然科学未得到发展，与西方科技发展的差距增大。

4. 文化艺术

文化思想上，大体经历了程朱理学为官方学术思想和统治思想；王守仁心学的崛起与传播；反对圣贤偶像、封建礼教束缚的异端思潮的滥觞；明后期反理学或心学空疏误国，倡导实学这样曲折的过程。这一过程为明末清初早期启蒙思想的进一步发展创造了条件。同时文学艺术十分繁荣，作品众多，表现在诗文、小说、戏曲三方面。

1369 明 洪武二年 四月 西安得名
明大将徐达、常遇春、冯胜率军进入奉元城。改奉元路为西安府，西安由此得名。

1370 明 洪武三年 四月 封秦王下令重修西安城
封次子朱樉为秦王。令西安府长兴侯耿炳文、都督濮英征调军士，重修西安城。

明 洪武三年 七月 营建秦王府
在西安城东北隅营建秦王府王城（即今新城）。

1374 明 洪武七年 正月 督修城池
宋国公冯胜来西安督修城池。

1376 明 洪武九年 是年 秦王府竣工

1378 明 洪武十一年 是年 西安城垣竣工
西安城垣竣工。周长13.79公里，设四门，秦王就藩西安府。

1380 明 洪武十三年 是年 重建鼓楼
在元敬时楼旧址重建鼓楼。

1384 明 洪武十七年 是年 重建钟楼
在鼓楼西迎祥观附近（今北广济街南口东侧）修建钟楼。

1387 明 洪武二十年 是年 修建都城隍庙
于东城门内修建都城隍庙，宣德八年（1433年）移建于西大街。

1465 明 成化元年 是年 开通济渠引水西安城
陕西巡抚项忠和西安知府余子俊疏凿龙首渠，取名通济渠。

1476 明 成化十二年 是年 开余工渠泄水
陕西巡抚余子俊，于西安府城西北开渠泄水，被称为"余工渠"。

1568 明 隆庆二年 是年 修葺西安城墙
陕西巡抚张祉开始修葺西安城墙，在顶部和外壁砌砖保护。

1582 明 万历十年 是年 迁建钟楼
陕西巡抚龚懋贤主持，长安、咸宁两县负责，迁建钟楼于现址。

1620 明 泰昌元年 六月 文昌阁修建竣工
西安东南城墙上文昌阁（魁星楼）修建竣工。

1636 明 崇祯九年 是年 孙传庭修筑西安四关郭城

1643 明 崇祯十六年 十一月 李自成攻西安城
击毁东门正楼、南门箭楼。明军守将王根子开东门迎降。李自成改西安府为长安府，称西京。

西安府上

東至山西蒲州黄河界三百五十里西
至鳳翔府扶風縣界二百四十里南至
漢中府金州界六百八十里北至延安
府宜君縣界三百五十里自府治至京
師二千六百五十里自府治至南京二
千四百三十里

建置沿革

禹貢雍州之域天文井鬼分野周為王畿地秦
置內史以領關中漢初置渭南郡尋罷郡復置內史景
帝分置左右內史此為右內史武帝改京兆尹與左馮
翊右扶風為三輔東漢於此置雍州尋罷三國魏改
為守晉置雍州理京兆未幾為劉石符姚所據後魏仍

置雍州西魏後周皆置京兆尹隋初置雍州尋改為京
兆郡唐初復為雍州又改京兆郡尋復置雍州開元初改
京兆府自周秦漢晉西魏後周隋唐並都於此唐末為
佑國軍五代梁改永平軍後唐復為京兆府晉改曰晉
昌漢改曰永興宋仍京兆府屬永興軍路金屬京兆府
路罷改安西路後改安西路元路

5.1.2 整体拓展：明代西安城市格局

"徐达克同州，趋鹿台。时奉元为都省，而平章李思齐据凤翔，张思道与孔兴、脱列伯据鹿台，各有重兵，以卫奉元。而思道等闻达兵至，三日，遁。达遂进渡泾、渭，至三陵坡，父老千余人出迎，达抚慰之。遣左丞周凯入申约束。明日，师进奉元，秦民大悦，以奉元为西安府。"

——《中山王世家》

明洪武二年（1369年）徐达率大军整师入城，受到热烈欢迎，徐达代表明王朝宣布了一系列"与民更始"的法令措施，改元奉元路为西安府，"西安"作为行政区划之名亦始于此。洪武三年（1370年）到洪武十一年（1378年）的九年间，西安城发生了重大变化，这是封建时期西安城继唐代之后最为重要的一个发展阶段，它奠定了西安的城市格局，并延续至今。

1. 初扩与再修——从"军修"到"民修"

明代对奉元城的扩建主要集中在秦王府的建设和城池规模的扩展上。洪武三年（1370年），明太祖命长兴侯耿炳文与都督蹼英重新扩建西安城。"拓城工程先由军士开拓东大城五百三十一丈，南接旧城四百三十六丈，后再拓北城一下一百五十七丈七尺。"筑城三年之后，耿炳文与淮英提请"军力不足，西安之民耕获已毕，乞令助筑为便"。朱元璋批复："来年农隙兴筑"，并"命中书省考形式，规制为图以示之，使按图增筑川刃"。[1]明太祖命宋国公冯胜来陕西督修城池，历时八年，洪武十一年（1378年）终于完工。据考古，此次扩城，以韩建新城为基础，分别向东扩展1435米，向北扩展864米。秦王府规划在奉元旧城的东北，周长4.5千米。同时，开辟了东大街、西大街、南大街、北大街为主体的城市道路结构，修建了永宁、安远、安定、长乐四门以及钟楼和鼓楼。拓展后的西安府城，相当于奉元城面积的2.21倍。

明初向东拓建西安城墙时，在东门月城外修筑了东郭城，与旧城区相对而得名。郭城呈不规则长方形，周围开有四门，三门上都建有郭城楼，一座门有洞无楼。

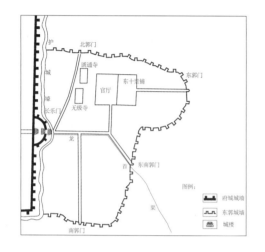

明代拓筑的东郭城

《明清西安词典》所记："明（嘉靖）《陕西通志》与（万历）《陕西通志》所附《陕西省城图》中皆绘有'东郭新城'"。

《陕西通志》中记述西安府的疆域："府东三百一十里至河南之阌乡县界，三百五十里至山西之蒲州界，西二百四十里至凤翔之扶风县界，南六百八十里至汉中之金州界，北三百五十里至延安之宜君县界"。

——《陕西通志卷之六·疆域》

---

[1]（明）《太祖高皇帝实录》。

城周四十里高
三丈閣四丈池
深二丈閣八尺

西安遞運所

教場

陝西省城圖

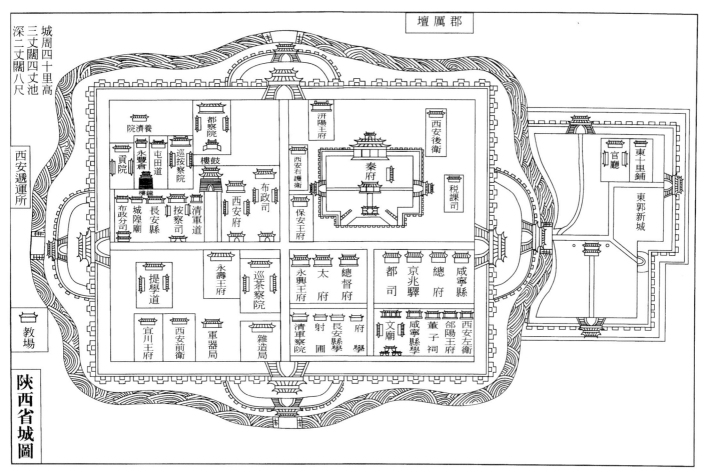

陕西省城图

来源：改绘自明嘉靖《陕西通志》

年代：明嘉靖年间

图题《陕西省城图》，主要描绘明代西安城内功能划分、主要街道、府衙布局、城河环绕等基本情况。图中未标示方位与图例，但图下方为北。图右下方空白处附图说，简略记述此时西安城池的基本规模。

《中国文物地图集·陕西分册》的数据为：

城平面呈长方形；
东西4256米；
南北2708米；
外缘周长13.93公里；
城垣面积1.152平方千米。

据《汉语大词典》提供的明代尺度资料可知，明代用三种尺度：

裁衣尺：1丈=340厘米；
量地尺：1丈=327厘米；
营造尺：1丈=320厘米。

2. 权利的象征——秦王府的选址与修建

　　洪武三年秋七月："招建诸王府。工部尚书张允言，诸王宫城宜各因其国择地，请秦用陕西台治，晋用太原新城，燕用元旧内殿。……上可其奏，命以明年次第营之。"（卷五十四）。

　　洪武四年春正月："命中书省定议亲王宫殿制度。工部尚书张允等议，凡王城高二丈九尺五寸，下阔六丈，上阔二丈，女墙高五尺五寸，城河阔五丈，深三丈。"

——《太祖洪武实录》

洪武九年（1376年）三月明太祖诏云："比年西征敦煌，北伐沙漠，军需甲仗，皆资山、陕，又以秦、晋二府宫殿之役，重困吾民。"可见在此期间秦王府城及其宫殿营筑工程正在大规模进行中。

——《明史·太祖纪》

　　朱元璋非常重视西安的地位，特封次子朱樉为秦王，目的于在"首封于秦，期永绥禄位，以藩屏帝室"。[1]明代西安秦王府城内外呼应，与府城共同形成两道城河、三重城墙的典型重城结构，这是西安城作为明代西北军事、政治重镇的重要特征之一。秦王府城作为明洪武十一年（1378年）至崇祯十六年（1643年）十代秦王居住之地，"宫殿轩敞，川园亭池集一时之丽观"[2]，内部布局肃穆严整，建筑庄严华美，园林景致如画，体现了秦王为诸藩之首的地位。

　　秦王府的选址基本上决定了城市整体拓展的方向，其目的就在于用大城将秦王府城环护起来，加强秦王府的安全，体现"王城居中"的礼制思想，以秦王府为城市构图中心这一思想，也就决定了城市向东北拓展的具体规模。秦王府的建造规模，按中书省在洪武四年的议定："王城高二丈九尺，下阔六丈，上阔二丈，女墙高五尺五寸。城河宽五丈，深三丈。立社稷、山川坛于王城内之西南，宗庙于王城内之东南。亲王所居，前殿名承运，中曰圆殿，后曰存心。"王城范围几近西安全城1/4，周长达4500余米。

　　据明嘉靖年间编纂的《陕西通志》记载，王府分内外两重城。外城周长九里三分，由夯土版筑而成。对大城的墙而言，又称"萧墙"，开四门，正南门称"灵星门"，东门称东外门，西门称西外门，北门称北外门。萧墙便是护围王宫的内城，因其用砖表砌，又叫"砖城"。城周长五里，周有四门，南曰"端礼"，北曰"广智"，东曰"体仁"，西曰"尊义"，这些门名均由皇帝朱元

　　①（清）王鸿绪　清康熙十八年（1679年）《明史稿》列传三。　　②（清）何廷韬修王禹锡纂　清康熙七年（1668年）《咸宁县志》卷二。　　③（明）《明史·舆服志·亲王府制》。

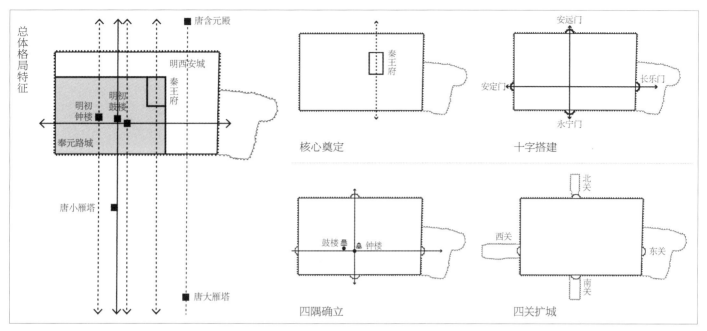

明代西安城市格局特征梳理

璋亲自提点，内含"仁义礼智"的意思，以告诫后代。[3]

3. 轴线的形成——几何中轴与行政轴线

元奉元路无明显的城市轴线，在其基础上扩建的明西安府城则重新确立了城市中轴线。明初城池的扩建及四门的修筑，以及四条大街的形成，成为城市中轴线的萌芽，此时城市的中轴线特征还不明显，更多的是在几何空间上的中轴作用。与此同时修筑的秦王府，为后来直到今天的城市重要行政机构的选址埋下了伏笔。另外，在北大街以西，即城市的西北部，集中了一大批当时重要的行政机构，如布政司署（即元省治所）在今西大街以北，巡抚部署在今北院门市政府处。这些行政机构与东北部的秦王府等行政机构相对应。由此可以看出，虽然当时的城市形式不再像唐代以前沿南北中轴线严谨对称，但在功能内容的实质分布上还是有所考虑的。

4. 格局的特征——十字拉接与格网对称

明初西安城的建设扩大了城市规模，增强了城市秩序，形成了新的城市格局，并延续至今。集中表现为五个特征：

第一，中心——以秦王府为城市的构图中心。

第二，骨架——以东、西、南、北四条大街形成十字道路为主干构架，延续了隋唐长安的"方格网"道路特征。

第三，秩序——四座城门与四条大街均衡对称，明确了城市的中轴线，营造了有机完整的城市秩序。

第四，标识——钟楼、鼓楼等城中高大的公共建筑增强了城市的标识性。

第五，对称——城隍庙移建至鼓楼以西，与秦王府东、西相对，体现了明初城市制度结构的同时，强化了城市分区，促进了城西的经济发展。

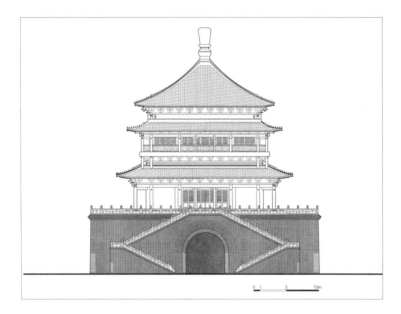

西安钟楼立面图

钟楼位于西安市中心，东西南北四条大街交汇处，是中国现存钟楼中形制最大、保存最完整的一座。建于明太祖洪武十七年（1384年），明神宗万历十年（1582年）整体迁移于今址。钟楼建在方型基座之上，为砖木结构，重楼三层檐，四角攒顶的形式，总高36米，占地面积1377平方米。

5. 中心的确立——钟楼之迁

明初西安城的大规模拓展引起城市格局的重大变化，初步奠定了城市内部空间四隅格局的形成。万历年间钟楼的移建则引起了西安城市布局的再次调整，为日后以钟楼作为中心的四隅格局空间结构奠定了基础。

钟楼和鼓楼由于主要起报警和报时的作用，大多设置在城市中心，以坐北朝南，东钟西鼓对峙的方式排列，但并不是绝对的东西对称，在南北方位上有稍微的错位。规划中将钟楼置于四条大街交汇"中心"的手法，是明清时期中国北方城市的典型特征之一。在明万历年十年（1582年）以前，西安钟鼓楼皆位于城市中心偏西北位置，钟楼位于鼓楼之西北。公元1582年，因城垣向东、北两面扩展，城市的中心东移，陕西巡抚龚懋贤指令长安、咸宁两县，把迎祥观钟楼拆迁于今址。从此形成东、西、南、北四条大街以钟楼为中心向四面辐射的格局，钟楼成为西安城市中心的标志性建筑。这一变革不仅强化了城市的南北轴线，而且强化了城市与自然的关系，建立了"终南山-南门-钟楼-北门-渭河"的山水城市结构，使得城市的空间序列更加突出。

钟楼的移建对城市的影响可以归纳为以下几点：首先，钟楼位于城市的中心，其迁建加强了城市居民对其空间意向核心地位的认知，并且这种观念一直延续到了今天；其次，钟楼的迁建强化了四隅格局，四条大街贯穿钟楼，为城市此后"田"字形路网的发展奠定了基础；再次，当时的钟楼还有祭祀文昌之用，故而有"文运杰起，抑且风化美人矣"之寓意。

此外，钟楼的移建也体现了军事目的。钟楼岿然矗立于四隅之中，亦有防范民变之意。这也从一个侧面说明西安在失去国都地位后，主要的城市性质转变成为军事性质的事实。

6. 规模再扩张——西、南、北三关之建

明代晚期，西安城市西、南、北三个关城的形成，进一步扩大了城市的范围，给城市空间形态和结构带来了新

西安鼓楼立面图

鼓楼位于钟楼西北方约200米处。建于明太祖朱元璋洪武十三年（1380年），是中国古代遗留下来众多鼓楼中形制最大、保存最完整鼓楼之一。
西安鼓楼建在方型基座之上，为砖木结构，顶部为重檐形式，总高36米，占地面积1377平方米，内有楼梯可盘旋而上，是西安的标志性建筑。

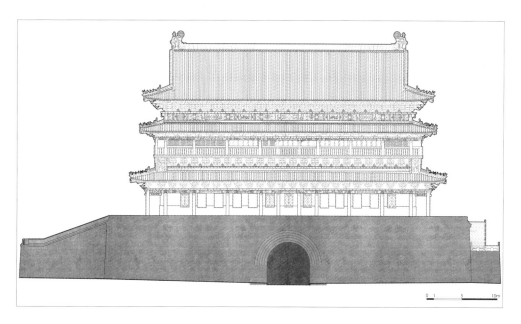

的变革。从明清时期的社会情况分析可知，关城的营建实际是城市向四个方向的拓展，出于政治军事目的而修建，其根本目的在于加强城市的安全性和防守性。关城也称外郭城，同样也建有城墙和城门，门称郭（便）门，墙称郭（寨）墙。

民国《咸宁长安两县续志·地理考上》所说"明末始筑四城郭"，是指明崇祯年间陕西巡抚孙传庭新筑其他三郭城时重新修葺了东郭城。城外的四关中，东关最大，其次为南关、西关和北关。东郭城是西安城东面的门户，平面为不规则的长方形。关内聚集了大量的人流，因此成为明清时期重要的商贸区和居住区。

南郭城，属咸宁县管辖。位于南门护城壕外正南，北接护城壕，城东、西、南三面夯筑土墙。郭城形制为南北长东西短的纵长方形，南北长三百五十步，东西宽一百九十余步。南墙中部有南郭门，东西墙北部开有东、西两个郭门，郭城中部有南北大街，为中轴线。

西郭城，属长安县管辖。东临护城壕，南、西、北三面筑有土城墙。东西长八百八十步，南北三百二十步，平面形制为横长方形。郭城西墙中部开西郭门，南墙中部偏西开南郭门，北墙中部偏东开小门，东段南北两侧开南火门、北火门，合计五门。郭城中部有东西大街，从西郭门直通护城城壕吊桥，是从西面进出府城的必经通道，吊桥兼顾城门防御。

北郭城南抵东、西火巷，周筑土城墙，南北四百四十步，东西二百三十步，平面形制为纵长方形。中有南北向北郭大街贯通郭门至北门护城壕前。咸宁、长安两县以郭城中央南北大街为界东西分治。

四关城是西安城门防御工程的重要组成部分，其内部格局的共同特征是，内部均有一条与大城城门相对、与四门大街相贯通的主干道。这条大街将四关城分成基本对称的两部分，可以视为城内大街向外的延伸，由此将关城与大城紧密联系起来。关城内的其他街巷均布设在四条主要干道的两侧。由于关城自身的军事性，除东关城以外的其他三关城中的街巷，居民区相对较少。

西安长乐门. 1921. [瑞典] 喜仁龙

北京城广渠门，又称沙窝门

来源于瑞典学者喜仁龙于1924年出版的英文著作《The Walls and Gates of Peking》。该书记录城墙、城门及周边街市乡野现状，实景拍摄照片，精细绘制城门的建筑细节图。

5.1.3 墙扩城围：明代西安城墙建设

明代是中国古代封建社会筑城活动的最后一个高潮，明太祖朱元璋称帝前，谋士朱升建议："高筑墙、广积粮、缓称王"，朱元璋采纳了这个意见，认为做皇帝"非深沟高垒、内储外备，不能为安"，从此开始非常重视筑城，所以至今民间流传有"汉家唐塔朱打圈"的俗语。这时的城墙，不论从形制变化，还是建造技巧都迎来了最为成熟完备的辉煌时期。

1. 城垣规模

新拓后的城墙，"东城墙长2886米、南城墙长4256米、西城墙长2708米、北城墙长4246米，周长13.72834公里，城内面积11.52平方公里"。[①]

雍正《陕西通志》载西安大城规模云："洪武初，都督濮英增修。周四十里，高三丈，门四，东曰长乐，西曰安定，南曰永宁，北曰安远，四隅角楼四，敌楼九十八座。"依据嘉靖《陕西通志》卷七《陕西省城图》上的注文，明西安府城"周四十里，高三丈，池深二丈，阔八尺。"据近年实测资料，明代重建后的西安城墙高10～12米，顶宽12～14米，底厚15～18米，较原隋唐皇城城墙三丈五尺（合10.3米）更加高大坚固。

拓掘后的明代西安护城河，位于城墙外侧20～60米处，壕深二丈，广八尺，环城一周，共长四千五百丈，较之城墙长一百九十八丈。护城河内沿亦筑有高六尺，厚二尺的壕墙一道，外逼壕堑，内为夹道，用以增强护城河的防御作战能力。

2. 城门形制

西安市文物管理处《西安城墙》（《文物》1980年第8期）一文称：

"（西安城）四门之外各有方形护门城，名瓮城。东西门瓮城均有四门；南门瓮城有三门，无南门；北门瓮城只有南北二门。"明西安城四门处为三重城、三楼建制，即自内而外的大城、瓮城、月城，分别建于其上的正楼（城楼）、箭楼、闸楼和城外的护城河。清时基本承袭这一结构。

西安城墙四门外所筑的护卫城门的小城称为瓮城。宋人曾公亮在《武经

① 《西安地方志丛书——明清西安词典》西安地方志馆编纂

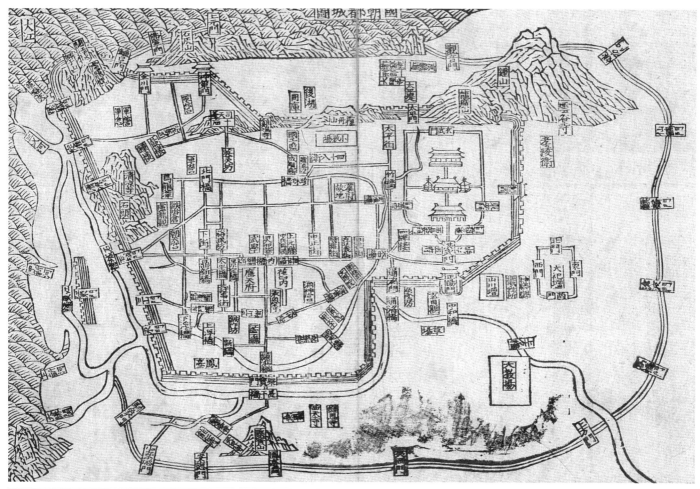

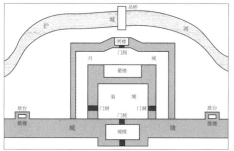
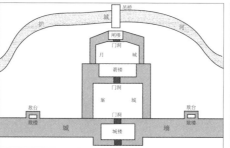
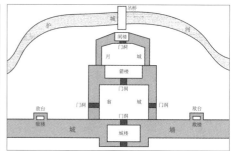

上图：国朝都城图．明《金陵古今图考》
中左：西安城墙南门平面形制示意
中中：西安城墙北门平面形制示意
中右：西安城墙东、西门平面形制示意
下右：明代瓮城制式图

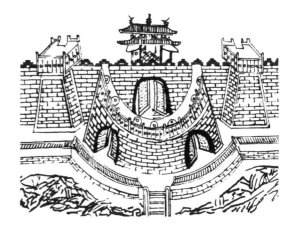

明西安城四门东西门形制相同，和南、北平面形制均略有差异，尤其南门月城位于瓮城前，并内包瓮城与大城城墙直接相连。民国初年，四门月城全毁，今南门月城为后人重新复建。

163

西安城墙东南角圆形角楼

西安城墙南门箭楼

20世纪唐含光门遗址

总要·前集·守城》中描述瓮城形制为："其城外瓮城，或圆或方，视地形为之，高厚与城等。惟偏开二门，左右各随其便。"所谓瓮城之意大概取自于敌人置入其中，会受到城墙上面的四面攻击，犹如瓮中捉鳖。瓮城墙体多与大城等高等宽。其城门洞上所建之楼因楼壁辟有箭窗，备射箭防御之用而称箭楼。整个箭楼的结构在火炮还不发达的时代，足以形成一个扇形的火力网，反击来自城下西、南、北三面的进攻。

明代西安城门概况

大城门	瓮城门	月城门
东门（长乐门）	东门、北门、南门（3门）	东门（1门）
北门（安远门）	北门（1门）	北门（1门）
南门（永宁门）	东门、西门（2门）	南门（1门）
西门（安定门）	西门、南门、北门（3门）	西门（1门）

瓮城之外则有拱卫瓮城的月城，又称羊马城。"月城者，临水筑城，两头抱水，形如却月。"羊马城得名是因为大城城门的开启有固定的时间，关闭城门后，尚未回城的人可连同所牵的马、羊等进入其中歇息，等候翌日开门后再进城。羊马城紧临护城河，城墙比瓮城城墙约矮三分之一，临河建有闸楼，用于防守护城河的桥头，控制护城河上架设的吊桥，是城门防区的前沿。如遇兵乱，闸楼上工兵提起吊桥，便可迅即切断通往城内的唯一通道。

3. 城墙结构

历代统治阶级修建城墙的目的主要是为了防御外敌的入侵，维护其统治地位。明西安城墙注重结构完整，堪称中国古代城墙防御体系的典范。

明初所建的西安城墙为夯土所筑，构筑十分坚固，材料用纯净黄土，经过精筛后，掺入少量石灰、细沙和麦

中国历史上规模最大的瓮城——南京通济门

通济门，是南京明城墙十三座明代内城门之一，明初由原集庆路旧东门截城壕增建，扼守于内外秦淮分界，门向东北为皇城，向西南则是商业区，为南京咽喉所在，是中国规模最大的瓮城城门，世界城墙史上独一无二的杰作。

秸，拌匀后夯打。为增加土墙的纵向整体拉力和横向的稳定性，夯土墙加有竖柱和横木。每层厚10～12厘米，上下层咬合非常紧密。城顶最后一层用黄土、石灰和糯米汁拌合夯打，厚45厘米，坚硬如石。至明隆庆二年（1568年），陕西巡抚都御史张祉"以土城年远颓记，秋砌以砖"。所用明城砖长40厘米，宽20厘米，厚10厘米，质密，承压性强，吸水率小（22.2%），制作讲究，极为坚固。

城墙四角各有角台，台体一般高出城墙体1.9米，凸出墙体11米，四角台中东南、西北、东北角台为方形，独西南角台为圆形。此圆形角台应为元奉元路改建。沿城墙外壁每隔120米建一伸出墙体的敌台、俗称马面。宋人陈规《守城录·守城机要》载其形制云："马面，旧制六十步立一座，跳出城外，不减二丈，阔狭随地利不定，两边直视城脚，其上皆有楼子。"马面之间正是冷兵器时代弓箭、弩、飞钩、掷枪、擂石等抛掷类武器的有效射程和杀伤范围。从而在主墙体之外，形成了一组组从敌台正面及两侧之间的高空密集打击网络，提高了城墙的防御功能。敌台上建有敌楼，全城共98座。敌楼为歇山式重檐二层楼式建筑。敌楼驻守士兵，平时可以利用其外凸的特点，候望敌人观察敌情，防止敌人迂回城下攻城。战时可以凭楼从正面及左右两楼间三个方面的交叉火力，打击敌人，并可与每十步的"战栅"互为连线，随时点线相连。同时在城顶内沿建有宇墙，外沿建有跺墙，上有跺口，共5984个。

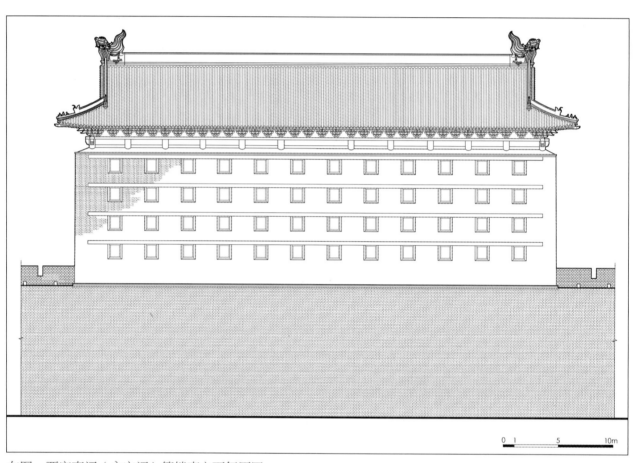

左图：西安南门（永宁门）箭楼南立面复原图
右图：西安南门（永宁门）箭楼北立面复原图

明清西安永宁门瓮城门楼。初建于明洪武七年至十一年（1374—1378年），位于瓮城南正墙上中部，与内城正楼南北相对。楼为歇山式砖砌建筑，面宽十一间，进深两间，通体长53米，距地面高约33.4米。箭楼为扼守正门的防御性建筑，楼身正面与两侧布满箭窗，正面修有箭窗四排，各十二孔。建筑形制同于北、东、西箭楼。

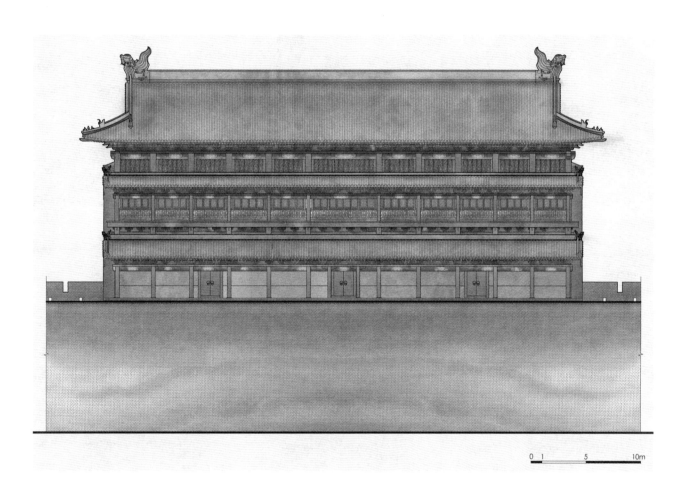

0 1   5   10m

5.1.4 恢复民生：明代城市生活图景

明代西安是西北地区的政治与军事中心。按明制，藩王嫡长子袭封藩王，其余诸子册封为郡王，郡王也有各自的封地。由于陕西特殊的地理位置，靠近边境，所以导致诸王不愿意去其封地，以西安为就近最好居所。因此整个明代，西安城内先后建有八所郡王及三十二所镇国、辅国将军府。同时，在诸多郡王、将军府外，西安城内还有众多的官府、衙门、贡院、文庙以及驻防军队，如陕西布政司衙门、巡按察院、都察院衙门、清军道、巡查察院、西安府署、咸宁县署、长安县署等。

1. 管理制度

按明制，藩王不能参与地方管理，中央政府设立陕西布政使司主管民政；提刑按察使司主管刑政；陕西都指挥使司主管军政。三者并为封疆大吏，互为制约。同时，陕西为沿边省，也必然是军队重点驻扎的地区。"置西安、太原、广西三护卫"成为明代西安府区域经济发展的重要基础。

2. 商业生活

明初，社会大动乱造成了西安府生产力的大幅度下降，城市建设、经济发展遭到严重破坏，人口锐减。因此可以说，明代西安府所在区域经济基础非常低下，大大制约了西安府区域经济的恢复速度。但与此同时，西安作为通向西北地区的大门，西到川蜀地区，东到渤海（山东）地区，作为东南与西北两地商品流通的重要中转站，具有商业发展的较大潜力。

"陕西，山河四塞，昔称天府，西安为会城，地多驴马牛羊旃裘筋骨，自昔多贾。西入晚蜀，东走齐鲁，往来交易，莫不得其所欲。至今西北贾多秦人，然皆聚于祈、雍以东，至河、华沃野千里间，而三原为最。若汉中、西川、巩、凤，尤为孔道，至凉、庆、甘、宁之墟，丰草平野，沙韦萧条，昔为边地商利途，今称边戍之绝塞矣。"[1]

——［明］张瀚《松窗梦语》

经过明初多年的"休养生息"，西安府的经济慢慢恢复，随着人口增加，农业发展，带动了手工业进步，商业贸易也随之扩大。布罗代尔曾说："中国当时也存在一个活跃而牢固的市场经济，其城镇商业系统十分发达。"地方集市"星罗棋布，小工匠和小商贩走街串巷，城市中店铺鳞次栉比，四方商旅往来繁忙，由互相联结且监督良好的定期集市所组成的商业网络布满了中国大地"。[2]西安府

---

[1]（明）张瀚：《松窗梦语》卷4《商贾记》，北京：中华书局1985年版，第82页。

[2]（法）费尔南·布罗代尔著，顾良、施康强译：《十五至十八世纪的物质文明、经济和资本主义》第二卷

杏园雅集图. 明. 谢环

原图尺寸：37cm×401cm

藏于镇江市博物馆，此图绘大学士杨荣、杨士奇、杨溥及阁员五人雅集杨荣家的杏园中，宫廷画家谢环亦被邀参加并作此图，共画了二十四人之多，画家本人亦入画中，是当时仕宦生活的真实写照。

正是这种商业布局，不仅城内商业发展繁荣，周围县镇的商业贸易也十分活跃，共同推动了西安府商贸的发展。

明朝政府在陕西实行"食盐开中""茶马贸易"等一系列特殊的经济政策，刺激了陕西商人特别是关中地区的商人在食盐贩运、边茶输送和南布北运等几个关系国计民生的大宗贸易商品领域的异军突起。

由于商品经济持续发展，到明后期，西安城内出现了一些专门性的市场。据嘉靖《陕西通志》记载，西安南大街东开元寺附近有骡马市，是明代西安城最重要的牲畜交易市场。五味什子与南广济街因药店密集，元代时就称为药市街，创立于天启二年（1622年）的著名药店"藻露堂"就设于此，明代这里依然是中药店铺集中区。根据王崇明编著的《古都西安》可以得出下表：

明代城内专门性市场雏形

街道名称	生活内容
东关正街和南街	药材、山货集散地
鸡市拐	家禽和粮食的卖场
南广济街、北广济街	药材市场
炮房街	因纸炮作坊较多而得名
粉巷	因加工销售面粉、粮食集散地而得名
麻家十字	回民特色小吃聚集地
东木头市	制作销售木器家具和大小牌匾的作坊与商店
西木头市	加工销售木器的场所
印花布园	印染花布作坊的集中地
骡马市	牲畜交易的场所
竹笆市	制作销售竹器的交易地
大、小差市	蔬菜果品的批发场所
糖坊街	在万历年间有数家糖坊集中于此而得名
大、小皮院	皮具加工、制作与销售的场所

玩古图. 明. 杜堇

榉木矮南官帽椅．明

现藏于清华大学博物馆，明榉木矮南官帽椅座面
71cm×58cm、座高31.5cm、通高77cm。

3. 文化生活

西安的官府之学渊源久远，而以学者为中心的书院教育则始于北宋，明朝大盛。其中尤以关学巨子冯从吾创办的首善书院（后称关中书院）最为著名。首善书院由冯从吾亲任主讲，与设在附近的西安府学、长安县学、咸宁县学一起构成了当时西安乃至西北诸省的文化中心，即今天的"书院门"地区。首善书院全国闻名，是关学思想与学术的最大基地，弘扬着主敬穷理、体验身心、崇实重道、经世致用的关中学风。

西安的俗文艺尤其是戏曲在此时颇有发展。早在明初，秦王朱樉父子就笃好戏曲，在王府内设教坊，演戏作乐，并将民间戏班征选入宫，供其娱乐。当时陕西各县多有世袭乐户供秦王府役使，统治阶级的喜爱，促进了陕西地方戏曲发展。

在文化交往上，地处内陆的西安由于丝绸之路的影响，与伊斯兰世界的交往在宋元时代就非常活跃。明初始建化觉寺，该寺为传统的中国式殿堂建筑群，规模宏大，设置五进院落，84间殿堂。著名回族学者胡登洲首先开创了我国的伊斯兰寺院经堂教育，创立了我国伊斯兰教育的"陕西学派"。到了明万历年间，又一次中外文化交流高潮通过沿海地区向西安辐射，王徵——西学东渐中陕西最早的基督徒，教名飞利浦，自称"景教后学"，传播天主教义的同时，积极向国人介绍西方文化的各个方面。包括力学、机械工艺、文学作品等，甚至还在我国历史上首次引进了罗马化汉语拼音。

爱新觉罗

清

1616—1911 年

中国 + 世界

中国封建社会最后的治世

封建主义制度向资本主义制度转型

盛世滋生图（局部）. 清. 徐扬　　　　煎饼磨坊的舞会 [法] 奥古斯特·雷诺阿

封　建　末　代

——农业时代向工业时代过渡的重要历史转折时期，建立一国多制的空前"大一统"的多民族国家。

闭　关　锁　国

——清政府多次下令禁止海外贸易使中国与世界隔绝，落后于世界潮流。

思　想　禁　锢

——大兴文字狱，人文思潮潜动，古典文化高度成熟，西学活跃，中学西传。

工　业　革　命

——资本主义生产完成了从工厂手工业向机器大工业过渡的阶段，社会生产力有了较大发展。

城　市　革　命

——产业革命引发城市革命使得城市迅速崛起，数量和规模都大幅增加，城市的公共建筑和住宅成为建设主流。

殖　民　扩　张

——为夺取工业原料和倾销市场，资本主义展开全球范围的殖民扩张，资本主义世界体系逐步形成。

河山天险古金汤，都邑规模溯汉唐。
陆海膏腴本沃壤，秦风剽悍称岩疆。
每因眷念劳中夜，忍使时巡后一方。
远幸冲寒访民隐，终南太华遥相望。

——［清］康熙《长安行（节选）》

5.2 分治：清时期西安城市建设

公元1616年，女真部首领建立后金，公元1636年，皇太极改国号为大清，公元1644年，李自成攻入北京，明朝覆灭。同年，顺治帝迁都北京，清朝取代明朝成为全国的统治者。清代是中国由传统社会向近代社会过渡的重要阶段。清初，满族军事地主阶级面对宗法专治社会的种种弊端，进行政治经济革新，康雍乾盛世给腐朽身躯注入了一剂强心针，使传统社会又延续了百余年。对封建宗法制的强力扶持，导致了对异端思想的空前剿灭和对外封闭，但现代社会的滚滚洪流已难以阻止，国门在清末终被西方列强洞开。

经过长期发展演变，中国城市到清代已经形成一个较为完整的体系，其规模和数量都有了很大的发展。西安地处内陆，因其自然和地理位置，依然承担着军事和商业重镇的职能，作为少数民族建立的政权，清朝在立国初期面临着满汉民族矛盾的问题，对境内城市的军事防御十分重视。西安作为西北地区最大的军事重镇，对于维护清朝统治、管理西北诸省具有决定性的战略价值，自然也是清朝防卫力量部署的重点，城市的格局较明时有了较大的改变。

爱新觉罗 · 清

顺治

清朝迁都北京，同年，南明建立　1644年

弘光帝朱由崧被俘，南明弘光政权覆灭　1645年

《大清律》修成并颁行全中国　1647年

顺治帝册封达赖五世罗桑嘉措为『达赖喇嘛』　1653年

郑成功收复台湾。开创了明郑时期　1662年

康熙

康熙下令废除圈地令　1669年

康熙皇帝作出撤藩的决定从而引发三藩之乱　1673年

《中俄尼布楚条约》签订　1689年

开始兴建承德避暑山庄，耗时89年建成　1703年

康熙皇帝下令修建圆明园　1709年

《康熙字典》出版　1716年

乾隆

乾隆颁布一口通商政策，闭关锁国政策开始　1757年

乾隆皇帝下令开始编纂《四库全书》　1771年

公元17世纪　　　　　　　　　　　　　　　公元18世纪

中国世界

牛顿发现万有引力定律　1687年

英吉利银行设立　1694年

孟德斯鸠出版《论法的精神》　1748年

百科全书开始出版　1752年

卢梭出版《社会契约论》　1762年

哈格里弗士发明珍妮纺织机　1765年

瓦特改良蒸汽机成功　1769年

波士顿倾茶事件　1773年

美国独立战争爆发　1775年

《独立宣言》发表。《国富论》发表　1776年

美国独立战争结束　1783年

制定美国宪法　1787年

英国建造世上第一座铁桥　1788年

美国第一届国会召开，选华盛顿为第一任总统　1789年

宣统

| 中华民国宣布成立，清朝灭亡 | 1912年 |
| 辛亥革命 | 1911年 |

光绪

清政府宣布「预备立宪」	1906年
孙中山创立中国同盟会，提出三民主义	1905年
中日签订《马关条约》割让台湾及辽东半岛	1895年
中日甲午战争爆发。同年，孙中山创立兴中会	1894年
建立北洋水师，加强军备，巩固海疆	1888年
辛酉政变。同年，洋务运动开始	1861年
英法联军火烧圆明园，攻陷北京	1860年
第二次鸦片战争爆发。同年，太平天国内讧	1856年

咸丰

太平军攻入南京，改名天京	1853年
建太平天国	1851年
《中英南京条约》签订	1842年
英军强占香港	1841年

爱因斯坦创立狭义相对论	1905年
诺贝尔奖首次颁发	1901年
弗洛依德出版《梦的解析》	1900年
第一次海牙和平会议	1899年
居里夫妇发现钋和镭	1898年
雅典奥运会于希腊举行	1896年
卢米埃尔兄弟放映首部电影	1895年
埃菲尔铁塔落成	1889年
德、奥、意三国同盟	1882年
爱迪生发明第一盏有实用价值的电灯	1879年
贝尔发明电话	1876年
日本开始明治维新	1868年
美国南北战争爆发	1861年
达尔文出版《物种起源》	1859年
达盖尔将摄影术公布于众	1839年

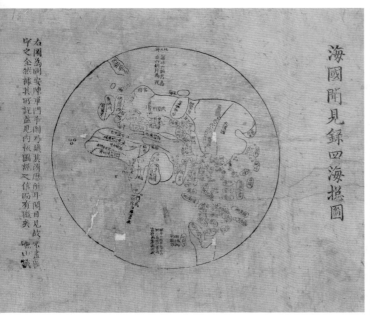

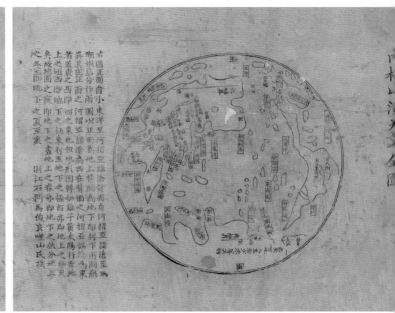

5.2.1 治世垂暮：清代社会历史背景

作为中国历史上最后一个封建专治王朝，清初借由新政权统治者锐意进取、革新除弊的创国精神，以及躬亲实务、注重实效的勤政作为，积极吸纳汉族及异域的先进文明，加强与各少数民族的交流联系。大清建立了中国历史上又一个幅员辽阔的帝国，全盛时期版图面积达1300余万平方千米。

各种有利条件汇聚一时，然而闭关锁国政策严重隔绝了与外部世界的交流与了解，使中国失去了持续适应世界变迁的机遇。由此，中国转向劣势的速度空前加快，19世纪中叶，终于彻底落后于西方。1840年鸦片战争失败，旧有发展秩序被打乱。至此，中国古代自我轮回的社会演变遂告终结，沦入半殖民地半封建社会的深渊。

上左：海国闻见录四海总图. 清. 馬俊良
上右：内板山海天文全图. 清. 馬俊良

制图年代：乾隆五十五年前后（1790年）
原图尺寸：挂幅142cm×73cm

图题《京板天文全图》，是由三幅地图配合文字说明组成。图上方为东西两半球图，左图《海国闻见录·四海总图》，文字说明是采自雍正八年（1739年）陈伦炯撰《海国闻见录》附图；右图《内板山海天文全图》，是摹自万历十二年（1584年）利玛窦（Matteo Ricci，1552—1610）所绘《山海舆地全图》。

右页：北京颐和园八旗兵营图. 清

收藏于美国国会图书馆，全图以颐和园为中心，着重绘出了遍布于颐和园周边的八旗兵营。

1. 政治制度

清政权是以满洲贵族为主体的满汉官僚联合执政，专治主义中央集权达到极致。清初中央政府仿效明朝，设置内阁，另源于满族旧俗，军国大事往往不经内阁而由议政王大臣商议决定，即"八旗会议"。皇太极继承汗位后，逐渐确立君权，顺治帝集中君权，康熙帝设南书房，扩大君权，雍正帝设立军机处，将权利完全收入囊中。清末，以鸦片战争为节点呈现新的变化，"君主立宪""民主共和"等开始冲击了现有的政治制度，皇权受到一定制约。

2. 经济发展

清时我国经济发达，人口大增。农业上为满足不断增加的粮食数量需求，采取开垦荒地、移民边区及推广新作物等政策提高生产量。手工业在康熙中期后也逐步得到恢复和发展。至乾隆年间，江宁、苏州、杭州、佛山、广州等地的丝织业都很发达。江南的棉织业、景德镇的瓷器都达到了历史高峰，民间手工业十分兴盛。同时，清朝的商业发达，商品货币经济空前活跃，全国分成十大商帮，其中晋商、徽商支配中国的金融业，闽商、潮商掌握海外贸易。

3. 科学技术

清代官方和学术界都不重视科学技术和生产技术的发展，明末清初不少外国的传教士带来了西方科技，但未得到重视。清中叶闭关锁国，清朝和外部世界的联系更加阻隔。科学技术的落后使得中国更加贫困积弱。清代科技只在医学、天文、农学等某些传统领域略有发展。

4. 文化艺术

清时的思想家经历了明王朝的衰败与灭亡，开始从亡国之痛中重新评价儒学和理学，提出不少新论说。学术界一时呈现诸家争鸣的活跃局面。代表人物有黄宗羲、顾炎武、王夫之等。他们精于经学、史学和文学，总结和发展了中国传统的唯物主义，批判了程朱理学的唯心主义，是中国启蒙主义思想的先驱。同时文学艺术繁荣，市民文化兴起，清朝文学多元发展，兼容并包历代之文学特色，戏剧创作也有了较大的发展。

1645 清 顺治二年 正月 潼关失守
李自成率余部13万人撤离西京，十九日清豫亲王多铎率大军至西安，进入西安城。

清 顺治二年 正月 沿设西安府

1649 清 顺治六年 是年 拆毁明秦王府，修筑满城
在西安城内东北隅修筑八旗驻防城，是为满城。

1656 清 顺治十三年 是年 整修西安城
陕西巡抚陈极新整修西安城，疏浚城壕，修复东门正楼和南门箭楼。

1664 清 康熙三年 是年 疏浚二渠
陕西巡抚贾汉复疏浚通济、龙首二渠。

1683 清 康熙二十二年 是年 修筑南城
于端履门以东城东南隅修筑汉军驻防城，是为南城。乾隆四十五年（1779年）汉军出旗，南城废。

1705 清 康熙四十四年 十一月 广仁寺建成
藏传佛教喇嘛寺——广仁寺，在西安城西北隅建成。

1723 清 雍正元年 是年 都城隍庙烧毁重建
位于西大街的都城隍庙被火烧毁，川陕总督年羹尧扩充重建。

1737 清 乾隆二年 九月 疏通二渠
陕西巡抚崔纪行疏通龙首、通济渠，引水注入西安城壕。

1763 清 乾隆二十八年 是年 修葺城墙疏通护城河
陕西巡抚鄂弼修葺西安城墙，疏通护城河。

1772 清 乾隆三十七年 是年 重修西安碑林
陕西巡抚毕沅重修西安碑林并由府衙直接管理。

1775 清 乾隆四十年 是年 毕沅疏通通济、龙首二渠

1781 清 乾隆四十六年 十一月 大规模整修西安城墙
毕沅开始大规模整修西安城墙。全面修补墙体，加固城楼、角楼和垛口，疏浚城壕。

1825 清 道光五年 是年 疏浚龙首渠
陕西巡抚卢坤疏浚龙首渠，引渠水入护城河。

1893 清 光绪十九年 十月 《陕西省城图》完成
陕西省舆图馆测绘的《陕西省城图》完成。这是西安首次实测的大比例尺平面地图。

1900 清 光绪二十六年 九月 慈禧抵达西安
初四慈禧太后和光绪一行到达西安，以陕西巡抚部院（北院）为行宫。

（1616—1911年）

陕西省统府七直隷州五廳八州五縣七十三西安府為省會在京師西南二千五百三十五里西安府之南興安府至省六百八十里其西南漢中府至省一千六十五里其東南商州至省三百里其西北乾州至省一百六十里邠州至省三百二十里鳳翔府至省三百六十里其東北同州府至省二百四十里綏德州至省一千一百里其北鄜州至省五百五十里延安

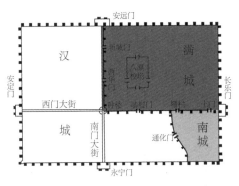

清代西安城内的满城和南城位置示意图.
2013. 史红帅

清初满城兴建，极大强化了西安城的军事职能。康熙二十二年（1683年）清政府又向西安增驻左翼八旗汉军，修筑"南城"作为其驻防城，将西安城"西北军事桥头堡"的地位推向极致。

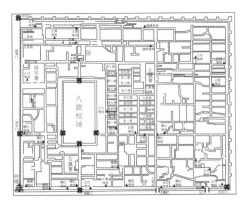

清代西安满城街巷分布与堆房示意图.
2013. 史红帅

《咸宁长安两县续志》记载："满城周二千六百三十丈，为十四里六分零"。其"东西距七百四十丈，为四里二分零；南北距五百七十五丈，为三里一分零。"

5.2.2 三城并置：清代空间格局变化

清西安府城是在明西安城基础上营建的，新的统治需求带来了空间的变化，从满城置入伊始，明西安城的空间格局就已被打破，并呈现出因满城建设所带来的突发性城市形态变化。

1. 变形——从"回"字重城到"一城两区"

明代以秦王府城和大城所组成的"回"字形重城格局实现了城市格局的规整化。通过四街、四门，将城区自然划分为四隅，这为城内各功能区的逐渐形成与发展奠定了良好的基础。

西安满城没有像宁夏满城那样建于城外，与原有城市相对独立，也没有像太原满城那样在城内形成独立的城堡，构成典型的重城结构，而是采取了折中的方式，使城东北隅满城范围内与大城其他区域在军事部署、生活习俗、宗教习惯等方面相对独立，又可在军事布防上通过大城城墙的联系形成一个统一的整体，南城延续这样的做法。由此，整个西安城就由三个相对独立的部分组成，即汉城、满城和南城，总体上构成"一城两区"的空间态势。

清时满城城墙不仅成为军事意义上的分界线，也成为满族与汉、回族居住区的分界线。自明初城池扩建以来形成的四隅城市格局到清代则发展为城市东西部的分治格局。从明代"回"字重城结构到清代"一城两区"的东西隔离形态，便是大城之中建造军事驻防城的直接后果。满城与南城的内部建设，如齐整的街巷、多样的宗教信仰等都呈现出与大城其他区域迥然不同的特点。因有八旗军兵家属居住其中，满城在作为军事区之外，还兼有满人生活社区的职能，而且还是一个功能相对完善的庞大社区。除军事设施以外，其中众多的祠宇庙观可以满足满人的信仰需要，学校等则供其子弟读书。

2. 失衡——中心的消失与商业文化功能的转移

以钟楼为中心的东、西、南、北四条大街形成的十字格局随着满城的兴建而消失，钟楼成为满城的一座角楼，无论对于汉城还是满城来说，都已失去中心的地位，汉城开始以南、北院官署区为中心发展。如果说明代的西安

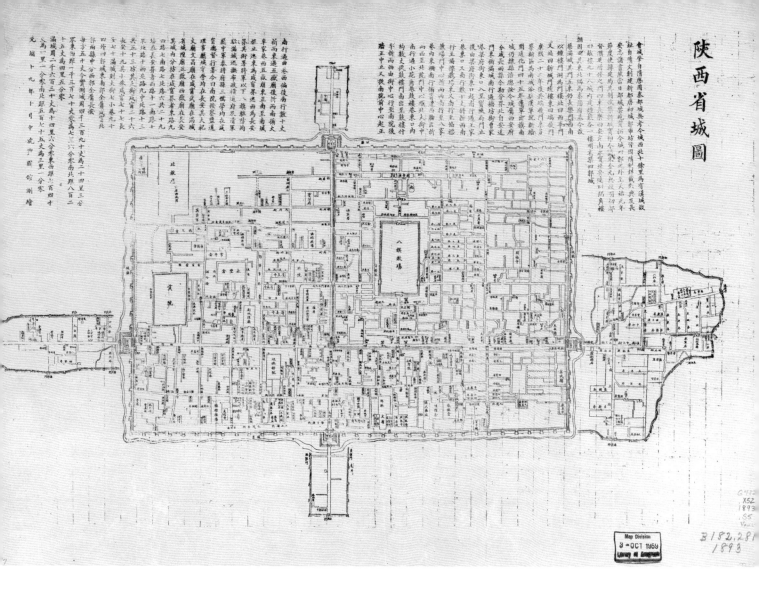

陕西省城图. 清. 陕西省舆图馆

年代：清光绪十九年（1893年）

尺寸：37cm×53cm

图题《陕西省城图》，主要描绘清代西安城内街道、建筑的布局与各种建筑的分布情况。图中未标示方位与图例，但图上方为北。图上方空白处附图说，简略描述周秦以来西安历史；其次描述清代在城内东北隅原秦王府基址建置满城经纬、修建西安城的历史经过；另叙述城内官署衙署、庙宇的分布及绘制本图的经过。

城还有秦王府城作为形式上的中心，那么到清代则连这一形式中心也最终消失，城市格局因军事性质的增强而显现出畸形、失衡的空间特征。

满城与南城作为具有隔离性的军事重地，在一定程度上打乱了明代较为均衡的城市功能分区，占据约45%的城市空间，在挤压汉城各功能空间的同时，也促进了其集中化的趋势，功能区的分布和发展逐渐稳定下来。满城与南城的兴建导致明代官署分布较多的东大街南侧地区交通不便，空间狭小。因此清时除咸宁县署等极少数低级官署位于满城南墙南侧外，其他官署均在城西择址，以"南、北院"为中心布设。

清代山陕总督府位于今南院门西安市委大院，陕西巡抚署则沿袭了明代旧址，位于今西大街东段鼓楼之北的"北院"。二者南北相对，形成了西安汉城政治核心区。慈禧太后与光绪皇帝庚子年（1900年）避难西安时以北院作为"行宫"，众多各级官署在其周边呈团状分布。城内商业也不断向南、北院门邻近地区聚拢，随同慈禧太后和光绪帝陆续抵达西安的达官贵人、商贸富户纷纷聚居于此。全国各地进贡的银两、物品也向该区域汇聚，银铺、商号等如雨后春笋般开办起来，这一地区的商业呈现出前所未有的繁荣。

同时满城和南城阻滞了自城东入城的通道，东关城作为东来货物的集散地而在清代发展成为较独立、人气颇高的城东商业集中区。

3. 确立——形式、规模、名称相同的四门建制

西安城墙四个城门至1782年以前，因建筑年代不同，风格、形式都是各随其便，杂乱无章。城门乃一省都会之脸面，混乱的城门建制，实不堪用。为壮观瞻，1782年陕西巡抚毕沅亲自组织城门改建的统一规划，按照统一风格、建置和形式改建了四城门正楼、箭楼与闸楼。

毕沅修建的城楼外形、功能因循旧制，与明代的城楼大体相同。对沿城墙马面上的敌楼进行形制修改。清朝火器使用增多，明朝所建的原二层重檐歇山式敌楼过高，目标显著、易遭攻击，不能满足防御的需要，毕沅将其改建成硬山式面阔三间的驻兵卡房，共49所，另修四所官厅，供巡城的长官使用。另对角楼、垛口等均按照旧制进行了全面的修葺加固。

5.2.3 修筑整葺：清代西安城墙建设

清代把对省城城垣的修葺，作为考核地方官的政绩之一。故陕西历任地方官吏，对西安城垣多有修葺。重要维修就达十余次，其中以乾隆四十六年（1781年）至五十一年（1786年）的工程规模最为浩大，耗费人力、物力、财力最多，由此奠定了西安城池在清中后期直至近代的多次战争中未曾失守的城防基础。

1. 大城之墙

"清代直省城垣所在，修理之事责之督抚州县官吏，倾圮者
有罚，修葺者有奖"

——［民国］朱伯鲁《续修陕西省通志稿·城池》

中国清代城墙样式. 清. 佚名

《中国建筑彩绘笔记——工具与样式》
Essai sur l'architecture chinoise 共2册，完成于
18世纪。

自明洪武十一年修建完成之后，西安城墙历经风雨，毁损状况逐渐加剧。乾隆四十二年（1777年）十一月，陕西巡抚毕沅奏报西安城墙状况称，"现今城楼、堞楼等项风雨飘摇，木植渐多朽腐，砖瓦亦多鳞酥。其城身则外砖内土，雨水浸渗，渐多鼓裂，亦有鳞卸剥落之处""若不早为修补，恐历时愈久，需费愈多"。

姑苏繁华图（局部）. 清. 徐扬

全长12米多，画面"自灵岩山起，由木渎镇东行，过横山，渡石湖，历上方山，介狮和两山之间，入姑苏郡城，自胥、盘、胥三门出阊门外，转山塘桥，至虎丘山止"。据统计，画中约有一万两千余人，近四百只船，五十多座桥，二百多家店铺，两千多栋房屋。

从城市防御角度而言，乾隆四十二年毕沅上奏时，距乾隆二十八年（1763年）城墙维修工程已过去了14年之久，西安城墙城身、城楼、卡房、官厅等倾圮、损毁严重，不仅无法满足城市防御需要，而且若不及早维修，日后一旦倒塌，维修代价势必更高。因而，倾圮损毁的严重状况是城墙亟待维修的主要原因。

从城市地位而言，清前期的西安城以"遥控陇蜀，近联豫晋，四塞河山"的重要地理位置，被誉为"西陲重镇，新疆孔道，蜀省通衢"，但城墙"倾卸迨半"，这种破落的城市景象自然难以与汉唐故都和西北重镇的地位相匹配，因而从乾隆皇帝到陕西地方官员都逐渐形成了西安城墙"非大加兴作，不足以外壮观瞻，内资守御"的共识，也就加快了城墙大修的进程。

乾隆四十四年（1779年），毕沅会同陕甘总督勒尔谨对西安城墙状况进行了"细勘"。四十六年（1781年）十一月，毕沅首次明确以《奏修西安城墙事》为题具奏乾隆皇帝。从乾隆四十六年底开始，陕西官府开展了一系列筹备活动，乾隆四十九年初，乾隆皇帝命工部侍郎德成留驻西安勘估城工，会同巡抚毕沅、布政使尚安、按察使永庆等逐段查勘城墙，形成勘察报告。并建议西安城墙维修必须"全行拆卸，大加修理"。乾隆皇帝在批复中强调了两点：第一，西安城是汉唐故都所在，城垣维修"不得存惜费之见"，"即费数十万帑金亦不为过"；第二，西安城墙各项建筑规模、位置等"务从其旧，不可收小"。

此后，资金"不惜费"、规模"从其旧"便成为城墙维修的两大基本原则，确保了西安大城城墙能够延续明初扩建以来城周近28里、占地约11.6平方千米的庞大规模。

2. 满城之墙

"自钟楼东至长乐门南，北至安远门东"

——［清］高廷法等《嘉庆咸宁县志》

从雍正《陕西通志》卷六《疆域·图》所附《会城图》分析可知，满城南墙和西墙的厚度远不及西安大城，但城墙高度似与之大体相当。满城借用大城东墙、北墙，使东门外月城、瓮城与大城和满城构成一个完整的防御体系，一方面满城的安全颇有赖于西安大城防御能力，另一方面如敌军兵临西安东关城时，其月城、瓮城上的守军不但可以得到来自大城各处城垣守军的支援，同时亦可以得到满城守军的支援。

从《会城图》上还可以看出，清前期满城西墙和南墙上仅有垛口而无敌楼、马面等军事防御设施，二墙所开诸门亦未建门楼，这也是新筑的满城与西安大城在形制上的

明显区别之处。不过到了清中后期，情况又发生了一些变化，满城西墙所开之新城门、西华门及南墙所开端履门都筑起了单层门楼，这从嘉庆《咸宁县志》卷一《县治东路图》中可以清楚地看出来。

据《大清一统志》记载，"乾隆五十一年修（满城）"，而在毕沅大规模修筑西安城垣时，满城的修筑也是一项重要的工作，估计满城西墙之新城门、西华门及南墙之端履门的门楼正是在乾隆五十一年新盖起来的。

满城的城门数量和名称曾发生过一些变动。清初顺治二年（1645年）始筑满城时共开有五个城门，这在康熙《陕西通志》、康熙《咸宁县志》和康熙《长安县志》三种志书的《会城图》中都有反映。至于五门的具体名称，据乾隆《西安府志》云："东仍长乐，西南因钟楼，西北曰新城，南曰端礼，西曰西华。"

上述五门是满城始筑时的情况，后来满城增设了两个便门。据雍正《陕西通志》卷六《疆域·图》之《会城图》和嘉庆《咸宁县志》卷一《城图》及《县治东路图》，满城南墙东段尚开有栅栏（大菜市）和土门，是康熙二十二年（1683年）修筑南城后为方便南城与满城的联系而专门开置的便门。所以后来的满城实际上共有七个城门。

满城的西南门和南门的名称在清代中后期也曾有过变化。嘉庆《咸宁县志》谓："（满城）门四，南日钟楼，钟楼北日西华，又北日新城，钟楼东日端履。""门四"之说是未将东门长乐门计算在内的，但此记已能说明满城西南门在清中后期已称用"钟楼门"，而南门也已成"端履门"了。

3. 南城之墙

"康熙二十二年添驻汉军，复于端履门至东城门之间筑墙，抵城南垣，为南城。"

——［清］高廷法等《嘉庆咸宁县志》

以嘉庆《咸宁县志》卷一《疆域山川经纬道里城郭坊社图》所附《城图》和《县治东路图》对照今西安城区地图分析，康熙二十二年（1683年）始筑南城时，大致为北墙借用满城南墙的东南段（尚德路南口以东），东墙借用西安城东门以南的城墙，南墙借用西安大城今和平门以东的城墙，新筑西城墙的位置约为今马厂子、东仓门一线，其城墙呈西北-东南走向。南城的形状大致呈北长南短、东直西斜，并且西南角缺失的不规则梯形。据今西安城区地图量算可知，南城北城墙的长度约为1千米，南城墙长度约为0.75千米，东城墙约为0.6公里，西城墙（斜线）长度约为0.75千米。

十二月月令图–十二月. 清

清院本《十二月月令图》全套共十二幅，描写一年自农历正月到十二月间，民间各种节令与习俗的风俗画。此套图轴可能由清乾隆初年宫廷画家合作完成，曾经在乾隆帝宫廷里悬挂，现藏于台北故宫博物院。

5.2.4 五方杂处：清代城市生活图景

中国在农业社会时期主要靠权力配置资源，城市发展的主要动力是政治。西安府作为省会，是行政机构聚集的中心，中央、省、市、县等各级机构都在此驻有机构，加之满城和南城的营建，军事中心功能不断强化。这两者共同成为促进清代西安城市、社会、经济生活发展的核心动力，即便是资本主义萌芽和全国性商品大流通的发生，也未能改变政治军事在西安城市发展的核心属性，也因此导致了清西安与其他东南地区省会城市在发展内容和方式上的差别。

据载，乾隆年间，西安府的人口众多，"是古称极盛时，尚不逮十分之一"。[1]此时，共治于西安府城的长安、咸宁二县已近60万人口。人口的增长为西安成为西北的政治、军事和商贸重镇奠定了重要基础。

1. 管理制度

西安作为区域最高行政中心的地位进一步得以巩固。清代陕西省的最高政府机构都驻在西安。陕西巡抚部院、提督学政、布政司、按察司并治于此，陕甘总督、川陕总督治所也在西安。同时作为西北乃至西部地区的军事中心，清代西安两个驻防城的建立使得军事管理与行政管理分离。满城和南城作为军事管理区，承担镇守西北的职能，八旗驻防西安是清政府在陕西统治的重要支柱，满城中的八旗驻防设将军1人，满洲左右翼副都统各1人，汉军左右翼副都统各1人，满洲协领8人，西安驻防八旗兵数目远超内地和沿海诸省。军队及家属成为城市人口的重要组成部分，军事对城市发展的作用大大提高，而且城市形态布局也实现了军事化转变。

① （清）舒其绅等修严长明等纂　清乾隆四十四年（1779年）《西安府志·食货志·户口》。

2. 商业生活

"外省籍会馆在城中心地带的建筑占地广大。各省会馆仅为来自该省的人服务。来自汉口的皮货商可寄湖北会馆。从北京来西安钱庄办事的人可去直隶会馆。出门在外的人，逗留西安期间都会受到本省会馆的欢迎。商人可在会馆内预订一间房子，用于接待有生意往来的人。"

——［美］弗朗西斯·亨利·尼科尔斯《穿越神秘的陕西》

随着社会分工的进一步扩大，全国各地商业交往日益频繁，多层次、多样化商路的开辟，以及陕西尤其是关中地区农业和手工业的迅速发展，都极大地促进了西安城市内部市场的繁荣和商人会馆的蓬勃兴起。清代西安地处华北、中原通往西北、西南的交通要冲，遂成为华北、西北与西南地区商品流通的中转地，是一个庞大的商品集散地，是西北地区重要的商业都会和经济中心。

1907年陕西藩台衙门. 清. 爱德华·沙畹

1907年的陕西藩台衙门，门楼高大雄伟，工艺精致，两边旗杆高高耸立。藩台衙门是布政使司的俗称，位于今西安市鼓楼东北的粮道巷。

据乾隆四十四年《西安府志》载："西安知府系冲繁疲难最要缺。遇有缺出，请旨简用。所属有同知，通判，经历，知事，司狱，儒学教授，训导。阴阳正术，医学正科，僧纲司，道纪司。"可见此时西安府职官的基本构成。

——《西安府志·卷二十六·职官志》

连接	输出	输入
西北地区的皮革、毛皮、毛纺织、羊毛、驼毛以及药材、水烟等经西安运销东南沿海地区，东南地区的布匹、绸缎及湖广地区的茶叶经西安运销新疆、青海、宁夏、甘肃等地	粮食 菜油 棉花 木材 牲畜等	与山西商业关系密切，盐、铁、煤及许多日用品多依赖山西货

由于商业贸易业的发展，康熙以来，西安即形成若干的专业性市场。西安城内的商业市场有粮食市（四牌楼）、布市、面市（马巷坊）、大小菜市（满城内）、糯米市（通政坊）、骡马市（跌水河西）、羊市（咸宁县治东）、猪市（粉巷）、鸡鹅鸭市（鼓楼前）、木头市、仿板市（开元寺东）、瓷器市、鞭子市、竹芭市（俱在鼓楼前）、草市（跌水河）、东郭有粮食市、果子市，南郭有青果市。城内钟楼西的店铺有棱布市店、云布店、红店、纸店、壶瓶店、细缎店、南京摊。钟楼前有书店、金店、椒盐摊。东关有盐店、药材店、棉花店、糖果店、生姜店、过客店。北关有锅店、过客店等等。[①]从这些记载来看，清代西安城内市场店铺多以行业分类集聚，形成专门化市场；市场分布的一个显著特征就在于核心商业区与官署区的范围有重合；而满城几乎是

清末民国初的西安钟楼附近

---

① （清）黄家鼎修　康熙七年（1688年）
《咸宁县志·建置·市镇》

商业的空白区，这主要是与清政府要求八旗子弟以骑射为务，严禁从事商业的政策相关。钟楼附近及南院门一带商业区的兴盛，与这里人口稠密及官署分布众多紧密相关，南大街两侧及东关城商业区的兴旺则与地处交通要道的有利位置有关。总体而言，带状与点状分布的市已经初步形成了清代西安商业格局的基本骨架，市场的行业划分也相当细致，众多同行业店铺聚集一市，在一定程度上实现了规模经营的优势。

3. 经济生活

鸦片战争以后，在内忧外患环境下，清政府为了维护其统治，先后发动了洋务运动和清末新政等自强运动。西安虽地处西北内陆，自然经济根深蒂固，但仍然不可避免地受到西方先进生产技术影响。晚清时期西安传统经济被打破，新的现代化因素被注入，西安现代化的萌芽也开始出现，从而使西安城市经济的发展开始进入新的历史阶段。

在晚清从道光二十年（1840年）至宣统三年（1911年）的70余年间，西安城市经济的早期现代化在不同时期表现出不同的发展势头，主要可以分为以下几个阶段：

第一阶段，鸦片战争至中日甲午战争（1840—1894年）。洋务运动引发了清政府的改革步伐，西安的近代军事工业开始出现。西安近代工业起步较晚，并且以军事需要为主导因素，这导致西安近代工业在此阶段呈现出发展不平衡的特点。伴随军事工业的兴起，洋务派继而兴办了一些民用工业，从而导致一些近代化的设施逐渐发展。

1840—1895 年西安主要近代工业设施

军事需要	民用工业
同治七年（1868 年）创设西安机器制造局	光绪十六年（1890 年）西安电报局成立
光绪二十七年（1895 年）设立陕西机器局	

第二阶段，中日甲午战争至八国联军侵华（1894—1900年）。马关条约的签订引起举国上下的强烈反响，这一时期，维新思想活跃，引发民族觉醒。由于清政府改变了过去严加限制的老办法，而允许民间设厂，遂使中国民族工商业有了初步发展的机会。这一时期，西安的近代化发展几乎停滞，但维新思想逐渐活跃。开办了官办的秦中书局，购置了西安第一台铅字印刷机，创办《秦中书局汇报》——西安第一份官报。光绪二十三年（1897年）西安最早的民办报纸《广通报》创办，转载外省的时论文章和时闻报道，宣传维新。在实业救国的爱国驱动下，陕西

亲蚕图–第四卷献蚕（局部）.
清. 郎世宁、金昆等

尺寸：51cm×639.7cm

此套《亲蚕图》由清乾隆朝郎世宁、金昆等十位供职画家合作。全部共四卷，分别描绘清乾隆九年孝贤皇后行亲蚕礼的诣坛、祭坛、采桑、献茧四个场景。第四卷，献茧：皇后坐殿上，众嫔妃跪进蚕茧。

的绅商和士人也积极筹款开办纺织局，并派人到湖北织布局学习技术。

第三阶段，清末新政至辛亥革命（1901—1911年）。在辛丑条约签订后，清政府迫于压力，被迫宣布实行"新政"，在一定程度上促进了全国现代化发展，西安也不例外。这一时期，西安的近代商业、金融、工业都有所发展。

清末西安的工商业设施

工业	其他
光绪三十年（1904年）北院门开办陕西工艺厂（首家官办手工纺织工厂）	光绪二十八年（1902年）西安邮政局和西安洋务局成立
光绪三十年（1904年）筹设森荣火柴公司（首家火柴厂）	光绪三十一年（1905年）南院门建造楼房10楹招商开业，即后来的"西安第一市场"
宣统元年（1909年）成立西潼铁路公司	光绪三十四年（1908年）陕西商务总会成立
	宣统元年（1909年）大清银行陕西分行成立
	宣统元年（1909年）西安出现惠丰祥、庆丰裕、文盛样等10家"洋货铺"

总之，清末政府在外忧内患的背景下，为了维护统治，掀起了洋务运动和清末新政等自强运动，中国开始了现代化转型，西安也以兴办近代军事工业为开端，走向缓慢的现代化转型时期。随着商品经济逐步走向繁荣，交换的进一步扩大，客观上要求与之配套的近代民用工业、金融业、交通通信、邮电业的相应发展。于是，在传统的基础上又出现了银行、邮政、电报等新的城市经济行业。新式银行、邮电通信和现代化工厂的出现，标志着西安现代化的开始。

画珐琅黄地牡丹纹蟠龙瓶. 清

收藏：台北故宫博物院

4. 文化生活

入清后，西安地区的戏曲发展又汲取了新的营养，其中西安本地杰出的女作家王筠贡献最为突出。王筠，字松坪，号松窗女史，长安县人，人称"长安才女"，她的大型剧本《繁华梦》《全福记》等都是以女子的奋斗为主题，反映了作者对于男女平等、要求解放妇女思想的追求，可同《牡丹亭》《桃花扇》这些名剧的精神追求相媲美。这一类剧本的出现，促使秦腔的内容不断丰富，扩大了秦腔的影响力。此时的秦腔已成为雅俗共赏的曲种。

同时，方志学在明代基础上继续发展，尤其是乾隆时巡抚毕沅任上，组织一大批以乾嘉朴学为代表的著名人物，对陕西方志的修纂做出了巨大贡献。这些学者"敷政之暇，授碑碣以订金石，稽掌故以续文献，故关辅志乘，多成于斯时。"

A soldier going to barracks

Seller of rattan baskets

Director visiting a ho

A "Chuang yuen" (L.L.D.) the conferred as the chief literary examination has

Burning paper on of reday of 10th moon, the festival for

A Bricklayer

Fried cakes vours outlets

Plastering of thales requests for a son, mon

Free charity of tea to

A painter

"Raising the wind"

Shoeing horses, mules, to they are strapped up

A seller of Horse-fl

陆 变通——民国西京

奥斯伍尔德·喜龙仁（Osvald Siren，1879—1966年）于1921年拍摄的西安钟楼

我们生活在真实的中国，不是青花瓷器或精致画轴上的中国，

却是逼处于痛楚苦恼的中国，

是一个面对着崩溃的帝国与文化的中国，

是一个数万万人口的勤劳社会的中国，

充满着工作与求生的欲望，反抗大水饥荒土匪绑票的奋斗，生活在杂乱的现状而毫无办法，骚扰而没有一定的方向，战祸频仍而不能改造环境，多行而寡信，行动而无目的，惨愁而无希望。

——林语堂《中华民国的真相》

民国

辛亥革命　袁世凯执政　北伐战争　抗日战

武昌起义爆发，辛亥革命推翻清朝政府	1911年
中华民国成立	1912年
第一次世界大战爆发，日本入侵山东	1914年
日对中提《二十一条要求》	1915年
袁世凯退位	1916年
胡适发起文学改良运动	1917年
五四运动爆发	1919年
中国共产党成立	1921年
黄埔军校开学	1924年
孙中山去世	1925年
国民革命军誓师北伐	1926年
南昌起义，第一次国共内战开始	1927年
北伐完成，全国统一	1928年
九·一八事变，日军侵华战争开始	1931年
一·二八事变，满洲国成立	1932年

中国世界

公元 20 世纪 10 年代　公元 20 世纪 20 年代　公元 20 世纪

1914年	萨拉热窝事件，第一次世界大战爆发
1917年	俄国爆发十月革命
1918年	第一次世界大战结束，德意志帝国灭亡
1919年	凡尔赛条约签订
1920年	国际联盟正式成立，总部设于瑞士的日内瓦
1921年	第一辆由无线电操纵的汽车在美国试验成功
1922年	加拿大医生班廷首次使用胰岛素治疗糖尿病
1923年	人类首次不停顿横贯大陆飞行
1924年	英国第一家航空公司宣告成立
1925年	罗加诺公约签订
1928年	英国医学家弗莱明发现青霉素
1929年	世界经济大萧条
1930年	美国天文学家汤博宣布发现冥王星
1931年	日军侵华战争开始

解放战争 新中国成立

中华人民共和国成立 —— 1949年

共产党解放东北全境 —— 1948年

台湾二二八事件 —— 1947年

解放战争开始 —— 1946年

抗日战争结束，国共签订双十协定 —— 1945年

豫湘桂会战 —— 1944年

开罗宣言发表 —— 1943年

中国远征军入缅作战 —— 1942年

美国、英国和中国向日本宣战 —— 1941年

汪精卫于南京成立伪国民政府 —— 1940年

毛泽东发表《论持久战》 —— 1938年

卢沟桥事变，抗日战争爆发 —— 1937年

西安事变 —— 1936年

遵义会议，一二·九运动爆发 —— 1935年

公元20世纪40年代

第一次中东战争结束，北大西洋公约组织成立 —— 1949年

第一次阿以战争爆发 —— 1948年

印度和巴基斯坦独立，第一次印巴战争 —— 1947年

第二次世界大战结束，联合国成立 —— 1945年

中、美、英发表开罗宣言 —— 1943年

日本偷袭珍珠港，爆发太平洋战争 —— 1941年

德国入侵波兰，第二次世界大战爆发 —— 1939年

慕尼黑协议签订，德国占领苏台德区 —— 1938年

爱尔兰独立，西班牙发生内战 —— 1937年

卓别林的《摩登时代》在伦敦上演 —— 1936年

豪华客轮若曼底号创造横越大西洋速度纪录 —— 1935年

民国

1912—1949 年

中国 + 世界

变革与连续性　两次世界大战

1912年辛亥革命孙中山与众将士合影　1943年英、美、苏三国领导人在伊朗召开德黑兰会议

政　局　动　荡

——政局动荡、战事频发，多重统治区域分立，中国社会始终处于战乱状态，民众难以聊生。

文　化　转　型

——以五四运动为代表的"新文化"思想运动对传统道德和社会秩序进行了反击，从传统社会走向现代社会，转型剧烈。

第　一　次　世　界　大　战

——西方资本主义国家为重新瓜分世界和争夺全球霸权而爆发的一场世界级帝国主义战争。

第　二　次　世　界　大　战

——由德意日法西斯挑起，是人类历史上规模最大的世界战争，以赢得世界和平与进步而告终。

"事功者一时之荣，志节者万世之业。吾志所向，一往无前；愈挫愈奋，再接再励。惟愿诸君将振兴中华之责任，置之于自身之肩上。"

——孙中山《建国方略》

6.1 开放：民国时期西京城市变革

1912年的辛亥革命结束了一个王朝，更终结了绵延两千多年的封建帝制。中国社会虽然在体制上走出了"你方唱罢我登场"的封建轮回，却依然需要面对半殖民地半封建社会的复杂现实。即使辛亥革命推翻了清王朝，但并未结束帝国主义在中国的经济侵略和政治压迫，更无法将融入中华民族血脉的传统价值观念彻底根除。中国开始了政治、经济、文化等诸多方面向现代社会转型的艰难历程，以御外侮之侵略，图民族之振兴。民国成立后的37年，中国社会始终处于动荡当中，内战、革命、入侵，战事连绵不绝，经济、社会、文化领域辗转求存，缓慢变革。封建自然经济逐渐解体，现代工业开始萌生。

民国西安城在响应武昌起义的炮火中，逐渐打破清满城军事壁垒的限制，进入现代城市的发展进程。满城随着清王朝的结束被拆除。北洋政府时期，地方政权更换频繁，城市建设滞后，1932年西安被确定为陪都后，改名"西京"，城市建设得到高度重视，面貌逐步改观。

时局图. 清. 谢缵泰

年代：1898年
来源：香港《辅仁文社社刊》

《时局图》是中国近代时事漫画的代表作。它把19世纪末（中日甲午战争后）中国面临的被帝国主义列强瓜分的严重危机，及时地、深刻地、形象地展示在人们面前，起到了警示钟的作用。图中熊代表俄罗斯，犬代表英国，蛤蟆代表法国，鹰代表美国，太阳代表日本，香肠代表德国。生动形象地反映了封建帝国已沦为半殖民地半封建国家的历史现实。

6.1.1 动荡变革：民国时期的社会历史背景

民国是中国历史上又一个大转变时期，半殖民地半封建社会的混乱局面进入尾声。辛亥革命后，政局动荡，政权更迭，战争频发，封建社会逐渐瓦解，新的政治经济体制开始构建。虽经历战乱，现代资本主义工业萌芽依然在夹缝中艰难前行，商业、金融业、交通运输业缓慢发展。西方列强的租界带来异域的文化与生活方式，对近代沿海开埠城市影响巨大。"五四运动"后新文化新思想开始触动传统价值体系，拉开了近代中国文化启蒙的帷幕，民主与科学一时成为民国风尚，带动社会进步。

1. 政治制度

民国共经历南京临时政府、北洋军阀和国民政府三个阶段，加之民国后期的日本侵华战争和解放战争，使得不同政权的统治区域并置分立，实际上中国并未实现真正的统一。南京临时政府昙花一现，袁世凯篡权之后，北洋各军阀拥兵自重，自成一统，独立控制各自的军事辖区。国共合作结束了北洋军阀统治，蒋介石不断强化一党专政的独裁统治，中国共产党则领导武装起义、开辟根据地、建立民主政权、实行工农武装割据。民国时期，先后出现了三种统治区域：国民党统治区、共产党革命根据地以及日本侵略者占领区，这样的多重统治区使得中国社会呈现出多种政治格局。

1930年代上海外滩租界

2. 经济局势

辛亥革命后，新的共和政府连同财政体制改名换姓，与清代相比，中央依然难以控制税收来源，除关税和盐税外，大部分税收由各省自行管理。特别是田赋等重要税收实际被各省控制。大量外债使得民国期间的经济增长缓慢，虽然沿海开埠城市，诸如上海、广州的发展不亚于同时代的西方城市，但全国仍有近75%的人口生活在落后的农村地区，整个中华民国仍属于农业国家。1927年南京国民政府成立，其后九年，国民经济有所好转，1937年日本侵略战争又让国家陷入内耗，抗战结束后的内战更是造成经济无法稳定发展，通货膨胀严重。

1930年代西安南大街，远处为钟楼和鼓楼

3. 文化转变

1919年爆发的"五四运动"代表了新文化与传统儒家文化的决裂，也是对传统道德和社会秩序的思想反击，民国知识分子质疑传统社会的核心价值观。鲁迅在《狂人日记》中写道："我翻开历史一查，这历史没有年代，歪歪斜斜的每页上都写着'仁义道德'几个字。我横竖睡不着，仔细看了半夜，才从字缝里看出字来，满本都写着两个字是'吃人'……！"辛亥革命结束了封建君主专政，但延续了二千余年的封建思想无法在一夜之间灰飞烟灭，社会处于新旧文化的交替、转型时期，"五四运动"前后，一些积极的革命者开始行动起来，各种思潮与党派纷纷建立，探索新时代的民族振兴之路。

新青年（4卷5号），1918年

《狂人日记》首发于1918年5月15日的《新青年》（4卷5号），后收入《呐喊》集，编入《鲁迅全集》第一卷。是鲁迅创作的第一个短篇白话日记体小说，也是中国第一部现代白话文小说。

1912年被攻陷后的满城

《西安通史》在记述拆除满城时说："满城的拆除，既打破了人为划定的界限，使整个西安城重新连为一体，使城东北部大片土地的功能得以彻底改变，为以后新市区建设提供了广阔的发展空间。"

——《西安通史·第七编·第六章》

6.1.2 四街格局：民国西京城市空间变革

清西安满城的修建强化了城市的军事功能，但严重束缚了城市发展，使西安的社会、经济、文化、城市建设远落后于同时期国内其他大城市。辛亥革命后满城的拆除为西安新城区建设提供了一定空间，随后的军阀混战却阻碍了正常的经济与城市发展。西安被定为"陪都"之后，专门设立了"西京筹备委员会"，为西安近代城市建设做了一些准备，西安开始进入近代城市发展的起步阶段。

1937年，抗日战争爆发，东部沿海城市政局不稳，社会动荡，工商业向内地迁移。由于地处西北大后方，局势相对稳定，加之陇海铁路向西延伸等因素，使得这一时期人口明显增加，工业化程度快速提高，城市发展呈现出相对繁荣的局面，西安逐渐由一座封建军事城堡转变为初具规模的近现代工商业城市。

1. 满城的拆除

清代西安城的军事职能突出，工商业及城市建设本身并没有得到足够重视。满城与其他城区隔绝，且人口稀少、街道稀疏，制约了西安城的进一步发展，人们普遍认为这座千年古都为"中国古代城市没落的典型"。

1911年10月10日，辛亥革命在武昌爆发。西安作为最早响应的省会城市之一，于10月22日发动武装起义。经过两天的激战，满城被攻克，满清政府的统治被彻底推翻。满城在战火中破坏严重，房舍几乎毁坏殆尽，"除三二古庙外，满目荒凉，不见人影之处居多"，西、南两面城墙严重妨碍东北隅与其他城区的沟通。1912年（民国元年）9月，陕西都督府下令拆除满城西、南城墙，将墙基重新恢复为东大街和北大街。

东大街至长乐门改造后的场景. 1921 [瑞典] 喜仁龙

满城城墙的拆除是明初扩城以来西安城市格局的又一次重大变化，使城区重新恢复到明末"一城四隅"的状态。东、西、南、北四条大街再次联通四座城门，钟楼居中、郭门相望无阻，城内各区的联系重归畅通。

2. 新市区的建设

新市区即原清代满城区域。满城城墙被拆后，政府开始对其进行重新规划，陕西都督府下令重点开发原城南沿顺城巷一带，建设满城南部地区。1921年冯玉祥督陕时，对秦王府进行大量拆除与建设，满城西部和东部也得到了一定程度的开发和利用。1928年，省府当局将原有满城正式划定为新市区，同时开展以下工作。

（1）东大街沿线改造

1912年12月，拆除原满城南墙后，陕西都督府张凤翱下令拓宽沿东门到钟楼的顺城巷，命名为东大街，并修建了临街的建筑，规定了统一的房屋形制，其高低尺寸和南北距离均完全一致。"各房檐下都有走廊，门面以九间为一组，整齐划一，甚为壮观。"[1]沿东大街两侧修建诸多店铺，主要用于出售和出租，一系列改造措施使东大街成为当时市内最为宽敞、商业氛围最为浓厚的街道，西安城内的商业区从原先的西大街向东大街转移。

（2）城南、城东地区建设

1912年，陕西军政府将原满城南部的327.5亩官地划归于西安红十字会医院（今西安市中医医院），又将原满城东南隅的41亩官地划归英华医院建院，英华医院一直延迟到1916年迁入新址，更名为陕西基督教广仁医院（今西安市第四医院）。1912年冯玉祥在原满城东部圈占一块荒地，修建了一些店铺和一个能够容纳数万人的大礼堂，

① 陕西师范大学地理系 1988年《西安市地理志》

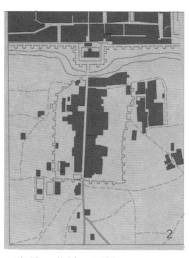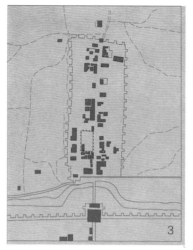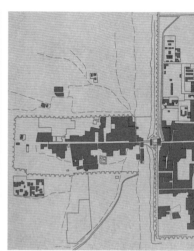

1-4依次为陕西西安东关、南关、北关、西关

改绘:《西安历史地图集》

命名"民乐园",不过由于当时城东北部人烟稀少,除一两所孤儿教养院和零星贫民住所外,几乎没有任何街道和建筑,所以民乐园当时并未立即繁荣起来。

(3)明秦王府城墙拆除

1921年,冯玉祥首次督陕。他亲自率领士兵拆除明秦王府城墙旧砖,修建驻军公署,并在原满城内八旗校场周围建房二百多间驻扎军队,此外还另辟百亩操场。曾被称为"王城"的秦王府,在1926年冯玉祥解除刘镇华"围城"之困时,被改称为"红城",1927年陕西省政府从北院门移至"红城",又改"红城"为"新城"。

从上述情况可知,民国初年对西安满城地区的开发重点是东大街沿线的满城南部地区与东部地区,其余区域或为荒地,或为桑园,人迹罕至,而满城以外的西安城区,开发力度也十分有限。

3. 关城的消解

作为冷兵器时代对外防御的主要壁垒,东、西、南、北四个关城因其区域条件形成了不同的人群与行市聚合,街道、建筑和市井文化皆有所不同。民国后期,城市快速发展,关城的军事职能已不复存在,伴随城墙的拆除,关城逐渐成为城市对外发展的启动区。

(1)东关:商贸繁盛

东关是西安传统药材、山货的集散地,也是规模最大、最为繁华的城关。织布和纺染行业作坊在此集中,各类作坊总计百十余家,当时西安城内各类工坊总数也仅为东关的一半,可谓药号汇集、布机林立。直至解放前,东关商业在西安的经济发展中一直占据着重要地位。大量寺庙也是老东关地区繁荣的主要因素,号称"七寺""九庙""十三坊"。围绕这些庙堂之中尚有八所学堂,学生学习嬉戏,十分热闹。因庙堂香火繁盛,故服务于"庙会"的小商贩也聚集而来,结合居民区的设置,共同形成"十三坊"的格局。民国时期西安整体人口仅有几十万,而东关区域就有近六千户三万人之多,人文风物荟萃,足见东关之繁荣。

(2)南关:位置优渥

较之于东关的宗教繁盛,南关仅有一座娘娘庙和基督教堂——"使徒学堂",在20世纪初曾发生过民众反洋教

陇海铁路通车典礼（时间）

运动。抗战之前，西安至陕南并未通汽车，南关是四川、汉中以及秦岭各县进出西安的必经之路，长途贩运山货进城首先落脚南关。邮差旅者都靠步行进入南关再南去秦岭，富庶及官宦人家多雇佣轿子和滑竿，南关因此有了许多脚夫店和轿子铺。为方便商贾往来，这里开设了收购茶叶、木材、桐油、生漆、猪鬃、大麻、核桃、板栗等土特产的山货行店。同时，南关也是贩运木炭的集散地，销往山区的食盐、棉花等也在这里集中交易。地理位置的优渥使其成为仅次于东关的贸易重地。

（3）北关：道北豫音

1934年，陇海铁路铺轨并建设西安车站。抗战以后，火车道以北广大地区因饥荒造成的难民迁徙，逐渐成为河南人的聚集区，作为铁路以及纺织两大行业的主要从业人员，河南人担负着繁重且高危的工作。1936年，大华纺织厂（今陕棉十一厂）由石家庄大兴纺织厂、武昌裕华纺织公司和主要股东三方投资共建，取"大兴"和"裕华"各一个字名为"大华厂"，并推选湖北工业巨头石凤翔担任厂长，其生产线在当时中国处于领先地位。抗战兴起，大华厂因支援前线大量生产纺织军用布，而导致了日机的轮番轰炸，损失惨重。

北关的宗教活动场所分布较多，包括佛道场、基督教堂以及清真大寺等，时常有各类宗教庆典举办，四季香火旺盛，人流熙攘，人文底蕴深厚。

（4）西关：夕阳废都

西关繁华不似东关，民居较多，沿街多为日用品、木匠铺、饭铺、旅店、车马店等，西路各县商行多聚于此。紧邻西关的飞机场，在民国至建国时期是西安的防御重地。寺庙的规模虽不及城内与东关，但是也有许多寺观祠庙遗迹。西关经济发展相对缓慢，商贾往来较少，商业繁荣程度不及城内与东南两关。

4. 陇海线通车

陇海铁路是贯穿中国东西的交通大动脉，1905年由东向西开始修建，1931年12月修至陕西潼关。1934年修至渭南，1935年6月1日，西安站举行通车典礼，这是陕西省境内第一条铁路线。1937年3月1日，宝鸡通车，至此，陇海线关中段全线畅通。交通的便利不仅带动西安近代工业的发展，也带动了新市区的建设。

南院门民国旧影

京望悠悠长乐门，密星细孔弹留痕。
深壕复壁资坚守，蚁穴蜂窠见久屯。
野火宵明烧麦空，黑云层聚压城昏。
摩肩挂藉说前日，屋舍街衢何处存。

——吴宓《西征杂诗》

6.2 谋变：
城市建设与现代城市规划

民国时期的西安经历了北洋政府和民国政府的统治。北洋政府统治期间，原满城城墙在民国初年被拆除，城市空间恢复明洪武"一城四隅"的格局，但在城市建设方面成就较少。自1932年（民国二十一年）西安定为"陪都"之后，成为大后方的重要城市，在以西京筹备委员会、西京市政建设委员会等为主的省、市机关的直接参与下，"三大计划"将西安带入现代城市建设与规划的轨道，在道路、水利、环境等方面进行了一系列建设活动，城市面貌较封建时代发生很大变化。

1912 9 月 24 日 拆除满城
陕西都督府下令拆除西安满城西、南两面城墙。

12 月 拓宽东西大街
陕西都督府沿原满城南墙从东门到钟楼拓宽原顺城巷，定名东大街，修建两侧临街店铺。

1914 5 月 23 日 设立关中道
道尹公署驻西大街社会路西侧，今西安市区及辖县均属其管辖。

1921 9 月 拆除秦王府旧砖
冯玉祥发动士兵拆除明秦王府城墙旧砖，在皇城内修建督军公署。

1922 开辟莲湖公园
明代西安的大、小莲花池被开辟为莲湖公园，这是近代西安第一座公园。

1926 12 月 开辟中山门
在西安东城门北侧开辟中山门，为原满城地区增加了一个东出西进的通道。

1927 7 月 原亲王府所在地终定名为"新城"
在新城东、西、南门外拓修三条新街，翌年又拓修北新街。

1928 在西城墙北段开辟玉祥门；原满城区划定为新市区
规划道路，拍卖荒地，将新市区划分为30个平均约50亩大的街坊，并修筑四条南北向交通干道。

1932 3 月 5 日 以长安为陪都，定名西京
国民党四届二中全会决议："以长安为陪都，定名西京。"组成"西京筹备委员会"。

1935 6 月 1 日 陇海铁路通车典礼
陇海铁路西安站正式售票通车，这是陕西境内第一条铁路线。

1937 3 月 制定《西京规划》
在"西京市区计划第一次会议"确定了陪都西安的分区方针后正式制定了《西京规划》。

1938 西安首家筋混凝土结构大楼建成
位于尚仁路北段东侧的西安首家现代化钢筋混凝土结构大楼建成（今陕西人民银行驻地）。

1940 12 月 22 日 构筑环城墙洞口
陕西省防空司令部增筑城墙底下防空工程，环城墙一周共构筑625个洞口，长5.1万米。

1947 西安新都市计划
陕西省建设厅重新对西安市有关道路、分区、绿化、建筑、文物保护等诸多方面进行规划。

1948 3 月 18 日 修筑城防
开始分段挖掘西安城壕，修筑城防工事，5月初完工。

民国西安鸟瞰

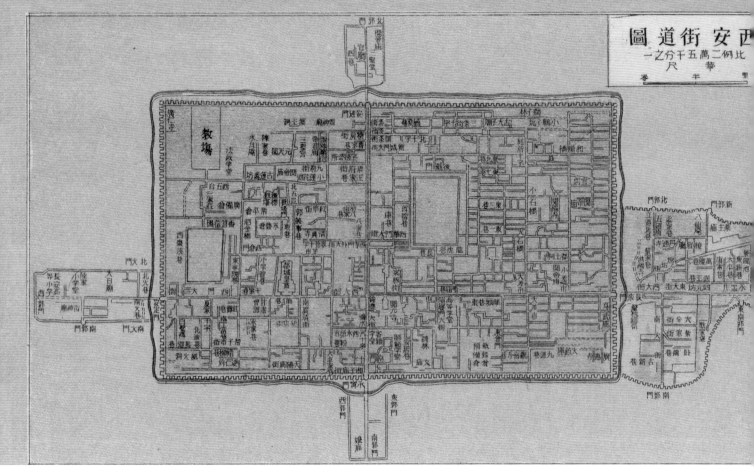

1917年（民国六年）西安街道图

1924年，王桐龄应西北大学之邀前来暑假班讲学，之后他在《陕西旅行记》中写道[①]："长安城东西宽约七八里，南北长约四五里，周围约二十四五里，东西二门及由东至西之大街稍偏南，故北半城较大，南半城较小。"

6.2.1 新兴功能：现代城市建设的开始

现代城市发展带动人口快速增长，农业时代的城市功能与空间配置已无法满足新的发展需求。民国以后对道路、公共空间、商业空间以及园林绿化等需求大为增加，现代城市设施，譬如供排水、交通、邮电通讯以及防灾设施等相继出现，城市面貌较之于清西安城发生很大变化。

1. 街巷道路的完善

辛亥革命后的街巷建设主要集中在满城，1927年7月，在新城四周开辟了东新街、西新街、南新街和北新街四条道路，加强了满城与城内的沟通。1928年修筑的尚勤路、尚俭路、尚仁路（即是今解放路）以及尚德路，使满城有了南北交通干道。1929年修筑的崇孝路、崇悌路、崇忠

---

① 王桐龄（1878—1953），我国现代著名的历史学家。是我国第一个在国外攻读史学而正式毕业的学人。

碎石路修成后的西大街

碎石路修成后的南院门，是当时西安最著名的市场

路、崇信路、崇礼路、崇义路、崇廉路以及崇耻路八条东
西交通干道（即今天东、西一路至八路）使得新市区内交
通路网逐步构建。旧市区的西大街碎石路面于1931年1月
25日竣工，代表了西安市内第一条碎石路面修筑工作的完
成。至1932年民国政府定西安为"陪都"之后，西安市
内主要街道皆改为碎石路面。据统计当时西安城共185条
街道，碎石路面达96条，总面积近33万平方米。自1933
年到1949年期间，相继开辟多条街道，新市区的交通系
统日渐完善。

2. 商业金融的发展

民国时期，西安城市的公共生活中心逐渐从南院门向
外拓展，在东大街和尚仁路形成新的商业中心。沿袭明清
旧制，南院门、北院门、西大街等处依然集中大量商铺，

有名的市场除南院门第一百货市场外，尚有民乐园、民
生、国民、平安等多处，在一定程度上促进了城东的商业
繁盛。除传统的商业百货，金融业也伴随陇海铁路的修建
有所发展，截至1942年，西安城内已有银行14家，多集
中在南院门一带，使南院门所担负的城市公共生活中心的
职能愈加完善。

3. 园林绿化的增加

西安最早的城市公园由南院门东侧的亮宝楼改建而
成，兼具文化教育与观赏游憩功能，分为前后两院，前
院为博物馆，后院则为公园。西京筹备委员会成立后，
将"广植树木，并设法长期引水入城，以资改进城市
风景，调剂市民精神"[①]的方针作为全市建设的工作重
点。1935～1938年间，西京筹备委员会新种成活树木近

---

① 史红帅. 民国西安城市水利建设及其规划——以陪
都西京时期为主 [J] 西安：长安大学学报，2012.

1939年西京火车站

1935年西安的公园

1936西安街头人们围观小汽车

14000株。此外，城内也修建、改建了一些公园，如革命公园、兴庆公园、莲湖公园、南院门公园、中山图书馆、西五台公园、风颠洞公园等。

4. 交通设施的改善

除了修建陇海铁路外，西安的城市道路建设也被纳入议事日程。此前城内交通主要依靠马车、轿车及人力车，1922年1月陕西长潼汽车公司以大差市为界，从钟楼至东门运行两辆公共汽车，这是西安首台公共汽车。随着城市人口增多与商业繁荣，市内公共交通供给不足，省汽车局再次提出增加市区公共汽车的设想。1934年，美国产小道奇和雪佛兰客车各一辆投入市内运营，并配备专职司机，路线选定城内东门至西门的东西大街，这条线路后被称1路公交线路，并正式定名为"公共汽车"。至1935年4月，西安市区已有三条线路，总里程达17公里，使市区公共交通状况得到较大改善。

上左：民国时期国立西北大学
下左：民国时期儿童医院

上右：民国时期西京招待所
下右：民国时期西安邮政局

5. 新建筑兴起

现代城市新兴的物质和文化需求成为西安建设发展至关重要的因素，新建筑也如雨后春笋般涌现。清末即出现了大学、工厂等新的建筑类型。1869年3月，钦差大臣、督办陕甘军务左宗棠创办西安机器局，主要生产洋枪、子弹和火药等（后迁往兰州，改名兰州制造局），开创西安近代工业建设先河；1902年，陕西巡抚升允创立陕西大学堂，成为当时城区等级最高的学校，也是陕西省第一所近代高等学校；1909年，陕西第一所国家图书馆——陕西图书馆于西安梁府街设立。这些新建筑虽然数量与规模有限，但是带来的新类型与新技术开启了西安近代建筑事业发展的新篇章。

满城改建是新建筑出现的重要契机，具有开创意义的公共建筑开始出现，西北大学、东大街的两层商业楼房、红十字会医院、邮局、易俗社以及电厂等都建于此段时间。南院门作为西安的金融、商贸中心，也出现了许多新式的商业建筑和店铺，譬如广场东北角四层高的世界大药房是当时西安最高的"洋楼"，广场南面的五洲大药房，西北角三层高的亨达利钟表行，西南角的全城最大的帽店都汇聚于此，成为新兴建筑的集中展示场。

从1932年到1937年的短短五年间，伴随"陪都计划"与陇海铁路线通抵西安，西安的城市建设步入大发展时期。新建筑的规模和建设量大大增加，建筑类型丰富，建筑技术和艺术水平趋于成熟，建筑市场和建筑制度逐渐完善。

城市居民的公共文化生活日渐丰富，随之诞生了一批文化建筑。1932年阿房宫大戏院在竹笆市北段开业，其设备先进，可容纳近500多人，是西安最早的电影院之一，同时期还出现了一些戏院和影院，包括民光大戏院、西京大戏院、陪都电影院、新民大戏院、明星大戏院、银汉电影院和宝珠电影院等。1936年山东济南福安公司投资的珍珠泉浴池在尚仁路中段西侧建成，建筑为两层，包括单间、总统间、高级单间、大池、盆塘等功能空间，是西安首家现代化浴池。西安第一家大型百货商店——西京百货公司于1934年（民国二十三年）9月开业，1936年开业的民主市场和国民市场成为西安当时最大的两个百货市场。1936年修建的中国银行西安办公楼采用了钢筋混凝土结构，是西安最早的钢筋混凝土结构大楼，1932年中国旅行社在尚仁路建西京招待所，是西安最早的现代化旅馆建筑。同时期还有1935年正式运营的西安火车站，是当时西安最大的交通建筑。

新市区的北部发展为城内新兴教育中心，众多小学、中学及专科院校聚集于此，书局书店遍布，几处大型的市民文化体育活动设施，包括设于马坊门的省立第一民众教育馆、莲湖公园中的一处图书馆以及体育场、民众教育馆"馆址宽敞，占地约六亩许，馆内遍植树林花卉，更有假山竹篱，面积虽似嫌少，布置尚合逻辑，至书报室、音乐室、物品展览室，健康阅览室、大礼堂、禽兽园、儿童体育场、民众代笔处、问字处，无不应有尽有，更不时举行各种展览会、讲演会，只是终日游人如织……"。教育文化机构的增多代表西安市区文化水平的提高。

这一时期西方别墅与集合住宅的传入促使地产行业出现，西安的居住建筑呈现出与传统建筑不同的特征。以张学良公馆、高桂滋公馆、通济坊、止园为代表的独立别墅，以新德庄、四皓庄、五福庄、六谷庄、七贤庄等为代表的联排住宅和公寓式住宅，都是早期西安房地产开发的实例，主要住户多为当时西安的上层人士。

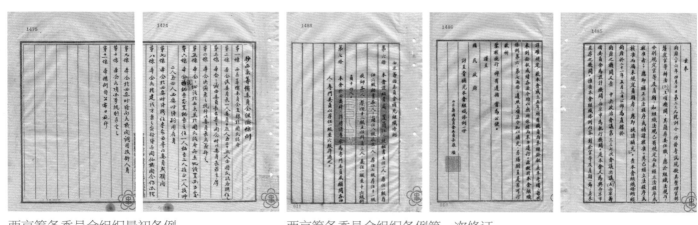

西京筹备委员会组织最初条例　　　　　西京筹备委员会组织条例第一次修订

6.2.2 三大计划：现代城市规划的开端

　　1932年西安被定为陪都，开始进入和平建设时期，其规划建设出发点是建立国家政治中心，直至1945年陪都裁撤。抗日战争胜利后，西安进入战后恢复时期，先后组织实施了三大建设计划，分别是《陕西长安市政建设计划》《西京计划》和《西安市分区及道路系统计划》，这是西安近代城市规划的起点。

1.《陕西长安市市政建设计划》（1927—1932年）

　　1927年11月由陕西省建设厅工程处提出的《陕西长安市市政建设计划》是目前有据可考的、具有近代意义的较为完整的市政建设计划，也是近代西安的第一部规划文本。主要为解决当时的城市交通、排水、市容、卫生及绿化建设等城市基础设施问题。

　　该计划囊括近期建设项目、市政基础设施、城市环境建设以及市容卫生等内容，涉及12个方面：城市街道、市场街道、钟楼及鼓楼、拆城及修复城门楼、公园、疏通阳沟、设路牌、取缔零摊及招牌、建筑民众厕亭、清道方法、修剪路树、规定建筑执照及章程等。

　　此计划首次以市政建设为重点，体现了城市建设为市民服务的意识和观念。这是近代西安城市规划与建设迈出的第一步，也是在西安本土形成的第一部针对城市发展问题所作的计划，在近代西安城市规划思想史上具有承前启后的重要意义。

2.《西京计划》（1932—1945年）

　　1932年（民国二十一年），日军在上海发动一·二八事变，南京及长江中下游城镇常被侵扰。国民党政府迫于形势，于3月15日经国民党中央执行委员会第二次全体会议确定"以长安为陪都，定名为西京"，并组织西京筹备委员会。《西京计划》成于陪都时期，属于国家政策框架下的现代城市计划。

　　《西京计划》共分四章，第一章为西京沿革，汇总西

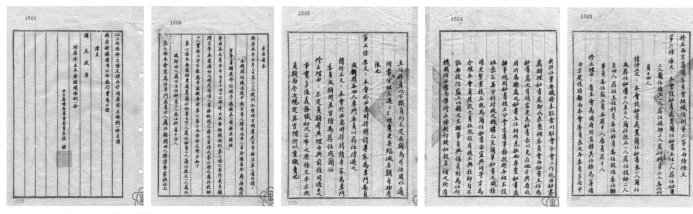

西京筹备委员会组织条例第二次修订　　　　　西京筹备委员会组织条例第三次修订

京历史发展；第二章为市区现况，是当时自然地理与社会经济发展状况的调研资料汇编；第三章为计划区域，提出西京行政区划方案；第四章为分区使用，提出了一整套关于西京城市功能分区的方案，是整个《西京计划》的重点。此计划对西京城市发展沿革、范围、气象、地形、土地使用现状、公共建筑、名胜古迹、人口、保甲村落之区分、现有经济状况、现有道路交通等进行调查、梳理，并提出近期实施的措施与安排，内容详尽。此外还明确了公园、新市区及古迹区的范围。

《西京计划》具有近现代城市规划的几个特点：

第一，将西安定位陪都，确立"陪都计划"；

第二，注重对西安及其周边文物古迹的保护；

第三，将西京市划分为商业、工业、文化、风景及行政区；

第四，规划具有一定的前瞻性，将新市区规划在旧城区的西北、西部和南部，摆脱了旧西安城区的限制；

第五，注重居住环境条件，以南郊为居住区域。

3.《西安市分区及道路系统计划》（1945—1947年）

此计划书形成于战后重建阶段，大体上分为两个部分，第一部分是关于城市分区，第二部分是道路系统计划。第一部分的分区计划，以各区之间不相干扰、互利互惠为原则，将西安市区分为：行政区（位于市中心，结合广场以壮观瞻）、中学区（未央宫旧址）、商业区（沿各干路两旁）、工业区（西南郊）、大学区（东南郊），其余为住宅区，或临时行政区。

此外，该计划还对郊区住宅建设进行了规定，郊区住宅应设于小学、公园、市场、医院、广场、运动场等附近，按照各区实际需要，星罗棋布，各据要点。规划内容与深度上都较前一部规划更具灵活性，是一部较为系统的分区规划文件。

该计划受当时西方城市规划思想（如田园城市理论、带形城市理论、高层低密度的建设理念以及卫星城理论等）的积极影响，思路清晰，论证周密，设计宏伟，富有眼界，规划思想与理论都超越了近代西安自身发展的步伐。

西京中國國貨公司

东大街民国旧影

"长安古城，尚有保留数十年或数百年之价值，而市区发展又刻不容缓，欲求两全，惟有多辟城门。"

——1947年《西安市分区及道路系统计划书》

6.3 洞开：
民国西安城墙变革

民国时期的西安城墙虽然不像明清如军事堡垒一般囤有重兵，但仍有极强的防御职能，如刘镇华1926年围城一战，城墙对西安守卫战的胜利起到关键作用。抗日战争时期，西安城墙中的防空洞为军民安全提供了坚固的保障。然而，冷兵器时代的结束，意味着城墙主体功能的丧失，四城门的旧有格局已不能满足现状城市的发展需求，城墙洞开已成为必然的发展趋势。

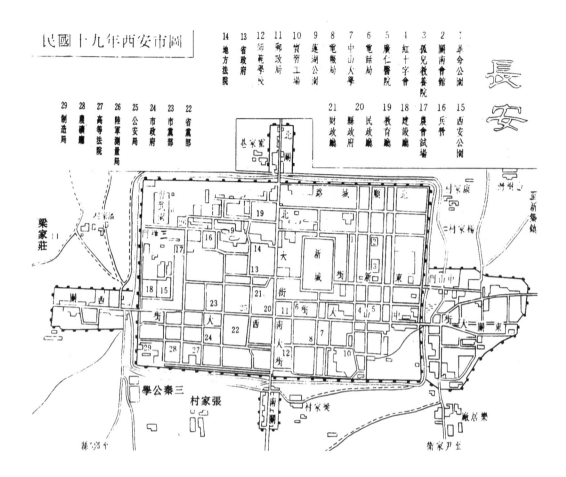

民國十九年西安市圖

| 14 地方法院 | 13 省政府 | 12 師範學校 | 11 郵政局 | 10 實習工場 | 9 蓮湖公園 | 8 電報局 | 7 中山大學 | 6 電話局 | 5 廣仁醫院 | 4 紅十字會 | 3 孤兒教養院 | 2 關兩會館 | 1 革命公園 |
| 29 製造局 | 28 晨鐘廳 | 27 陸軍測量局 | 26 公安局 | 25 市政府 | 24 市黨部 | 23 省黨部 | 22 | 21 財政廳 | 20 縣政府 | 19 民政廳 | 18 教育廳 | 17 建設廳 | 16 農會試場 | 15 西安公園 兵營 |

長安

民国十九年西安市图. 1930年
来源:《民国西安词典》

1932年（民国二十三年）7月，国民党中央政治会议秘书处致函西京筹备委员会，明确“西京应设市并直属于行政院”，同时初步确定西京市的区域“东至灞桥，南至终南山，西至沣水，北至渭水”。

——《民国西安词典》

6.3.1 历经劫难：城墙的破坏与“拆城计划”

民国时期，西安城墙屡遭战火，损毁严重。辛亥革命时，清兵在西安城内抵抗新军进攻，新军集中火力炸毁了清兵弹药库所在的安远门（今北门）城楼。1926年（民国十五年）刘镇华的“围城之役”，陕西国民军第三师战士为击退敌人，不得不对城墙枪击炮轰，炸毁了永宁门（今南门）箭楼、城墙四座角楼、魁星楼和大部分敌楼。1933年（民国二十二年），西北城角火药库爆炸，炸毁了喇嘛寺院的房屋和西边一带城墙。

抗日战争时期，日本飞机对西安进行轰炸，1939年（民国二十八年）西安民众在城墙内墙挖掘了许多防空洞。

1940年3月，西京建委会先后两次致函省防空司令部，提出改善城墙防空洞，保障市民安全的建议。12月22日陕西省防空司令部决定将其扩建为绕城墙一周的防空工程，城内外侧共筑防空洞穴625个，长约5.1万米。1945年4月16日，当时省政府致电西安市市长，由于城墙防空洞洞顶裂缝、洞身塌土、门窗破坏，为巩固城防，加强防空设备，特筹征城墙防空洞加强费。除了战争对城墙的直接破坏，防空洞的挖掘与扩建对城墙的破坏加大。

战争破坏城墙的同时，在全国拆墙之风影响下，西安拆城计划也被提上议程。从现有史料来看，民国时期第一次明确提出拆除城墙计划是1927年（民国十六年），由陕西省府建设厅拟制的《陕西长安市市政建设计划》，在"拆城及修复城门楼计划"一节中记载："长安为古建都之地，故城墙特坚，世罕其匹，诚为弓矢戈矛时代最良之防御建筑物。然近世科学昌明，火器之进步，日新月异，巨炮之制造，有增无减，曩时所恃为御敌者，诚不足当中炮制一击，则长安雄城亦不过封建制度之遗迹，安为尽防御之能事？！即云防险，亦只为供内乱之具，而妨碍都市之发展、阻滞交通之便利者实多。去岁八月'围城'，为祸尤烈，尽人皆知。考欧美各邦之拆城事，已成过去，吾国东南通都大邑及交通便利处如天津、上海、广州、泉州、九江、杭州等处，亦早已实行。至武昌以围城之祸而毁城，尤为最近之适例。其得失利弊，识者早详言之。"由此可见，人们已认识到城墙的历史意义与价值，但因为城墙已无防御价值，且"妨碍都市之发展、阻滞交通之便利"，城墙拆除之后的城砖及砖灰可"供修筑东南西北四大街道路之急需"，故拆除城墙的计划成为当时城市发展的需要。然而在军阀混战时期，政局多变，拆除城墙工程浩大，耗费较多，因此拆城计划未能实施。

上图：1933年西安城区鸟瞰
中图：1939年1月8日，日本轰炸西安古城
下图：现存日本飞机轰炸时期西安城墙遗址

据《西安市志》记载：西安因日机空袭轰炸而致伤致亡人数累计达3489人以上，炸毁房屋累计6781间以上。

219

上左：长乐门城墙外侧景象
上右：安定门城墙外侧景象

6.3.2 初识保护：城垣保护意识觉醒

1931年（民国二十年）2月，宁镇澄淞四路要塞司令杨杰呈述国防见地："恳将中国现有城垣交付国防申议或交负责机关审议，以便统筹定案。"经军政内政两部议决，行政院批准出台《保存城垣办法五条》，该条例主要针对现有城垣的本体保护。1935年3月西京建委会在第十三次会议中提到"休整本市全市城墙，以存古迹而壮观瞻。"这项提议首次将城市的历史遗迹保存与城市景观建设相互联系，城墙的保护意识开始萌生。

1947年（民国三十六年），西安市建设局鉴于战后重建时期的防空与城市内外交通联系需要，拟订了《西安市分区及道路系统计划书》，在"增辟城门"中提到："长安古城，尚有保留数十年或数百年之价值，而市区发展又刻不容缓，欲求两全，惟有多辟城门"。此时，建设者重视城墙的古迹价值，加之城市经济发展较慢，最终采取了多辟城门，而非拆除城墙的方式来缓解交通问题。为了保护原有的东、西、南、北四座城门，提出"东西南北四老门，均有城楼，极应保存，旧城门可放弃"，通过这样有取舍的进行城门开辟与道路修建，在一定程度上既缓解了城市交通的压力，又保护了具有重要历史遗产价值的城门。

6.3.3 增辟城门：民国"四小门"开通

1912年至1949年，因政治、交通等需要先后在城墙上开辟了"四小门"，分别是1926年在东城墙开辟中山门（又名小东门，2个砖券门洞）族风，民1928年在西城墙开辟玉祥门（1个砖券门洞），1934年在北城墙上开辟中正门（解放后改名解放门，1个砖券门洞），1939年在南城墙上开辟勿幕门（又名井上将门、小南门，1个砖券门洞）。

抗日战争时期，为方便市民防空袭时及时疏散，另在南城墙的柏树林、建国路南端，北城墙的西北三路、高阳里北端各开开辟了用木板支撑的防空便门。

勿幕门又名小南门，位于今四府街南端。1939年为纪念辛亥革命中陕西革命先烈井勿幕先生开辟此门（亦称井上将勿幕门）。城门形制为砖券门洞，单门洞式城楼，城墙高12米，底宽18米，顶宽15米，墙体厚度为12～18米不等，向北经四府街、琉璃庙街与西大街相通，在民国时期的37年中，一直是沟通城西南隅居民密集区与郊区的唯一路径。

中山门又名小东门，位于东城墙朝阳门与长乐门之间。1927年孙中山先生逝世两周年之际，冯玉祥倡议开辟此门，并以"中山"命名，以纪念这位伟大的民主革命家。

上左：永宁门城墙外侧景象
上右：被毁之前的安远门城楼

中山门城门形制为砖券门洞，有两孔并列，双门洞宽度均为6.5米，分别取名"东征门"和"凯旋门"，以表北伐必胜之决心与深意。今天的西安城门大多只保留了门洞，而鲜有老城门。仅有凯旋门至今仍保留着民国时期的木质城门，它是西安城墙诸多城门中唯一遗存门板的城门。

玉祥门又称小西门，位于今莲湖路西端，即1926年冯玉祥将军解救刘镇华围城之役的入城位置。1928年，陕西省主席宋哲元为纪念冯将军的历史功绩，便在此开辟一座新城门，定名为"玉祥门"。一方面感念冯玉祥解围之功，表达人民崇敬之情，另一方面是肯定冯玉祥任陕西督军期间的工作成绩。城门开通后，将门内的玉祥路与门外的成丰街连通，提高内城和西北部区域的交通便利程度。玉祥门的城门形制为砖券单洞式，门洞宽度6.5米。

中正门又称小北门，位于今解放路北端，向北与陇海铁路直接联系。1934年陇海铁路通车西安后，在正对火车站的明城墙上开凿城门，命名为"中正门"。中正门的城门形制为砖砌双洞式，总宽度13米。1949年7月12日，西安市政府布告将中正门改名"解放门"，中正路改名"解放路"，1952年因扩建火车站广场而拆除解放门段的城墙，豁口通道宽516米。

6.3.4 通浚城河：为护城河整治打下根基

西安城墙周边的防御功能与环境整治也离不开护城河的通浚，民国时期对于护城河的通浚，一方面提升了城墙外侧的防御能力，另一方面保证了城内的排涝通畅，丰富了城墙周边的环境景观。

1926年的守城之役中，守城的杨虎城和李虎臣指挥军民，采取了挖掘城壕引浐河水以强化环城防御能力的措施。1929—1930年陕西各地遭受严重旱灾，西安成为大量灾民的逃难避所，城壕一带即为灾民栖身甚至葬身之地，"西安护城壕沟满葬饿莩"。到了抗战期间，为配合完善城墙的防御体系，西安市在护城河周边展开建设活动，以提升护城河的防御能力。

同时，护城河也为城市排泄雨水及城内公园用水发挥重要作用。其中，龙渠的疏浚是西安水利修建的重点，1936年4月6日，龙渠干沟工程竣工，形成了复合型、多功能的引水、排水体系。无奈时局为抗日战争阶段，且有拘束困难，但其前瞻性思路为后期护城河工程提供了建设性参考。

美国LIFE杂志记者镜头下1947年的陕西百姓生活

"自从'西安'改作'西京','西安'的旧姿态慢慢着便开始在褪消，逐渐地，城墙中间多开了几个透气的门洞，马路开始在展宽，行人道铺砌，钢骨的电线杆子竖立起来，便使这古城电气化了。"

——徐盈《西安以西》

6.4 新风：民国西安城市生活图景

民国是西安城市发展史的重大拐点。一方面，国家处于内忧外患之中，先是军阀割据，后抗战爆发，动荡的时局使大规模的城市建设成为泡影。而地处内陆的西安受各种条件所限，尽管略有发展，但仍落后于同期沿海城市的发展水平；另一方面，西安在抗战爆发后一度赢得了陪都的地位，受到了国民政府的重视并专门成立了相关机构，对西安市进行初步的城市规划和建设。因此，民国时期的西安城市发展较之清代更为显著，不但初具现代工商业雏形，在现代城市政治、军事、经济、文化等领域均有一定建树，现代城市生活显现。

民国时期陕西省长公署门口

1933年西安鼓楼场景

6.4.1 行政建制：制度生活

西安地处内陆，城市化进程缓慢，民国时期市级政权建立较晚。辛亥革命后，西安受制于北洋政府，管理混乱。1928年（民国十七年）冯玉祥主陕，确定"本市为陕西特别行政区域，定名为'西安市'，直隶于陕西省政府"。在关中连续三年大旱的艰苦条件下，实行以工代赈，开展初步的市政建设和城市管理工作。1930年（民国十九年）11月撤销市级建制，辖区复归长安县。

1932年3月5日，国民党中央执行委员会决议"以长安为陪都，定名为西京"，为增强西京市政效力，又于1934年（民国二十三年）9月组建西京市政建设委员会，"在西京市未成立以前，专办市政建设事宜"。期间在新市区土地整理与开发、城市道路规划、修筑与管理、城墙的保护和防空便门的开辟、自来水工程设计、下水道建设和公厕修建等方面，对西安市政建设进行推进。直至1940年（民国二十九年）"西京陪都"计划流产。

1944年（民国三十三年）再次设立西安市政府后，市级政权才渐趋稳定，市参议会随之建立。1947年由省辖市政府升格为国民政府行政院辖市政府。这一时期的西安市政府，在抗战末期做过一些有益于抗战的工作，在市政建设、学校教育和卫生事业方面均有所建树。

民国时期西安行政机构设立情况

机构名称	成立时间	领导人	辖区	面积（平方公里）	裁撤时间
西安市政府（省辖区）	1928.9.22	萧振瀛（市长）	西安城内及四关	15.5	1930.11
西京市筹备委员会	1932.3.7	张继（委员长）	东至灞桥、南至终南山、西至沣水、北至渭水		1945.4
西安市政处	1942.1.1	刘楚材（处长）	西安城关、火车站、飞机场	20.5	1944.9.1
西安市政府（省辖市）	1944.9.1	陆翰芹（市长）	城关、长安县原辖城郊4乡	234	
西安市政府（国民政府行政院直辖市）	1947.8.1	王友直（市长）			1949.5.20

6.4.2 工商初兴：经济生活

1935年1月1日，陇海铁路潼西线贯通，对外交通的建立让西安从一座地处西北内陆的闭塞古城逐渐变为一座初具工商业基础的现代城市。民族工业在此之后发展迅速，为商业发展带来一线希望。

1. 商业发展

从1930年代开始，西安商业街市在清格局的基础上发生转变，西南、西北城区店铺数量大为增加，商品种类日益丰富，使得东大街、北大街、东北城区（新市区）的商贸空间取得较快发展。

1936年《西安快览》记载民国西安商贸空间格局云："街市之繁荣，以南院门最为热闹，门市大商铺多在于此。批发商则在西大街、广济街等处。各大旅馆菜馆浴室，多在东大街。北大街比较冷落。南大街前亦行人稀少，自西京国货公司开设于此以来，常见车马不绝矣。"

1937年前后西安经济调查资料记述城区商贸街区则称，"西京商业，其一首推东、南两关之囤积丝、茶、漆油、桐油、药材、纸张等之山货行店，约计有八十余号；其二，城内西大街囤积绸缎、布、洋广、杂货之堆栈，约有九十余号；其三如东大街、南院门之百货商店、钟表行店，百数十余号；其四，南大街之盐号、酒店，北院门之干果行店，尚仁路之干果、油行等等，约计共有百数十号；其外尚仁路之国民、游艺两市场内，设商店凡数十号。"

民国时期，庙市发展很快，沿袭明清的"祭市"即为庙市，因庙设肆，从事商贸活动。据民国年间日本东亚同文会调查资料载："西京市内庙宇众多，每年举行一次或数次祭祀礼活动，商人利用寺宇建筑或临近地方开展贸易，成为'祭市'。祭市多卖卖杂货、玩具、食品等，一般露天摆放。开市之日热闹异常。"解放前夕，由于城乡人口众多，城内相关市场多达十九处，如粮食市、燃料市、骡马市等，与人民生活密切相关，十九处市场中东北新市区有八处，东关两处，西北城区三处，西南城区三处，东大街一处，北大街一处，北门外一处。

总体来看，随着陇海铁路通车，大量人口涌入西安，1935年以后的西安商业迎来了繁荣时期，表现为商店数量增多，从商人口增加，资本额不断扩大，营业状况好转等。但随着抗日战争的开始，物价飞涨、运输困难，至1941年底，多数商家开始入不敷出，有的商家不得不停业或改行。尽管如此，西安作为西北五省的经济重镇，商业仍占有重要地位，即使在艰难的环境中，商业机构的数量与规模仍在不断扩大。

2. 工业发展

西安城区最早的近代工业是由陕甘军务左宗棠所创办的陕西机器局，至20世纪30年代，西安市较大的工厂仅有西安集成三酸场（1932年创建）以及西京电厂（1933年创建）等少数企业，时人评论"本市工业不毁于战火，即苦于滞销。故过去谈西安工业者，除旧式手工之生产方法尚可略举外，余则不足轻重。若与东南各省新兴工业相较，更觉瞠乎其后"。而大多数如手工铁器业、针簧业、扎纸业等小店铺仍集中在西大街、南院门、北院门地区。陇海铁路线通车，是西安近代工业发展的分水岭，由于国外及沿海地区的机器、产品大量输入陕西，其产业结构和生产方式发生了较大变化。随着1937年抗战的全面爆发，沿海工厂内迁及大量外地移民涌入进一步促进了西安的工

1945年经济部核发给西京电厂的《经济部电气事业许可证》

业发展，仅西安一带就集中了陕西工业的80%以上。解放前夕，《人民日报》的一篇《从经济观点看西安解放》总结了民国时期关中地区的工业格局与西安的区域经济地位："从工业方面看：西北的各种机械工业，大部集中于西安、宝鸡之间。西安有现代化的纺织工业、制革工业、制粉工业、机器工业。"尤其是西安——宝鸡这样依托陇海铁路在八年抗战中形成的"秦宝工业区"，在一定程度上奠定了西安自民国到解放的工业基础。

3. 金融业发展

民国时期西安作为后方物资集散之地，资金流动量巨大，金融业的发展甚至比工业更加兴盛，中央和地方银行相继在西安开设分行，从民国初到1930年的近二十年中，西安仅设立过秦丰银行、西北银行等几家银行，营业处于

1940 年新市区所建工厂情况

序号	企业名称	建立时间	资本（元）	职工人数（人）	厂址	今址
1	西安机器修造厂	1937 年	20 万	360 左右	崇孝路	东一路
2	西京电厂	1933 年	100 万	154	火车站	火车站
3	西安华峰面粉公司	1935 年	60 万	277	火车站北	自强东路地区
4	长安大华纺织厂	1936 年	300 万	2900 余	郭家圪台	大华路
5	西京毛纺厂	1940 年	10 万	50 左右	崇义路	东六路
6	西北化学制药厂	1935 年	30 万	731	崇礼路	东五路
7	大华纺织厂酒精部	1939 年		70 左右	郭家圪台	太华路
8	西北化学制药厂酒精部	1935 年		20	崇礼路	东五路
9	上海玻璃工厂	1937 年	1 万	39	小农村	东一路地区
10	西北制药厂玻璃部	1935 年		25	崇礼路	东五路
11	西北化学制革厂	1938 年	15 万	139	崇耻路	东八路
12	陕西省战时物产调整处猪鬃厂	1939 年		40 余	尚德路	尚德路
13	秦丰烟草股份有限公司		100 万	61	中正门外	自强东路地区
14	益生造纸厂	1940 年	20 万		北关外	北关外
15	西北协兴造纸厂	1938 年	17 万	64	崇孝路	东一路
16	中国文化服务社陕西分社	1939 年	20 万	160	北大街	北大街

时断时续状态。截至1942年春，西安城内已相继设立银行34家，进入银行业较为发达的时期。民国时期西安的金融机构还有典当业、信托业、保险业等，典当业在清末民初的西安较为兴盛，1926年西安围城后，西安各典当业相继停业，至1942年西安仅剩两家典当行——西安市第一商办便民店和西安集成便民店。

4. 商会、工会以及会馆的发展

随着城市商贸、工业、金融业的兴起，商会、工会及会馆数量众多，至1935年9月有近39个行业工会，包括1900余家商号，45个独立行业包括1101家，合计约3000余家。1940年西安商号总数增至6509家，近50个同业公会和19个独立行号，这些商会的分布也多在城区内。会馆在三十年代前后共计12所，西南城区7所，东关城3所，西北城区1所，东北城区1所。

总体来看，民国时期西安的经济发展可分为三个阶段。

第一阶段（1912—1934年），先后由北洋军阀和国民党军阀割据统治，天灾兵祸频繁，社会动荡，经济凋敝，民不聊生。

第二阶段（1935—1942年），随着陇海铁路通车，交通条件改善，外埠工商业者纷纷在西安办厂经商。抗日战争爆发后，沦陷区的工商企业大量迁往西安，西安作为大后方的重要城市，是军需民用生产、运输、供应的重要枢纽，但维持时间不长，未能得到根本性发展。

第三阶段（1943—1949年），抗战后期西安成为日军空袭目标，工商企业受到严重威胁而进一步西迁。抗战胜利后，工商企业又将设备、资金、技术力量纷纷南迁，加之国民党政府发动内战，苛捐杂税繁多，物价暴涨，工商企业难以为继，城市经济发展陷入停滞阶段。

左、中图：陕西富秦钱局纸币
右图：民国37年西安一亿元票号

6.4.3 重心东拓：居住生活

民国时期西安城区人口以1935—1937年陇海铁路通车西安和抗战爆发为分界，在此之前，人口较为稀少，增长缓慢，偶尔出现负增长现象。1935年后西安城区人口猛增，主要表现为难民流动所引起的人口机械增长。城市重心也由原来的城西转向城东，原先满城和南城的区域逐渐有居民迁入，城市住区逐渐向东拓展。对比1933年（民国二十二年）和1949年（民国三十八年）的西安城图，可以证实这一变迁。

1. 居住人口

抗战时期是西安近代人口增长的高潮时期。1936年（民国二十五年）底，西安人口突破20万，1938年达到246478人，较清末增长1.94倍。1944年（民国三十三年）西安市政区扩大后，到1946年（民国三十五年），全市人口突破50万。

左图：民国时期西安钟楼东北角
的邮电大楼

右图：民国时期西安大芳照相馆

除了数量上有较大增长，当时的人口性别比例悬殊。城区非农业人口主要依靠工业、手工业、商业获得收入，这些行业中女性所占比例很小，所以移入西安的农业人口以男性居多；战时外地迁来西安的职员、军政人员也多以男性为主，这就造成了民国时期西安人口的性别比例一直是男多于女，这一特点在抗战时期尤其突出。

在总人口中，就业人口比例仍然处于较低水平。1938年4月，西安市政府户政科的统计资料显示：在所调查的市区424967人中，从事工商业、交通运输业、服务业的人口共182092人，占总人口的42.8%，虽然当时所谓工业人口也包括从事一些简单手工业的人口，但相对较高的工商业人口比例

《西安市志》中记述民国时期西安市人口："民国二十五年（1936年）底，省会人口突破20万，民国二十七年（1938年）达到246478人，较清末增长1.94倍。民国三十三年（1944年）西安市政区扩大后，到民国三十五年（1946年），全市人口突破50万，民国三十六年（1947年）突破60万，较清末增长6.5倍。1949年，因临近解放，原驻西安的国民党军政人员及其家属纷纷撤离，总人口降为597670人，较上一年减少5.2%。"

——《西安市志·历代人口规模》

民国西安主要市场一览表

名称	创建时间	位置	其他
民乐园市场	1928年（民国十七年）	位于解放路中段以东，尚俭路以西，东新街以北，东二路以南	面积25296平方米
国民市场	1936年（民国二十五年）	解放路中段，南至东四路，北至东五路，东至尚俭路	
平安市场	1947年（民国三十六年）	位于钟楼东北侧	占地20亩，店铺200余间，从业人员500余人
炭市街菜市场	1927年（民国十六年）	南起东大街，北至西一路	全长200米
竹笆市竹木器专业街		北临西大街，南通南院门	
五星食品市场	1940年（民国二十九年）	解放路中段	初名"上海大丰酱园"

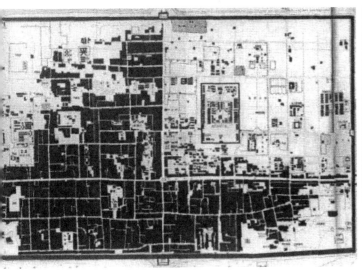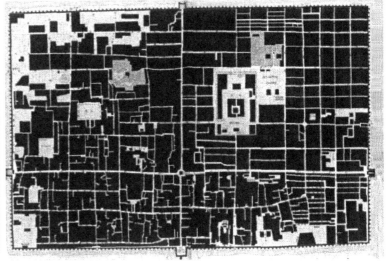

左图：民国二十二年西安城市开发建设图
右图：民国三十八年西安城市开发建设图

却反映了民国中期以后西安的城市化和工业化水平有所提高。

值得一提的是，在近代西安市的人口中，回族人口占有一定比例。因回族以经商见长，尤其善于加工食品，清代至民国中期以前西安的商业中心一直位于南院门、西大街地区，故在此形成了回民聚居区。民国时期回民的分布与今天相比差别不大，主要分布在西安市城内西北部的大皮院、小皮院、西羊市、麦苋街、大麦市街、化觉巷、洒金桥、大学习巷等街道，多以经营风味小吃为业。新中国成立之前，西安回族人口有5万多人。

2. 居住分布特点

民国初期，"全市商业，均集中于东大街及南院门一带，而住宅集居于西南角。"

西京规划调查资料显示除了商户集中在南部之外，住宅多集中于西南城角。其中，以南院门为中心商业分布密集，并且多为前店后居的形式使得商业和居住相耦合，同时因为南边有甜水井饮水较方便且水质好也成为南北居住密度不同的原因。另外西安城内几处同类商业聚集处也聚集了大量居民，如竹笆市、木头市以及盐店街等相同行业聚集，而这些建筑也多为合院，使得居民得以汇聚。

民国中期，由于新市区的建设和大量新迁入人口，使得新增人口主要集中在新市区一带，至此相应地改变了近代西安人口的分布格局。

辛亥革命后，东北隅成为了外来人口最集中的地方，其中河南人聚集于满城北部火车站一带，从抗战开始到1942河南特大旱灾这几年，大量河南人涌入西安，大多为逃荒的贫民百姓，除落脚在城东北之外，多分布在东关，直至解放前夕，这两处都有大量居民。此外，尚有大量山东、河北等地外来人口。

城东南一带达官贵人的官邸居多，譬如位于西安市建国路东侧的金家巷（今建国三巷）呈东西走向，巷名系解放前西安市警察局定名。居住在这条巷道内的人，多是国民党的显贵官员和有钱有势的人，火车通达西安之后，建国路地区被开发，而地价也由一、二十元一亩（民国初年，两、三元一亩）猛增至二、三百元乃至更多，诸如西安不多见的别墅如张学良公馆、高桂滋公馆，以及陕西省银行和家属院均在这一带。

左图：鼓楼南面市场繁荣景象. 1921. [瑞典] 喜仁龙
右图：西安西门. 1941年

3. 新住区的建设

抗战期间，一些民族企业为了抵御日寇的劫掠内迁至
陕西，数量近42家，大部分落户西安，工人的居住也分布
在工厂附近，于是形成了和传统聚居区不一样的新住区，
譬如中南火柴公司于20世纪40年代在新开的中山门外中
兴路东修建了工人宿舍，即"中南新村"，是新型的工人
居住地。除此之外还有位于北大街通济坊的通济信托公司
住宅，以及八路军办事处所在的七贤庄一带，形成了联列
式合院居住建筑。

七贤庄位于北新街中段东侧，是一组四合院式的平房
建筑群，一些银行资本家买下了这里的地皮，并在此建起
了一排连墙式的宅院，共有10院，整齐划一，对外租出。
来此租住的多是些中上层人士，一时成为儒生雅士聚集的
地方。当时任陕西工商日报社社长的成柏仁先生便给这里
起了一个比较雅气的名字，叫做"七贤庄"。此外还有八
仙庄等均为当时的高尚居住区。

6.4.4 破旧革新：文化生活

清末民初，陕西的社会变化剧烈，政治、经济、文化
等方面的变革带动了传统社会各方面的变迁。西安作为省
会所在地，最早受到新时代潮流的影响，人们的思想观念
不断改变。在破除旧风俗、提倡新文化、新风尚方面取得
了一定成绩。特别是西安的进步知识分子对传统文化和礼
俗进行了深入反思与批判，进一步促进了民国西安的文化
风俗变革。

1. 文化教育的革新

由于陕西政治局势的动荡以及经济的缓慢发展，加上
战乱和天灾，民国初期西安地区的文化教育发展进程较为
迟滞。1912年西北大学创立之后数次停办，转而变成专
门为政府机构培养法政人才的西北法政学校，学生无心向
学，经常发生学潮。30年代的关中大旱与霍乱的肆虐使

得陕西当局认识到重新发展实用科学教育和实业教育、塑造专业人才、推广社会教育的重要性，开始设立一批职业学校，如于右任、杨虎城等人筹备西北农林专科学校（即后来的西北农学院，现在的西北农林大学）。

除教育机构的变化之外，清末民初西安城内陆续出现了新式书局和学堂，出版和引进报纸刊物，它们多由同盟会陕西分会会员主持，如王独清在自传《长安城中的少年》提到城内同盟会的活动，包括当时人们阅读《新民丛报》等报纸议论时事，以及公益书局和健本学堂传播新文化的活动。同时陆续成立了近十几家报社。

城内的报刊和出版活动面貌一新。当时西安共出版了报纸100余种，期刊400余种，大多数报刊发行量较少，多则一两万份，少则几千份，且运营周期不稳定，多出版不到一两年便宣告停止。报纸杂志的出现与发展，促进了当地市民社会及公共舆论空间的形成，办报人在竞争中也加强了报刊的专业化，从民初的《秦中官报》《陕西官报》《国民新闻》等刊载时政、军事和经济形势的报刊，到《公意报》《老百姓报》《平民医药周报》《西北文化日报》等报纸，报刊的发展呈现本土化、专门化趋势，刊载内容呈现出世俗化和商业化特点。如一些报刊专门开辟"副刊"版面，刊载文学、诗歌、戏曲评论、读者来信等内容，这表明已经形成了固定的拥有阅读报纸习惯的读者群体，并针对社会、政治、经济、文化局势发表看法，形成一定的公共舆论空间，如在1912年的《秦风日报》上，便以"合群建国，力富图强"为宗旨，开辟了社说、公牍、新闻、专件、文艺撷萃、来鸿去雁、杂俎、广告等栏目。

在社会教育机构方面，早在清末时，陕西巡抚恩寿就曾上书清廷，要求在陕西建立公共图书馆，经过一年多筹备，于1909年8月正式成立陕西省图书馆，图书馆中除供群众阅览书报外，还陈列工艺品、文物、动植物、矿物标本等供人参观，时人称为"亮宝楼"。1927年国内藏书量超过20万册的图书馆只有3个，陕西图书馆以藏书22.7万册位居第二，足见1920至1930年代是陕西省图书馆的黄金发展时期。

1935年从西门城楼俯瞰西大街

上图：张学良公馆
下图：高桂滋公馆

陕西省图书馆，时人称"亮宝楼"

1924年鲁迅在易俗社观看演出

民国时期西京日报零售处

阿房宫大戏院开幕戏票

2. 易俗社的创办

1912年8月，在陕西革命党人张凤翙、郭希人、井勿幕、杨铭源、李桐轩等人的提倡下，西安创办了以"辅助社会教育，移风易俗为宗旨"的易俗社，受到省内各方有识之士的重视与大力支持，在社会上反响颇大。以易俗社为代表的新式戏曲班社的出现表明一些知识分子和文化界人士"眼光向下"，掀起了借助戏曲、话剧、电影等城市文化艺术形式改良风俗的浪潮。在随后几十年的发展中，剧社在组织管理、人才培养、剧本创作、表演艺术、剧场舞台、公共关系、经营方式等方面得到不断发展，并形成自己的特色，成为民国时期西安城内少数保全下来的秦腔团体，同时也在西北区域乃至全国范围内有一定影响力。易俗社的成立与发展是在民初戏曲改良背景下的产物，它所代表的改良秦腔是民国时期城市文化的重要内容，同时也是西安城市近现代化进程中的典型缩影。

1924年暑期，鲁迅先生等十几位学者名流应西北大学邀请前往西安讲学。其间适逢易俗社成立十二周年，先生在该社看戏五场，"……感到西安地处偏远，交通不便，而能有这样一个立意提倡社会教育为宗旨的剧社，起移风易俗的作用，实属难能可贵"，因而除独出机杼地赠予题词"古调独弹"的匾额一块以志庆贺外，还向该社慨然捐赠了五十元现洋的讲学酬金。

3. 社会风俗的变革

辛亥革命之后，陕西军政府颁布了一系列有利于社会文化发展的政策法令，开展了许多社会公益建设工作，以推动陕西文化事业的发展。陕西省临时议会通过了若干有利于社会改革的决议案，如革除官场陋习、改良教育、禁止缠足、严禁鸦片等，净化了西安和整个陕西的社会风气，成为民国时期陕西"破旧立新"的开端。

1919年之后，在五四运动的推动下，陕西的新文化运动取得新的成果。陕西旅外的青年学生和一些进步知识分子，通过报纸杂志在西安和省内各地大力宣传新思想、新文化、新风俗，为建立新道德、新风习而努力实践。他们通过撰写文章、实地宣传等手段对当时社会的恶风陋习与封建礼教进行严厉批判，大力提倡男女平等，婚姻自由，家庭革命等新观念，这些努力对于社会风

民国时期服饰特点
来源：文史精华，2007（09）

民国时期婚礼民俗
来源：《陕西老照片（清末～1949）》. 北京：新华出版社，2013

俗的深层变革起到了重要的促进作用。

　　大革命时期陕西轰轰烈烈的农民运动，也从教育入手促进社会风俗的变革，在破除迷信、提倡男女平等、反对买卖婚姻、歧视妇女、禁烟禁赌等方面颇有建树，破除陋习、提倡新风尚起到了积极的促进作用，为西安和陕西带来了新的气象。

4. 服饰的更新

　　服饰的更新往往是社会风俗转变的标记。民国建立之后，许多象征封建等级特权及民族压迫的衣冠服饰开始被新兴服饰所取代。随着西方文化与生活方式的不断传入和传播，陕西妇女逐渐舍弃裙子改穿长裤，仅外面穿一种紧身旗袍，下摆至膝下，领口、袖口、襟边和裤口均镶做花边花牙，内里贴做衬里。当时在西安城乡流行一种女服，为斜开襟短衫、短棉衣，内里贴襟可做口袋装钱物。男子流行对襟褂子，对襟衫及背心。头饰中依然保留各种传统的花帕、头巾，但多为洋布，中老年妇女大都用黑色包头

和发网。人们在服饰、装饰上的自主性明显增强，开始追求新颖、美观和时尚。

5. 对外的文化交流

　　1931年九·一八事变和1932年一·二八事变发生后，开发西北的呼声高涨，一时间国民政府要员、学术团体甚至个人蜂拥至西北，进行各类考察，不同开发主张层出不穷，主要集中在发展交通、开发水利、移民垦殖、发展工业四项内容。1937年陇海铁路修通后，许多文人墨客和巨贾政要纷纷造访西安，带动了城内文化的进一步繁荣，教育总长傅增湘，记者易君左，画家齐白石、张大千、关山月，作家张恨水先后来到西安游历考察。本地文化界人士张寒杉、党晴梵等人在鼓楼地区设立西京金石书画协会，并邀请邵力子、杨虎城等人担任理事长，加强了西安与外部的文化交流。民国时期的西安城市文化发展在教育和传播机构变革的各个侧面均有所体现，许多知识分子和文化界人士仍然活跃在建国以后的文化舞台上。

柒 转型——新中国建立至今的西安

今天西安明城的永宁门广场

构成一个城市，

是她的空间量度以及与历史时间之间的联系。

城市就像一块海绵，

吸汲着这些不断涌流的记忆的潮水，

并且随之膨胀着。

——［意大利］伊塔洛·卡尔维诺《看不见的城市》

中国

公元 20 世纪解放后

中国

1949年	中华人民共和国开国大典
1951年	西藏和平解放，大陆统一
1954年	制定第一部《中华人民共和国宪法》
1964年	中国第一颗原子弹爆炸成功
1966年	「文化大革命」开始
1970年	中国第一颗人造地球卫星发射成功
1971年	恢复中国安理会常任理事国席位
1973年	袁隆平在世界上首次培育成籼型杂交水稻
1976年	「文化大革命」结束

公元 20 世纪改革开放后

中国

1978年	中共十一届三中全会召开。改革开放元年
1979年	设立深圳、珠海、汕头、厦门等特区
1982年	邓小平首次提出「一国两制」
1984年	提出「在公有制基础上有计划的商品经济」
1988年	提出「科学技术是第一生产力」
1990年	深圳证券交易所试营业。中国股市诞生

世界

1949年	北大西洋公约组织成立。苏联试爆原子弹成功
1953年	沃森和克里克发现 DNA 双螺旋结构
1957年	苏联发射人类第一颗人造卫星
1960年	非洲 17 个国家独立，是为「非洲独立年」
1961年	尤里·加加林完成人类首次进入太空
1967年	欧共体正式成立
1969年	阿姆斯特朗完成人类首次登月。互联网诞生
1976年	联合国在温哥华召开第一次人类居住大会

世界

1978年	首例试管婴儿诞生在英格兰
1979年	苏联入侵阿富汗，美苏关系再度恶化
1981年	IBM 推出首部个人电脑
1987年	世界环境委员会发表报告《我们共同的未来》
1989年	东欧剧变
1990年	两德统一

十九大召开，中国进入新的历史阶段 2017年

「一带一路」合作得以深化 2013年

中国第一艘航母「辽宁舰」正式服役 2012年

中国城镇化率 51.27%，超过 50% 2011年

中国上海举办第 41 届世界博览会 2010年

中国北京举办 29 届夏季奥运会 2008年

《中华人民共和国物权法》出台 2007年

全面取消农业税 2006年

中国第一艘载人飞船神州五号成功升上太空 2003年

中国正式成为世界贸易组织成员 2001年

「神州一号」发射成功。澳门回归 1999年

国内第一笔互联网购物，电子商务进入应用 1998年

香港回归 1997年

《关于深化城镇住房制度改革的决策》下发 1994年

公元 21 世纪

人居三大会召开，提出《基多宣言》 2016年

玛雅历终结 2012年

伊拉克战争结束。世界人口达到 70 亿 2011年

经济大萧条正式结束。比特币面世 2009年

世界城镇化率达 50% 2008年

伊拉克战争。中东欧十个国家加入欧盟 2003年

恐怖袭击引发美国 911 事件 2001年

亚欧海底光缆全线开通 2000年

欧盟国家统一货币。世界人口 60 亿 1999年

英国科学家培育第一只克隆羊。人居二大会 1996年

1993年

欧洲联盟建立 1993年

苏联解体 1991年

中国

1949—2018 年

中国 + 世界

大国崛起

可持续发展

开国大典. 1953. 董希文　　　　2016年人居三大会

国　　力　　渐　　强

——综合国力位居世界前三，各类国家战略性资源占世界比重持续增长，国际竞争力、国际影响力大幅提升。

文　　化　　渐　　兴

——积极发掘并传播传统文化之美，使 5000 年的中华传统文化得到极大的传承和弘扬，国家文化认同感增强。

城　　市　　渐　　盛

——城市化进程加快，城市发展迅猛，国际化大都市呈现，城市发展水平与城市竞争力稳步提升。

生　　活　　渐　　好

——总体经济发生了翻天覆地的变化，民生水平得到逐步改善和提高，人民生活更加美好。

极　　限　　意　　识

——承认了人类和技术的有限性，意识到人类无法超越的外在限制，可持续发展理念深入人心。

价　　值　　多　　元

——打破了单一的价值体系，尊重时代发展与个体差异，社会意识和价值观念呈现出多元化格局。

知　　识　　时　　代

——计算机技术、通信技术以及建立在计算机和网络技术基础上的计算机网络技术迅猛发展，知识时代来临。

经　　济　　一　　体

——世界各国经济之间彼此相互开放，形成相互联系、相互依赖的有机体。

"规划是一种公共服务，是一项与人们的生活息息相关的重要事业，它不仅意味着人类对未知世界的自觉探求，而且是人类的一种有意识的责任感。"

——吴良镛《世纪之交论中国城市规划发展》

7.1 总规：
时代进程中的城市建设与总体规划

1949年，中华人民共和国诞生，终结了半殖民地半封建的旧社会，迎来人民当家做主的新时代。然而，国家遭受连年战争摧残，满目疮痍、百废待兴；新生政权内外交困，仍需巩固；国民经济基础孱弱，亟待发展，同时还需要平稳物价、抑制通货膨胀，保证人民生活基本消费品所需以及保障城市正常发展。新中国建立后，城市规划工作开始步入正轨，在三版都市计划的基础上，20世纪50年代西安第一轮总体规划出台，其后1980年代、1990年代、21世纪初，西安市又相继开展了三轮城市总体规划。

回顾历次规划，我们能够清晰地发现在现代城市规划理念影响下西安城市空间的发展与变化，这对西安今后的城市规划与建设提供了有益的借鉴和启示。西安明城区与城墙在历次总体规划的思想引导下，伴随社会经济的发展洪流，也逐渐勾勒出其演进蜕变的历史轨迹。

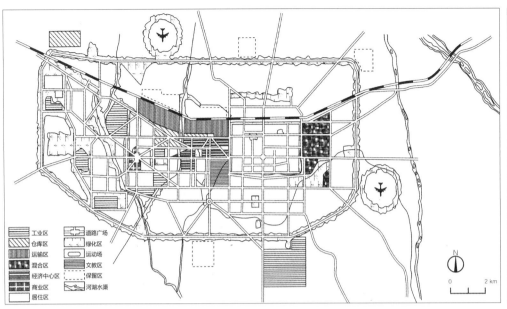

1950年编制的西安市都市计划
来源：西安市城建系统志

1951年编制的西安市都市计划
来源：西安市城建系统志

上图：百姓欢迎解放军进城．1949年
下图：解放后的西安钟楼．1949年

7.1.1 跨城而出：西安都市发展计划（1949—1952年）

新中国建立初期，西安作为中央人民政府的直辖市，以农业为主导，工业底子十分薄弱，发展现实严峻。中央西北局、西安市军事管制委员会、西安市委市政府积极开展稳定市场物价、沟通城乡物资交流、统一财经和调整工商业等一系列工作，确立了国有经济领导下，多种经济成分并存的经济发展道路。建立了一批工业企业，形成了初具规模的现代化工业体系，国民经济逐渐步入正常运转的轨道。在此基础上，西安揭开了其现代化发展的序幕。

1. 规划概述

新中国建立后"三年恢复"时期，西安市先后于1950年、1951年、1952年编制了三份"都市发展计划"。

1950年11月，草拟的《西安市都市发展计划》完成，是当时全国最早的城市总体规划之一。这份都市计划蓝图，首次跳出了明城墙的既有边界，改变了西安城市的原有格局。规划拟在明城区西侧修建新城，设置西北区行

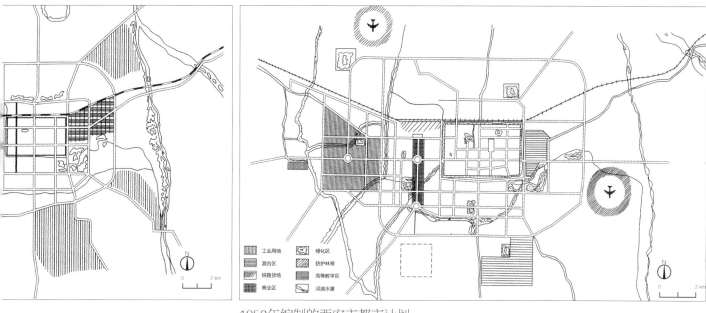

1952年编制的西安市都市计划
来源：西安市城建系统志

图例：工业用地　绿化区　混合区　防护林带　铁路货场　高等教学区　商业区　河湖水渠

政中心，将市级行政中心布置在旧城内，新旧城之间的地区规划为经济中心区。旧城东门外仍保留现状，规划为工业居住混合区，新城北侧规划为运输区，新城内工业区与居住区相间布置。采用棋盘加放射的路网结构，整个城市用地用绿化带环绕，呈东西长、南北短，近似于矩形的形状。在城市外围，东西布置高教区，南北布置仓储区，北部和东部偏南设置两个小型飞机场，形成新的城市外部空间布局结构。

1951年6月，再次修编西安市都市计划，该计划在总结前次规划经验的基础上，吸收了各界对1950年规划蓝图的意见，向东、西、南三个方向划分工业区，增加规划面积30平方公里。这次规划坚持工业区与住宅区混合布置，城市各功能有机结合。

1952年开始，西安在城市规划建设中全面借鉴苏联经验，重新编制城市总体规划，称之为《西安都市计划》。

该计划中止了城市集中向西发展的空间策略，继承唐长安城与明西安城的道路格局，以旧城为中心，南、北大街及其延伸道路为城市中轴线，向东、西、南三方向蔓延式扩展。计划保留了城外南部的文教区和北部、东部的小型飞机场，城北则受遗址及铁路等制约因素，不作为城市空间的主要扩展方向。同时取消工业区与住宅区的相间布局，集中布置大面积的工业区，城市规模缩小。

2. 规划总结

优点：三次"都市发展计划"都是民国时期近代城市都市计划理念的延续，对引导当时城市建设起到了积极作用，这也是新中国成立后西安城市空间结构发展的开始。三次计划在总体上提出了跳出明城建新城的思路，客观上有利于削弱城市发展带来的影响，对城墙乃至整个明城区均能起到一定的保护作用。1952年西安都市计划继承和

上图：建国初期的印花税票和人民币

中图：建国初期的宣传画

下左图：1951年春节前夕西安机务段蒸汽机车整装待发

下右图：1952年朝阳门外中兴路的西安人民搪瓷厂大门

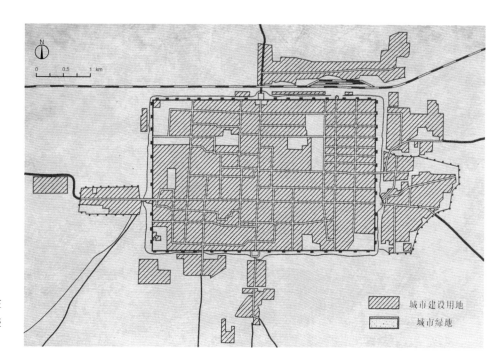

1949年西安市城市建设现状图

1949年，西安城市的地域范围主要集中在
明城墙之内，此外，东门外也聚集了一些
低档住宅区，作为当时的城市扩展区。

图例

▨ 城市建设用地

▭ 城市绿地

延续了明城道路格局，依托历史轴线，强化城市的中轴线
建设，将现代城市发展与城市的历史格局相结合。

　　局限性：三次计划的编制内容主要针对城市的总体发
展思路和功能空间布置，缺乏对城市各类系统的进一步考
虑。由于规划中对城市中心位置的变更，使城市中心与城
墙的距离过近，关联密切，随着城市的发展必然会对城墙
保护产生一定的影响。

3. 城市建设

　　新中国成立初期，西安市城市建设依据都市计划逐步
开展。这一时期城市建设主要体现在以下方面。

　　道路建设：1949年，洛阳到潼关铁路修复，陇海线通
车至西安，将西安与全国其他城市进一步联系。1950年，
西安开始修筑解放路、东大街水泥路面。1952年以前，相
继完成环城西路、环城南路、大雁塔路、和平路、沣惠西
路、沣惠东路等路基工程。1952年，西安汽车站在解放
门西侧成立，开通西安到兰州、银川、北京的直达班车。

　　居住区建设：结合工业建设工人住宅区等居住类型。

　　商业设施建设：老城区的商业基础，以及依托工厂附
近小商店的建设。

　　公共服务设施建设：1952年10月，西安市体育场建
成。同年，西北军政委员会卫生部直属医院建成，1954
年改名为西安市中心医院。

　　产业发展建设：建立了3507厂、544厂等一批工业企
业，新西北印染厂、西安制药厂、603厂、604厂、606
厂等工业企业依据规划进行建设。

　　园林绿化建设：1952年，西安市响应党的号召，开
始栽培行道树。同年，修葺鼓楼、大雁塔、小雁塔、卧龙
寺、清真寺等名胜古迹，修整革命公园、莲湖公园、建国
公园，改善市民文化娱乐场所。

　　市政设施建设：1951年8月，西安市在西关动工兴建
第一座水厂，1952年10月，自来水工程处向西安市民首
次供应自来水。同年完成东城、西城及新城区三大下水道
干线修建工程。

1960年代的西安老照片. 刘一

7.1.2 理性区划：西安市第一轮总体规划（1953—1972年）

新中国成立后，政府用三年时间完成了国民经济的恢复工作，为国家开展有计划的经济建设创造了条件。从1953年开始，中国全面学习苏联模式，即以五年为一个时间段来制定国民经济和社会发展的中短期计划、规划。"一五"计划以苏联帮助中国设计的156个建设项目为中心，其基本任务是："集中主要力量发展重工业，建立国家工业化的初步基础；有步骤地对农业、手工业和资本主义工商业进行社会主义改造"。[1]

这一时期，中央对西安的建设和发展极为重视，确定西安为全国重点建设城市，在全国156个重点建设项目中，安排在西安的有17项，是接受项目最多的城市。在大规模重点建设进行的同时，地方经济在已经恢复规模的基础上，充分挖掘潜力，扩建、改建了一批中小型企业，同时以轻补重，工业基础基本奠定，尤其是重工业得到了空前的发展，工业经济实现了农业向重工业转变的历史跨越。大量工业项目的安排，对城市布局和发展也提出了新的要求。新的城市总体规划应运而生，轰轰烈烈的经济社会发展也掀起了西安第一次大规模建设高潮。

1. 规划概述

西安第一轮总体规划（1953—1972年）在时任政务院委员兼财政经济委员会副主任李富春、国家建设局局长万里亲自组织、苏联专家重点指导的情况下进行编制。

城市性质：以轻型精密机械制造和纺织为主的工业城市。

城市规模：市区人口近期（至1957年）100万人，远期（至1972年）120万人，另有距市区7公里的北郊

第一轮西安市城市总体规划（1953—1972年）土地利用规划图

渭滨工人村和距市区10千米的东郊洪庆工人村两镇各1万人，共有城市人口122万人。

　　城市布局：规划范围以旧城为中心，向东、南、西三个方向扩展，其中中心为商贸居住区，南部为文教区，北部为大遗址保护区和仓储区，东部为纺织城，西部为电子城。

　　遗产保护：对汉城遗址、大明宫遗址、阿房宫遗址等著名的大遗址，以及明代城墙、大小雁塔、钟楼、鼓楼、明秦王府等文物古迹均进行了保护规划。城市路网继承了唐长安城的"棋盘式"格局，对旧城区采取"充分利用，基本不改建"的原则，以保护古城风貌。

2. 规划总结

　　优点：第一次总体规划运用了1933年《雅典宪章》中的理性主义思想，依据城市产业的发展需要，划分城市功能区，构建了西安现代化城市的雏形，为之后城市的有序发展奠定了良好的基础。这是继隋唐长安城规划以后，西安城市规划史上新的里程碑。

周干峙
（1930—2014）

周干峙（中国科学院院士、中国工程院院士，原建设部副部长，曾参与西安市总体规划和详细规划）在回忆西安首轮城市总体规划的原则时描述："一是在旧城原有的基础上发展。在扩建过程中对旧城逐步加以改造，使之适合于新的社会生活要求；二是保证工业、各企业有良好的生产活动和发展条件，又有方便合理的居住地区；三是为居民规划美好的生活居住区，有足够的公共福利设施；四是考虑城市建设投资的经济合理；五是充分利用自然条件和建筑艺术来建设美丽的城市。"

1970年代的西安钟楼

1950年代的国营纺织城西北第四棉纺织厂

1960年代的陕西师范大学校门

规划较好地结合了西安的历史特点和现实需求，关注汉唐以来城市的发展变迁，尊重西安传统的城市格局，重视历史遗址、文物古迹的保存、保护和利用。规划保留古城格局，避开汉唐遗址，采用两翼发展工业等内容和决策，对保持古城风貌、保有地方特色、保护民族文化起到了积极的作用，也适应了当时的社会生产和人民生活需要。

局限性：由于认识水平和形势发展变化的影响，规划中也存在不少问题。如以明城作为城市的中心，承担政治、经济、文化等多种城市职能，使老城的人口、交通等负荷都过于沉重，不利于古城的保护。城市设计的观念还不够强，观点不鲜明。只注重了文物本体的保护，对文物建筑的历史环境问题未有充分的考虑，导致钟鼓楼、城墙附近建筑风貌控制不足。此外，本次规划中也未提及对明城墙的利用问题。

3. 城市建设

"一五"期间，随着西安经济全面恢复，城市建设也有了很大进步。并依据规划，初步奠定了城市发展规模和基础设施。这一时期城市建设主要体现在以下方面。

道路建设：新建联系东西郊以及向南延伸的城市主干道路，打通拓宽了东西五路，新建了西郊的阿房路、丰镐路、劳动路、桃园路、丰登路、丰惠

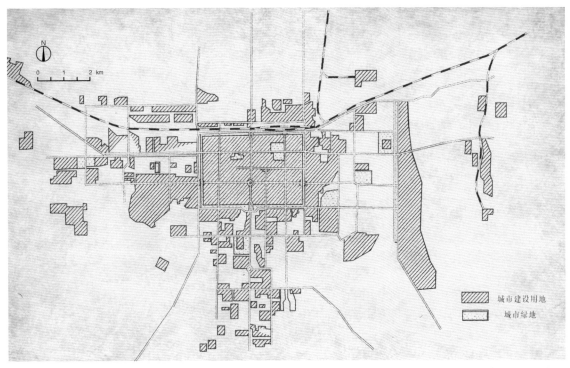

1958年西安市城市建设现状图

路、团结路、汉城路和东郊的长乐路、金花路、万寿路、幸福路，以及南郊的长安路、雁塔路、友谊路、小寨路等，北郊的草滩路、大兴路等，构成城市建成区的骨架。西大街鼓楼十字、东大街大差市十字、解放路五路十字开始使用信号灯指挥交通。开通钟楼-解放门第一条无轨电车运营线路。公共交通车辆增加至90余辆。

居住区建设：在明城区外部，出现了为工厂、大学、研究所等配套的职工宿舍，形成"单位大院"式工作-居住混合体形态。

商业设施建设：城墙内作为城市的商贸区，由东、西、南、北四条商业大街和解放路商业大街组成，并以与主干道相接的街巷商业点作为重要补充。如解放路百货大楼、华侨商店、解放商场等，都是著名的商业机构。

公共服务设施建设：建成西北人民体育场（今陕西省人民体育场）、西安市第一座工人疗养院，筹建西北高干疗养院（今陕西宾馆）、半坡遗址博物馆、西安市儿童医院、武警陕西总队医院等公共服务设施。交通大学在西安建校，并制定十二年发展远景规划，由西北工学院和西安

航空学院合并而成立的西北工业大学在西安诞生，陕西省立师范学校与陕西师范学院合并为陕西师范大学，组建西安建筑工程学院，随后一批高等院校和中等专业技术学校也相继建立，大学院校实力初现。

产业发展建设：结合一五建设，到1957年，西郊的电工城、东郊的纺织城和机械工业区、南郊的文化区都已具有了相当的规模。新建了一批工厂，如西郊的西安机械厂、庆安机械厂，东郊的西北第三、第四、第五棉纺织厂、西北第一印染厂、西安第一针织厂等。

园林绿化建设：兴建了兴庆公园、劳动公园、西安动物园和大雁塔西边的长安盆景园。大兴善寺改建成新风公园，东郊纺织城地区建成纺织城公园。为了方便群众游憩娱乐，填补东、西郊工业区和南郊文教区没有公园的空白，以及完善公共绿地布局，还新建了一些小型公园。

市政设施建设：修建了城区雨污合流的总截流管和部分排水干管，形成了旧城区排水系统的轮廓。西安市污水厂位于西北郊，于1958年建成投产，采用机械处理，日处理能力为6万立方米。

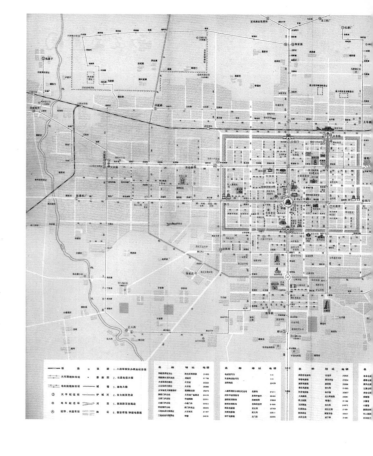

左图：西安交通图. 1978年

陕西省革命委员会测绘局编绘，陕西人民出版社出版，陕西省新华书店发行，陕西人民印刷厂印刷

右图：古都西安交通图. 1993年

西安地图出版社出版、发行，新华书店经销，西安地图出版社印刷厂印刷

7.1.3 严整布局：西安市第二轮总体规划（1980—2000年）

1958年的"大跃进"和人民公社化运动导致国民经济遭到严重破坏，加上三年自然灾害，人民生活状况不断下降，饥荒严重，食品紧缺。1961年初，我国开始了国民经济调整时期，并于1962年召开了第一次城市工作会议。然而在经济尚未完全好转的时候，1966—1976年经历了十年"文化大革命"运动，长时间的社会动乱使得国民经济发展缓慢，主要比例关系长期失调，经济管理体制更加僵化。1960年代之后，国际局势逐渐趋向缓和，许多国家经济起飞或开始持续发展，美欧日经济实力大发展、大提升。中国不仅没能缩小与发达国家已有的差距，反而拉大了差距，失去了一次发展机遇。

1958—1978年，西安同全国一样，整体社会经济处于迟缓和徘徊状态，各项规划建设活动相对停滞。1964年起的"三线"建设，让地处战略后方的西安在国防科技工业和民用大中型企业建设方面取得了快速发展，一大批科研院所与大专院校内迁古城。西安的科研实力、现代加工工业能力迅速增强，基础设施有了相应的改善，使其成为我国重要的航空、航天、电子、纺织和机械工业基地。

1978年改革开放极大地推动了经济社会发展，城市规划工作得以恢复加强。1980年代初短短几年，全国90%以上的设市城市已经完成了总体规划的制定和报批工作，324个设市城市的第二轮总体规划于1985年提前完成。

1. 规划概述

在改革开放的政策经济背景下，西安市编制了第二次城市总体规划（1980—2000年）。这次总体规划重点提出保护和发展相协调的规划思路，针对当时突出的发展矛

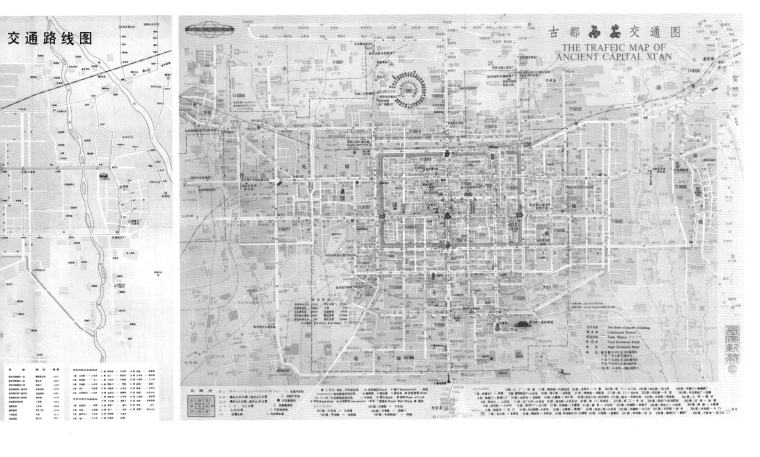

盾，通过扩充建设用地、配套各类公共设施来保证城市的
正常运转。

城市性质：建设成为一座保持古城风貌，以轻纺、机
械工业为主，科学、文教、旅游事业发达的社会主义现代
化城市。

城市规模：城市总用地162平方千米。中心市区和纺织
城，不包括市属县、近郊农民以及洪庆、渭滨两个工人村、
部队和流动人口，近期人口160万人，远期人口180万人。

城市布局：延续第一次总体规划的功能布局，中心为
商贸居住区，南部为文教区，北部为大遗址保护区和仓储
区，东部为纺织城，西部为电子城，旧城区为保护和改造
区。减少工业、仓库用地，减少居住人口，改善居住条
件，增加公共福利设施和绿化、道路、广场等用地。

遗产保护：明确提出了保护历史文化名城的要求，确
定了"显示唐长安城的宏大规模，保持明清西安的严整格

局，保护周、秦、汉、唐重大遗址"的古城保护原则。提
出保持古都风貌和明城严谨格局，保护城墙的完整性，将
明城墙、四城门楼、护城河、环城林构成一个完整的保护
区，并对旧城内的建筑高度进行了控制。国务院在对该规
划的批复中要求加强历史文化名城保护，反映古都独特风
貌，尽量利用明代城墙、城河以及环城绿地建设环城公园。

2. 规划总结

优点：第二次总体规划突出了保护和发展相协调的规
划思路，在延续第一次总体规划严格功能分区的基础上，
加大了历史文化名城保护力度。强调古城保护，提出"保
存、保护、复原、改建与新建开发密切结合，把城市的各
项建设与古城的传统特色和自然特色密切结合"的原则。
吸取并继承了唐长安城均衡对称的格局，保留了明城墙、
城河、城林，在其外围开辟城市干道。同时结合自然地貌

1980年代西安南大街

1980年代修葺中的西安钟楼

1980年代西安城西门

进行路网规划，按远景用地指标和自然地貌特点进行用地布局和功能分区。保留并翻修、改建了一些相对完整的明清街道与院落，将历史上遗存的主要古建筑、古遗址作为城市空间艺术布局的景点和主要道路的对景、端景，并规划为绿化用地。

局限性：本次规划对工农、城乡关系缺乏系统规划，城市内部用地属性未经过细致规划，初期大量单位用地的预留和后期的"填空补实，紧凑发展"，造成了土地浪费和偏紧状况并置。对外交通出入口考虑不周，城市干道分类不明确，同时由于严格的功能分区，居住与工作之间的隔离，导致城市运转的负荷日益加大。重视了文物本体的保护，但对文物环境保护考虑欠周，仅将文物建筑、古迹等规划为公园绿地，但未规划明确的保护范围。一些有保存价值的民居院落、会馆、商号和街巷没有列为保护对象，在城市发展中受到很大损毁破坏。

3. 城市建设

1980年代至1990年代中期，二环内是"西安城"的主要范围，二环外基本属于郊区。当时的西安城市建设步伐加快，在城市基础建设的同时，也关注城市风貌的提升，如开展城市建设色彩、城市雕塑设计、城市历史街巷重命名等研究讨论工作。这一时期城市建设主要体现在以下方面。

道路建设：新建、拓宽、翻修了多条道路，贯通二环路，初步形成以钟楼为中心，东门至西门、南门至北门为轴线的四通八达的道路网络。增加公共交通线路，增建公共汽车数量，新建人行天桥和地下通道，提升了道路的通行能力。建设西安咸阳国际机场，加强对外交通联系。

居住区建设：开展旧城居住区成片改造规划，拆除违章建筑。改造低洼地段，拆除明城区内多处传统住宅，统一建设大片的职工住宅小区和商品住宅楼群。

公共服务设施建设：建设陕西省人民政府大楼、西安市青少年宫、易俗社剧场、火车站主楼、陕西省体育馆、陕西历史博物馆、西安卫星测控中心、电视塔等公共服务类建筑。开办专业院校，扩建中小学教学楼，扩建大学校园，新建大学内公共建筑，加快教育事业发展。建设陕西省中医研究院老干

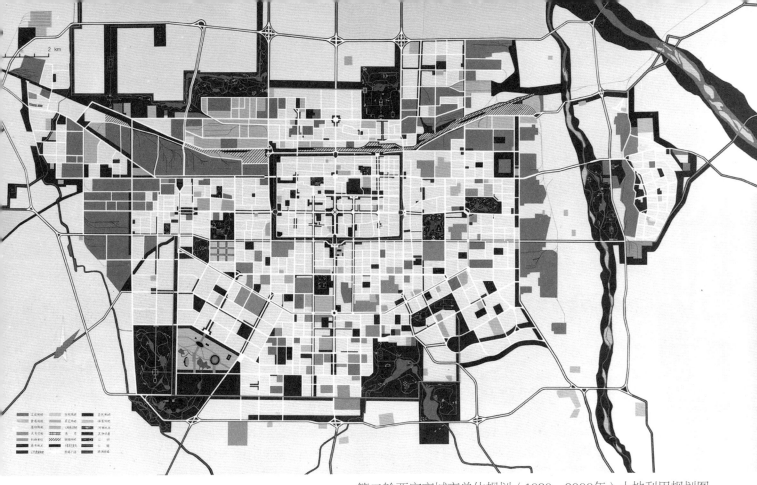

第二轮西安市城市总体规划（1980—2000年）土地利用规划图

部病房楼等，促进医疗卫生事业发展。

商业设施建设：建设西安宾馆、钟楼饭店、金花饭店、唐华宾馆、凯悦大酒店等酒店宾馆，小寨农贸市场、城隍庙市场、康复路批发市场、炭市街副食品市场等专业市场，以及西安解放商场、民生百货、华侨商店、军人服务社和电子大厦等商场，以此调节和改善城市商业网点的整体布局，增强城市中心的综合服务功能，初步构建西安的商业服务业设施体系。同时，依托文化旅游，完成书院门、德福巷、竹笆市、北院门四条旅游观光街道的规划改造。

产业发展建设：在原有工业基础上进一步发展，建设西北地区最大的现代化漂染整理车间、西北最大的火力发电厂、西安啤酒饮料总厂等。建立西北电子工业基地，成立高新技术产业开发区、西安经济技术开发区，推动科技成果转化，促进经济多元发展。

园林绿化建设：注重城市的绿化美化，发起义务造林热潮，绿化进背街小巷、进机关单位等行动。抓好普遍绿化、秋冬绿化，增强河流沿岸绿化、提高城市的绿化覆盖率。绿化美化东大街、长安路等，提升城市景观。新建火车站广场、环城公园、北方乐园等公共空间，改造新城广场，满足人民休闲活动的需求。开放大雁塔地宫、建设慈恩寺游览区，逐步建设具有历史特色的世界游览胜地。

市政设施建设：进行城市低洼地改造。筹建黑河引水工程、改造浐河取水工程、新建污水处理厂和截流管道工程、热电厂和供热站、煤气储配厂、垃圾掩埋场等市政基础设施。对城市的水网、电网、燃气网、电信网进行逐步搭建。加快公厕建设，增加环卫职工和环卫车辆，基本实现了垃圾收集容器化和运输机械化。

7.1.4 组团拓展：西安市第三轮总体规划（1995—2010年）

改革开放以后，随着中共十一届三中全会的召开，全国认真贯彻中央"调整、改革、整顿、提高"的方针，国民经济进入正常发展轨道，中国经济面貌发生了翻天覆地的变化。以城市为中心的经济体制改革不断深入，城市经济和社会结构开始发生深刻变化。如社会主义初级阶段城市中多种经济成分的并存和发展，以及市场经济下城市多功能作用日益加强。

1985—1992年，党中央提出我国尚处于社会主义初级阶段，实行有计划的商品经济，西安市国有企业普遍实行了承包责任制，调动了企业的积极性，增强了企业的活力。1991年3月，西安高新技术产业开发区成立，作为国务院首批批准设立的国家级高新技术产业开发区，打开了西安产业经济发展的新格局。1992年邓小平同志南巡谈话发表和中共十四大召开之后，西安进入了一个新的快速发展阶段。国有企业改革、改组、改造取得明显成效，逐步建立了比较完善的现代企业制度。适时加强以生产消费品和生活资料为主的轻工业生产，创造了很多知名品牌，确立了当时"西安制造"的全国影响力。西安市提出并实施了开放带动战略、科教兴市战略和城乡一体化发展战略，以高新技术产业、现代装备制造业、旅游业、文化产业、现代服务业为先导的五大主导产业，为西安的经济发展奠定了坚实的力量。

1990年代，市场经济给城市带来了活力，却使得城市一方面急速外拓，造成内部功能紊乱；另一方面呈现"摊大饼"式无序蔓延。一批国家级产业开发区的兴起迫切需要规划新的用地来保障城市的持续发展。这种状况促进了我国城市规划工作的极大发展，同时依托《城市规划法》（1989年）的颁布与实施，城市规划的编制体系、管理体制、法规体系和技术规范体系均取得显著成效。

1. 规划概述

依托新的发展目标"以科技、旅游、商贸为先导，为把西安建设成为外向型国际化大都市打好基础；并把保持古都风貌，发展旅游业作为支柱产业之一提到了战略高度，保持明西安城的严谨格局，改善城市环境"，西安市委、市政府依据把西安建设成一个社会主义外向型城市的战略部署，对原规划进行调整和修编，编制了第三轮总体规划（1995—2010年）。

城市性质：世界闻名的历史名城，我国重要的科研、高等教育及高新技术产业基地；北方中西部地区和陇海兰新地带规模最大的中心城市，陕西省省会。

城市规模：到2010年中心城市人口规模控制在310万人，城市面积为275平方千米。

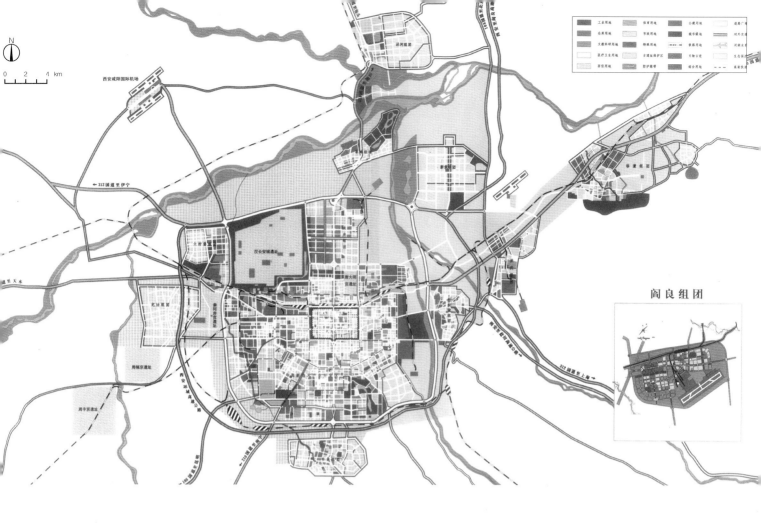

城市布局：按照"保护古城，降低密度，控制规模，节约土地，优化环境，发展组团，基础先行，改善中心"的宗旨，形成"中心集团，外围组团，轴向布点，带状发展"为特色的城市，避免中心城市"摊大饼"式无序蔓延，引导城市向多中心的空间模式发展。

遗产保护：规划重点保护和发展历史文化名城的珍贵遗产，以古都风貌与现代风貌有机结合，充分体现西安历史文化名城和旅游城市的特色。此外，编制了《西安市域历史文化名城保护规划》《保护规划》等，对明城墙旅游区的建筑高度分区、色彩、体量都作了明确规定。

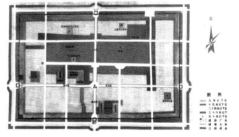

西安市1995—2010年城市总体规划-明城高度分区示意图

2. 规划总结

优点：本次规划充分运用了卫星城理念及沙里宁的"有机疏散"理论，强调区域协调、统筹发展。将城乡结合部和城市周边热点区域纳入土地储备，开拓新的城市发展空间，建设完整的城乡生态环境保护系统，促进城乡经济和社会的协调。同时进一步加强古城保护和城市现代化建设结合，优化城市

建设初期的高新技术产业开发区

建设初期的高新区唐延路

改造后的西安西大街

建成的西安钟鼓楼广场

建成的大雁塔北广场

内部功能布局、大力发展外围新区，提升城市品位和环境质量，为西安的内涵保护和外向型发展奠定了良好基础。

局限性：西安老城叠加在隋唐长安城和明清西安城上发展，其范围内包括很多重大遗址，但这个区域多年来一直是政治、经济、文化、交通的中心，发展要求迫切。新规划并未通过切实的空间操作来疏解老城功能，缓解这一矛盾。规划提出的多核发展骨架，也并未落实到具体的用地层面，导致外围组团没有步入良性可持续的发展轨道。

3. 城市建设

1995年以后，围绕国庆50周年献礼和迎接新世纪，西安市进一步加速城市建设工作，完成了大量促进城市发展和强化城市风貌特色的工程项目，城市建设上了一个新台阶。这一时期城市建设主要体现在以下方面。

道路建设：整修老城内背街小巷的破损道路，对环城路实施扩宽以及平改立工程，二环路建设未央路立交、太华路立交、金花路立交等多个立交。建设三环路与绕城高速，以及城市不同方位的客运站。建设地铁1号线，提升城市道路交通的通行能力，并进一步拉伸城市发展骨架。建设地下停车场和地下商场，钟楼环形人行通道等立体交通空间，促进地下空间开发利用。灞河大桥、黑河大桥、沣河大桥建成通车。扩建西安咸阳国际机场。建设环山旅游公路。

居住区建设：进一步强化旧城危房改造，同时进行"城中村"改造，配合经济适用房，促进商品房开发建设，出现了一批全国城市物业管理优秀示范小区以及环境优美的高品质小区。同时对回民聚居区进行改造保护。

公共服务设施建设：建设西安图书馆、妇女儿童活动中心、西北最大的邮政重件处理中心、西安图书大厦、陕西出版发行大厦、西安美术博物馆、西安国际会议中心、国际展览中心等公共服务建筑。建设奥林匹克中心、陕西省跳水馆、射击馆等一批体育场馆。建设市中心医院、陕西省血液中心等医疗设施。改造中小学危房，建设西部大学城等教育设施，促进各项公共事业发展。

1999年西安城区示意地图

商业设施建设：随着世纪金花、中大国际、开元商城等商场的开业，西安商业设施全面升级。同时形成了钟楼、小寨之外，长乐路、胡家庙、土门等多个次一级商圈，商业设施空前繁荣。全面提升老城区四条大街的街道步行环境，提升书院门仿古街街道品质，丰富人们的商业体验。

产业发展建设：高新区与经开区进一步扩大发展。高新区启动二期开发，包括台湾产业园、清华科技产业园、西安软件园、大唐电信科技产业园等。经开区泾渭科技产业园、纳米科技产业园、国家级出口加工区相继建设。在此基础上，以文化旅游为主的曲江新区投入建设，通过大唐芙蓉园、大雁塔南北广场的修建，运用城市经营思维，促进了城市的经济发展。

园林绿化建设：强化公共空间建设，先后规划和建设了北门广场、南门广场、钟鼓楼广场、西华门广场、北大街广场、玉祥门广场和土门广场。各区增建多个小广场，使城市的局部面貌焕然一新。建设环城西苑、未央湖游乐园、秦岭野生动物园，实施兴庆公园景观改造，免费开放莲湖公园、革命公园、纺织公园等，促进城市公园发展。建设大雁塔南北广场、青龙寺、乐游原、小雁塔博物院、大唐芙蓉园等旅游景点。同时加强道路绿化美化建设，对全市古树名木挂牌并建立档案。

市政设施建设：对原有的西郊热电厂、邓家村污水处理厂等市政基础设施进行改扩建改造。实施全市电网改造和天然气气化工程。新建南郊水厂，对城市供水管网进行扩建。对全市的加油加气站进行整合规划。完成多个区域的路灯改造工程。

7.1.5 九宫格局：西安市第四轮总体规划（2008—2020年）

2000年后，随着西部地区与东部沿海地区在经济发展速度和经济质量上的差距逐渐拉大，国家步入了经济社会快速发展和经济结构战略性调整的重要时期。西部大开发为西安的经济发展带来了新的机遇，关中-天水经济区的批复，构筑了以西安为中心城市的"一核、一轴、三辐射"的空间发展框架体系，进一步明确了西安在国家经济文化发展战略中的地位。

在国家政策的指引下，西安大力推进经济结构的战略性调整，继续深化国企改革，加快"非公"经济发展，改善投资环境，以科技进步为动力，做大做强高新技术产业。同时大力发展现代服务业和旅游业，通过文化建设提升西安的影响力和吸引力，促进西安经济社会发展有序推进。

1. 规划概述

随着西部大开发战略的逐步深入，区域经济快速发展，国家对西安城市规划工作提出了更高、更新的要求，加之临潼、长安已经国务院批准撤县改区，西安市按照国发〔2002〕13号文件的要求，编制了《西安市城市总体规划（2008—2020年）》。

城市性质：陕西省省会，国家重要的科研、教育和工业基地，我国西部地区重要的中心城市，国家历史文化名城，并将逐步建设成为具有历史文化传统特色的现代城市。

城市规模：至规划期末，西安市域总人口规模为1070.78万人，其中城镇人口规模为850.67万人，主城区人口规模为528.4万人。全市城镇建设用地规模控制在865平方千米以内；主城区的城市建设用地总规模控制在490平方千米以内。

城市布局：在主城区范围内凸显"九宫格局，棋盘路网，轴线突出，一城多心"的布局特色。以明城为核心，外围各个功能组团镶嵌，形成了赋有中国特色的小九宫格局。外围形成的八大功能组团围绕老城四周分布，分别是北郊的经济技术开发区、东北的浐灞生态区、东郊的国防科技区、东南的曲江新区、南郊的文教区、西南的高新区、西郊的综合工业区、西北的汉长安遗址区。

在主城区外围，形成了功能各异的大九宫格局。北到三原、东北到阎良、东到临潼、东南到蓝田、南到曲韦、西南到户县（周至）、西到咸阳、西北到空港。道路延续棋盘格局，形成方格加环状放射的路网空间格局，初步构建了三环八射线的市域路网骨架。

遗产保护：规划汲取中国古代城市规划体系中的精髓，延续轴线结构，继承和发展唐长安城棋盘式路网、轴线对称的布局特点。确定以明西安府城主轴线作为西安的城市中轴线，向南北两个方向各扩展10公里。这条轴线集交通轴、功能轴、历史文化轴、城市景观轴四位一体，形成长安龙脉。

在明城区内，保护与恢复历史街区、人文遗存，形成"一环（城墙）、三片（北院门、三学街和七贤庄历史文化街区）、三街（湘子庙街、德福巷、竹笆市）和文保单位、

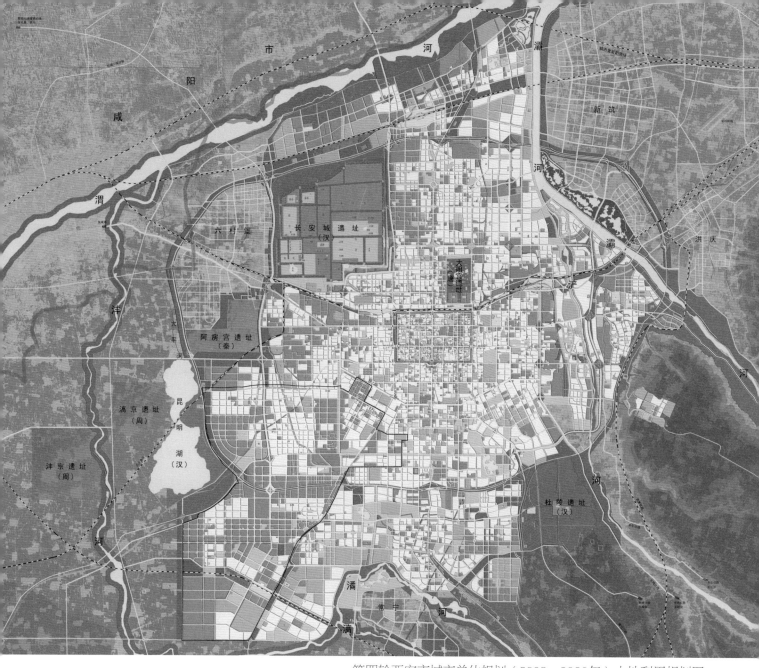

第四轮西安市城市总体规划（2008—2020年）土地利用规划图

传统民居、近现代优秀建筑、古树名木"等组成的保护体系。合理调整用地结构，改善老城城市功能，增强老城活力，通过一系列保护措施，逐步改变西安老（明）城"有古城墙而无古城"的局面。

2. 规划总结

优点：基于可持续发展理念，充分考虑城市与乡村、保护与建设、生态与人居、产业与经济等各种关系的相互协调发展。

通过大、小九宫格局的空间布局，奠定了区域一体化和网络化的大都市圈结构模式，拉开了城市的骨架，为未来大都市区的形成奠定了基础。

规划选择新区围绕旧城发展的结构模式，形成了较为理想的中心城区完整形态。开辟新的功能区，城市内部空间结构由单核演化向多核演化发展，外部空间由星状化结构、点式演化，沿着"点-轴"发展模式向串珠放射状、网络化结构均匀伸展，逐步区域一体化，构筑起西安现代城市的基本框架。

2011年举办的西安世界园艺博览会会址

2013年开园的西安浐灞国家湿地公园

重点保护传统空间格局与风貌、文物古迹、大遗址、河湖水系等，妥善处理城市建设与历史文化名城保护的关系。延续西安历史文脉，保持明城严谨格局，在自然和历史文化的保护中创造城市特色。规划使得西安传统文化和现代城市相融合，展现了西安的新生魅力。

局限性：宏大的区域发展模式在概念层面达到了文化回归的高度，但是在现实操作中，城市的扩张和都市圈的形成，对于环境和资源造成了破坏和浪费。同时，由于城市发展理念的逐步更新和城市建设速度的进一步加快，也使得这一轮总体规划在具体指导过程中，遗留了一些新的问题与矛盾。

3. 城市建设

由于西部大开发建设的政策指引、"大西安"规划的形成以及建设"国际化大都市"的发展目标，西安城市建设迎来了新的契机，并越来越与城市历史文化特质相互融合。

道路建设：地铁1号线、3号线一期以及2号线二期工程、西安北客站、纺织城客运站建成运营，促进了城市的快速交通与接驳换乘。跨国航线的增加，促进西咸机场的进一步扩容。对依托南北大街、长安路延伸的南北中轴线

进行整体改造提升，进一步强化城市形态。城市综合交通体系规划编制完成。

居住区建设："城中村"改造与棚户区改造深入推进，"货币化改造"政策实施。城市新区建设带来了大量的商品住宅建设，"去库存"化政策逐步推进。住宅品质升级，产品多样化呈现。

公共服务设施建设：依托曲江新区建设西安美术馆、西安音乐厅、曲江电影城等公共文化场馆。依托行政中心北移建设市委、市政府等党政机构办公设施、市第三医院、经发学校等医疗教育设施。增加中小学配套建设，实施学区划分。

商业设施建设：引入威斯汀、喜来登、香格里拉等高端酒店，提升旅游城市的服务职能。除了传统的商业之外，万达广场、金地广场、老城根G—park、奥特莱斯、王府井百货、宜家家居等为代表的第四代商业模式打开了西安休闲商业建设的局面。同时，大唐西市、大唐不夜城、秦汉唐等商业依托历史文化建设，强化了城市的特色。新商业模式打破了城市固有的中心格局，商业中心更加多元化。

产业发展建设：产业发展多元化，文化旅游产业势头强劲。高新区西安半导体产业园、中国（陕西）自由贸易

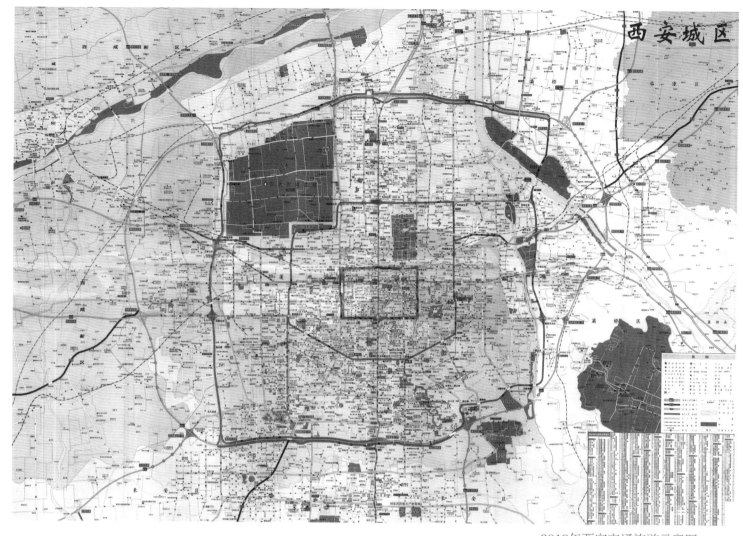

2018年西安交通旅游示意图

试验区、国际港务区等产业新区涌现，促进了城市产业升级发展。纺织城地区综合发展改造、大华1935形成的工业遗产文化产业，曲江新区及西安城墙区域承载的文化旅游产业，均为城市的发展带来多元的动力。

园林绿化建设：依托水系，提出从"八水绕长安"到"八水润西安"的建设口号。依托文化遗址，建设大明宫遗址公园、唐延路绿化带、汉长安城遗址公园、阿房宫公园等大遗址绿地，促进西安的遗址保护与园林绿化的结合。依托园博会，加强世园会的规划建设。新建城市运动公园、曲江文化运动公园等城市公园，加强园林绿化建设，获"国家森林城市"称号。引入"海绵城市"的理念方法，促进城市的生态建设。

市政设施建设：对各项基础设施进行改造扩容，管网进行升级改造，进一步推进天然气气化和高压燃气管道建设。新建公厕，倡导垃圾分类，促进城市环卫建设。

上图：大明宫遗址公园丹凤门
下图：大明宫遗址公园内的微缩景观

大西安新轴线概念
规划图

7.1.6 三轴并立：新形势下的大西安规划

随着科学技术的迅猛发展，经济全球化的体系化和制度化建设以及多元价值观念的包容并存，当今世界发生了复杂深刻的变化。中国经济后起勃发，从落后世界百年，到如今科技日新月异，经济飞速发展，世界影响力大幅提升。2011年末，中国城市化水平首次突破50%，这标志着中国社会变革、经济发展、城镇化进程进入了一个关键时期。为顺应世界多极化、经济全球化、文化多样化、社会信息化的潮流，秉持开放的区域合作精神，致力于维护全球自由贸易体系和开放型世界经济，我国提出了"一带一路"战略。作为丝绸之路起点的西安，也必将打破内生的发展思路，逐步完成从内陆中心到外向型城市，再到国际化大都市的华丽蜕变。

1. 规划背景

2014年，西咸新区正式成为国家级新区，是中国的第七个国家级新区，进一步拉开了西安的产业发展骨架。2016年，中国（陕西）自由贸易试验区设立西安，产业发展平台进一步扩大。2017年是大西安元年，西安迎来了许多新的重大规划、重点城建项目，以及一系列的利好政策。2018年，西安正式成为全国第9个国家中心城市。目前，京东云运营中心、腾讯云大数据中心、西安-亚马逊AWS联合创新中心等云计算及大数据产业项目纷纷落户西安，西安已经具备云计算及大数据、硬科技、物流、文创、电竞等新经济业态的先发优势，产业结构更加多元化、开放化。充分利用国际国内两个市场，优化资源配置，拓宽发展空间，已成为西安经济迈向新高度的当务之急。西安城市的规划与发展也必将随着城市的经济社会变革而调整完善。在2017年西咸新区正式归西安代管之后，大西安建设开始由松散型向紧密型转变，这也标志着西咸一体化由建设大西安进入组建大西安的阶段。

2. 规划内容

2017年，西安编制了《大西安（西安市-西咸新区）国民经济和社会发展规划（2017—2021年）》，作为西安市行政辖区和西咸新区经济社会发展的指导性文件，勾勒了未来大西安发展的宏伟蓝图。

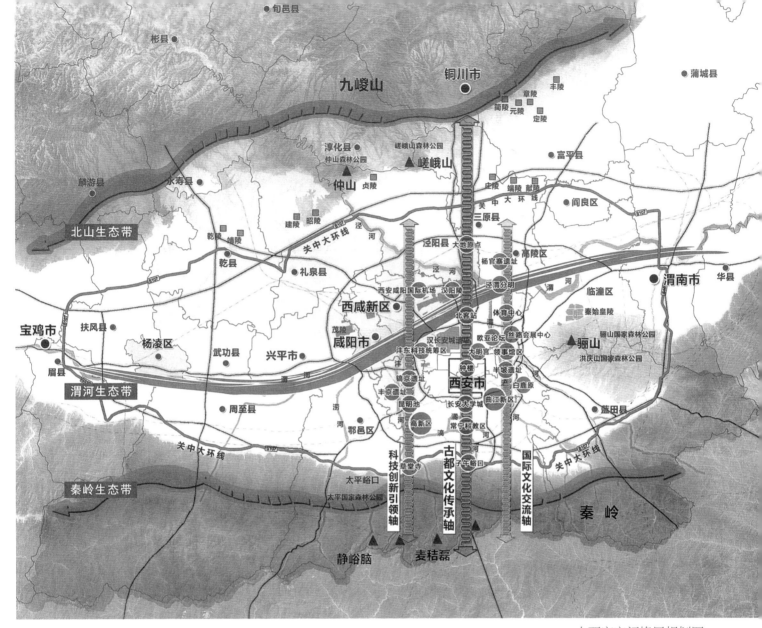

大西安空间格局规划图

规划范围：西安市行政辖区+西咸新区，规划面积10745平方千米。

发展目标：到2021年，西安城市竞争力在全国同类城市中排位显著提升，西部地区重要的经济中心、对外交往中心、丝路科创中心、丝路文化高地、内陆开放高地、国家综合交通枢纽功能日益增强，"大西安"发展格局初步形成，城市集聚力、辐射力、竞争力和国际影响力不断增强，国家中心城市建设初具规模，国际化大都市初步建成。

空间格局：实施"北跨、南控、西进、东拓、中优"战略，形成大西安"三轴两带多中心多组团"的城市发展格局，为国家中心城市和国际化大都市打下坚实城市本底。

产业升级：实施中心城区转型发展计划和古城复兴计划，弱化城墙内行政功能，强化文化、旅游、金融、娱乐功能，建设国际水准中心城区，建设"三廊、一角、一通道"产业发展格局，推动文化产业转型升级，打造世界级古都品牌等内容都为大西安的建设发展提供了新的思路。

交通体系：构建大西安立体综合交通体系，布局国家级、区域级、都市级等三级综合枢纽，形成"345"立体综合交通发展体系。

1950年代

1960年代

1970年代

1980年代

1990年代

2000年代

2010年代

"如果世界上艺术精华，没有客观价值标准来保护，恐怕十之八九均会被后人在权势易主之时，或趣味改向之时，毁损无余。一个东方老国的城市，在建筑上，如果完全失掉自己的艺术特性，在文化表现及观瞻方面都是大可痛心的。"

——梁思成《为什么研究中国建筑》

7.2 护城：
城墙及其周边环境的保护与变迁

西安明城墙，是我国现存规模最大、保存最完整的古代城垣。它从历史的风雨中一路走来，携带着这片土地和这座城市的深厚记忆。从隆盛到沉暮，从帝都到藩镇，每个历史时期的和谐与抵牾，荣衰与兴亡，都清晰地镌刻在城墙之上，城墙已成为这座历史城市的大地标识和文化代言者。城市变迁，沧海桑田，象征冷兵器时代的城墙终于淡出历史舞台。面对现代社会快速发展的迫切要求，城墙一度成为城市的藩篱。自20世纪50年代起，城墙的存废之争就相互纠葛，而废声高涨。在声势浩大的拆墙运动中，北京和南京的古城墙皆无法自保。西安城墙由于多方力量的坚守，在存废博弈中，终得以保全。

1949 二月 严禁市民居住及取用城墙墙土
因城墙多处防空洞有居民居住并随意取土，西安市政府下文严禁。

五月 西安城宣告解放
在解放西安的战斗中，部队命令攻城不许用炸药，保护了西安古代具有标志性的历史遗存。

1950 一月 西北军政委员会成立
彭德怀任主席，习仲勋、张治中任副主席。

四月 禁止拆除城墙，且要予以保护
西北军政委员会以彭德怀、习仲勋、张治中的名义发出了《禁止拆运城墙砖石的通令》。

1952 是年 拆除解放门
西安城墙解放门因扩建火车站广场而拆除，成为西安城墙一豁口。

1957 八月 改建环城路南段
西安环城马路大南门与小南门之间的环城路改建竣工。

十二月 护城河改造工程开工

1958 十二月 拆墙危机
西安市建设局向市人委报送了《关于西安市拆除城墙工作计划的意见》。

1959 九月 保护城墙
西安市收到了《国务院关于保护西安城墙的通知》及《文化部关于建议保护西安城墙的报告》。

1961 三月 城墙被列为古建筑及历史纪念建筑物
国务院公布第一批全国重点文物保护单位名单，西安城墙名列其中。

五月 资金支持
陕西省文化局拨款开始整修西安城墙。

十一月 指定取土范围
西安城建局指定了城墙的取土范围，东、西、南三关，可挖取关外城墙土。

1966 四月 西安市义务劳动
西安市30多所中学师生参加环城东路-中山门-和平门、西门-玉祥门等路段修城义务劳动。

1970 是年 城墙破损严重
城墙原有4个城门楼和四门瓮城均被占用；东门城楼、箭楼，北门箭楼年久失修，残损不堪。

是年 城河污染严重
某些单位在雨水管道中乱排污水，居民向城河大量倾倒垃圾，导致河水变浅发臭，溢洪成灾。

7.2.1 存废之争：1949—1977年的城墙命运

现代城市的功能需求是西安城墙"存废之争"的核心问题。城墙之"废"在于满足城市拓展、道路交通需求等发展因素，城墙之"存"在于对城墙的历史文化价值的认知与保护意识。每一次存废之争的背后都是现实功能需求与城墙潜在文化价值之间的碰撞。在每一次拆墙风起的紧要关头，文化积淀产生的道德力量和磅礴大义，促使国家政要、文化学者、文物保护工作者、城市规划工作者等有识之士挺身而出，他们以坚定的信念、担当的道义、无畏的精神和睿智，对古老的城墙进行了一次次的文化救赎，使其在历史的波澜中一次次幸免于难。经历了三轮"存废之争"后，西安城墙的价值也一步步清晰起来。

1. 第一轮：革旧立新的矛盾

建国初期，历经战乱留存下来的厚重城垣，是作为文化古迹保存，还是作为封建旧物舍弃，两种认识截然不同。由于当时城市发展的迫切需求与文保理念的落后，中国掀起一股拆城墙之风，以北京为首，大量的古城墙被拆除。1950年，西安市政府呈送了《拆除西安市旧城计划》，以彭德怀、习仲勋、张治中为主的西北军政委员会针对呈请作出明确反对的批答。这使得西安城墙在建国后愈演愈烈的"拆城风"中得到了更多的喘息机会。

1953年西安首轮城市总体规划编制时，专家们在文化遗存保护与城市发展需求之间的激烈争论，令城墙的存废成为热点。西安市城市规划组曾提出总体设想："城墙和护城河将作为公园绿地保留，成为西安城的一条绿色项链"。而苏联的工业专家则从工业发展和交通问题的角度考虑，认为最好"拆掉城墙，发展更多的道路，解决当时的交通问题"。在一次拍板定论的会议上，几位老干部以"城墙有利于防空，符合人防备战要求""城墙有利于防原子弹、防地面冲击波"为理由，使城墙免去了规划层面的拆除之患。

1954年，北京城墙拆得如火如荼。追随首都步伐，不少陕西省领导也提出了"拆掉西安城墙，填平护城河"的思想，市民们也纷纷上城墙扒砖，为

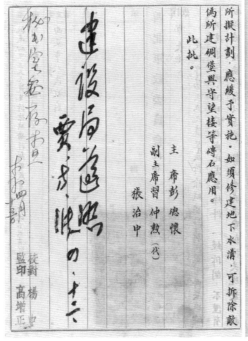

西北军政委员会针对《拆除西安市旧城计划》呈请作出的批答

己所用。时任陕西省省长的赵寿山作为反拆派，将此事上报中央，其意见受到周恩来、陈毅的重视。随即赵寿山召开会议，强调："西安是我国历代名城，也是我们陕西人的骄傲，古城墙是文物古迹，我们一定保护好城墙，把西安建设成为一座现代化的文明城市。"① 主张拆城的风潮暂时被压制住了。

2. 第二轮：政治运动的斗争

"大跃进"时期和"文化大革命"时期，随着国家政治运动的开展，西安城墙迎来了新一轮的命运。

（1）"大跃进"时期

1958年，由于"极左路线"的影响，中国开始了"大跃进"运动，以北京、南京、苏州为主，全国掀起了一次更大规模的"拆城"浪潮。西安人民委员会召集各部门对城墙是否拆除的问题进行座谈。拆除派以城墙失去防御功

能、破败不堪、威胁安全、维修费高、侵占用地、阻碍交通等原因，理据兼备，抢占上风，而保护派只能以历史文化底蕴深厚、有研究欣赏价值来回应，显得单薄无力。

1958年9月24日，西安市委向省委报送了请示报告，报告中称："西安城墙今后总的方向是拆，可以不予保留，但为了便于人民以后瞻仰，可保存几个城门楼；目前先将需要拆除的地方和危险的地方先予以拆除，暂不组织大量的人力全面集中搞，今后按照城市发展的需要，结合义务劳动逐步予以拆除"。省委复函"原则同意"。12月5日，西安市建设局向市人委报送了《关于西安市拆除城墙工作计划的意见》，计划除了保留四处城楼、四个城角及已建成的城洞外，全面拆除其余城墙部分，全部拆除工作于1962年前全面完成。

随后西安城墙开始了真正的大面积拆除，南城墙西段外包砖全部拆走，西安城墙上垛口的砖几乎被拆完，这是解放以后城墙遭受破坏最严重的一次。"城墙上5000多个

① 商子秦. 西安城墙与西安人：情感的守护［J］. 三联生活周刊. 2014年第46期

1960年代西安城墙　　　　　　　　　　　　"文化大革命"时期的安远门城楼、箭楼

上图：文化部关于建议保护西安城墙的报告

下图：陕西省人民委员会转发国务院"关于保护西安城墙的通知"

垛墙、98座敌楼，以及墩楼、角楼被拆除，城墙墙体被挖断两处，近20000平方米的外墙青砖被剥掉。"[1]面对拆墙危机，陕西省文物管理委员会向国务院打电报，得到了习仲勋等国家领导人的高度重视和支持。1959年9月26日，西安市收到了《国务院关于保护西安城墙的通知》，通知附上了《文化部关于建议保护西安城墙的报告》。至此，西安城墙的保护方针真正从国家层面确定下来了。这是近代以来，从国家层面第一次对西安城墙价值的详细论述，具有里程碑式的意义。同年12月28日，西安市市长刘庚签署了一份文件，"自即日起严禁拆取城砖、挖取城土以及其他破坏城墙的行为"。

1961年3月4日，国务院公布了第一批全国重点文物保护单位，西安城墙被列为古建筑及历史纪念建筑物第57号。同年5月30日，陕西省文化局拨款开始整修西安城墙。1963年4月17日，根据国务院发布的《文物保护管理暂行条例》的规定，文化部颁发了《文物保护单位保护管理暂行办法》，进一步推动了西安城墙的保护管理工作。

（2）"文化大革命"初期

1966年6月1日，中央通过了《关于文化大革命的决定》，进一步肯定了破"四旧"的提法，西安城墙作为破"四旧"的对象饱受创伤。

"城墙的夯土被挖走了，有的拿去做基建，有的被市民拿去和煤。那时候西安流行面煤，煤饼要用黄土来掺和，西安市不好挖黄土，大家就去挖城墙，把许多地方都挖塌了。"西安文物保护修复中心研究员秦明建说。

① 西安市地方志馆，西安市档案局．西安通览［M］．西安：陕西人民出版社，1993．

1980年代改造前破败的城墙

"大家都可以到城墙上去拿砖，时不时抽一块。因为它是散的，不需要敲敲打打，拿就对了。附近的顺城巷，南顺城巷很多居民，家里就拿砖垫东西，垫桌子垫椅子垒灶。"文化学者肖云儒说。

"抗战的时候城墙里挖了许多防空洞，一直没有得到保护，到五六十年代城墙已经非常破了，人们还在里面储藏大白菜，甚至还有小社办工厂。城墙底下就更不用说了，人们在上面掏洞，把城墙很多地方都掏空了。"西安市作家协会副主席商子秦说。

由于人们各自为政，又没有大型工具，西安城墙在文革初期跌跌撞撞，却没有被完全拆除摧毁。很大程度上是城墙靠自己庞大的身躯保护了自己。

3. 第三轮：遗存发展的博弈

虽然国务院早已明确指示西安城墙应当保护，但城市发展总是会与它起冲突。一些经济学专家在"寻找陕西落后的原因"时说道："西安城墙是陕西人头上的紧箍咒，束缚遮挡了人们的视线"。

1970年代初，在"深挖洞，广积粮，不称霸"的时代背景下，西安在城墙上挖了很多防空洞，一些工厂和单位更以挖洞为由设置仓库。西安工防指挥部也提出了拆除城墙，修建环城地铁的方案，已经被军管的陕西省委，很快批准了这项计划。西安城墙面临着最严重的一次危机，其去留问题再一次摆上了台面——这是它面临的最后一次"命运审判"。

讨论实施拆古城墙修地铁方案时，时任西安市革委会基建办公室城建处处长张景沸以"工程浩大，资金难以筹措"为由明确反对。当时，这个有着120多万人口的城市，刚刚从运动的无序与混乱中喘过气来，资金匮乏是最好的理由，后来西安的老文物工作者们又积极奔走，拆墙风波得以平息。

至1970年代末，西安的城墙损毁严重。按照当时的统计，"墙体毁断14处，计1225m²，外墙青砖被扒1846万m²，墙体有洞穴2100孔，总塌方量超过20万m³，墙顶砖铺海墁、外沿垛墙、内沿女儿墙、内侧流水槽、登城马道等均遭破坏。"[1]西安城墙几乎成了一圈土墙。

在文化遗产的意义还没有完全被理解之前，西安城墙不过是一个历史的旧物，庞大而破损，处境尴尬。此时，遭遇拆除危险，城砖被随意搬取，城墙就如同城市的废墟，落寞巨大，苍凉无限。

① 商子秦. 西安城墙（保护卷）[M]. 西安：陕西科学技术出版社，2012.

1978 六月 拆除环城林中的违章建筑
西安制定城市建设管理工作规定，城建部门带头拆除本部门在环城林中的违章建筑。

1979 十二月 环城公园筹建
西安市成立环城公园筹建处，决定将环城林地规划改造为环城公园。

1981 十二月 城墙保护日渐明晰
国家文物事业管理局按照习仲勋的批示，形成了《请加强西安城墙保护工作的意见》。

1982 二月 历史文化名城确立
国务院公布了有重大历史价值和革命意义的24个城市为中国第一批历史文化名城。

七月 首倡全民义务劳动
政府倡议建设西安环城公园，几十万市民参加义务劳动。

1983 二月 西安环城建设委员会成立
名誉主任马文瑞，主任何承华，副主任张铁民、李廷弼、赵毓华、何家成、张景沸。

1984 五月 在整修中发现遗址
在西安城墙整修工程中，发现隋大兴-唐长安皇城南墙朱雀门、含光门等重要遗址。

七月 环城建设首战告捷
经过环城建设，基本恢复了城墙的完整性，环城公园初具雏形。

1985 二月 举办"农历乙丑年春节西安古城灯会"
环城建设委员会举办"农历乙丑年春节西安古城灯会"，作为开发西安城墙旅游资源的首次尝试。

1986 是年 日本遣唐留学生吉备真备纪念碑在西安南门外环城公园落成

1987 是年 中央政治局委员、书记处书记习仲勋视察西安环城建设工程

1988 是年 西安市环城建设委员会召开会议
习仲勋同志应邀担任该会名誉主任。

1989 是年 唐长安城含光门遗址保护主体工程完工

1990 是年 西安城墙南门吊桥、闸楼、月城修缮工程全面完成

1998 是年 西安市开始实施城墙护城河综合治理工程
驻陕某部队工兵团千余官兵进驻清淤，清淤大战历时近1年，清理河底淤泥20万立方米左右。

20世纪80年代的安远门（北门）

维修中的西安城垣

7.2.2 四位一体：改革开放后的环城建设

西安明城墙保护的立论一直与拆除的立论相互纠葛，贯穿存废争议的始终，这反映了人们对城墙身份认知的曲折变化。尽管西安明城墙早在1962年就被国务院列为第一批国家级文物保护单位，但名义上的认可并没有太多落实到行动。"西安城的城建城构，已基本寻找不到昔日'国都'的遗韵，只是依稀露出'望之若新，忽焉若旧；望之若刚，忽焉若柔；望之若华，忽焉若朴；望之若驳杂，忽焉若纯粹'"[1]。昔日的风华和美仪，烟消云散。改革开放后，已经"千疮百孔，遍体鳞伤"的西安古城墙终于迎来了命运的转折。

1981年11月22日，时任中央书记处书记的习仲勋仔细阅读了新华社记者卜昭文撰写的"我国唯一的一座完整的封建古城垣遭到严重破坏"一文后，立即要求国家文物事业管理局进行查证。国家文物事业管理局按照习仲勋的批示，于同年12月31日形成了《请加强西安城墙保护工作的意见》。除了在政策上的保护之外，世界银行也予以资金支持，保障西安实施了明城墙保护及环城公园建设工程，城墙的城市遗产地位才日渐明晰。

此时城墙的残破程度严重，城河已成了老城区的污染源，直接影响到城墙的安全，再加上外环路不通导致行车阻塞，从解决问题的基本点出发，西

---

① 鹤坪. 城之幸-改革开放30年西安城市规划建设巡礼 [J]. 北京规划建设. 2009（01）

陕西省人民政府
（82）陕政办函字　2号

3、建议你们以政府名义公布保护城墙的命令或条例。自明令公布之日起。严禁乱拆城砖,乱挖墙脚的破坏行为。如有故犯者,不论大小机关、公私人等,均应依法惩处。为首者应予严惩。

你府有何意见。拟采取何种具体措施。有无要我们协助的地方。亦望见告。

国家文物事业管理局
一九八一年十二月卅一日

—2—

请加强西安城墙保护工作的意见

陕西省人民政府:

一九八一年十一月二十六日习仲勋同志看到新华社国内动态清样11月22日第2852期所载《我国唯一的一座完整的封建古城垣遭到严重破坏》的情况后,曾批教书打电话告知我局,转请你局对西安城墙认真保护,制止破坏。

为了作好西安城墙的保护工作,我局特提出如下的意见,请予考虑:

1. 西安城墙是我国现有规模最大、比较完整、具有很高保存价值的历史古城,是国务院公布的全国重点文物保护单位之一。把古城墙保护好,对于研究古代城池建筑,发展旅游事业,都具有很大的意义。因此,希望你们按照国务院《文物保护管理暂行条例》规定的精神,责成西安市人民政府切实做好保管工作。要划出必要的保护范围、作出保护标志与说明。并且建立科学纪录档案,设置专门的文物保管机构。

2. 目前西安城墙的破坏,涉及到的部门较多,应有一个统一的规划方案,制定维修、保护办法。所有的占用单位要限期迁出。今后城墙的保护由专门机构负责管理,并将保护城墙纳入城市规划建设之中。

—1—

西安市人民政府:

根据省政府负责同志的意见,现将我厅送阅件(第5号)送阅的国家文物事业管理局《请加强西安城墙保护工作的意见》送给你们,请按照国家文物事业管理局所提意见精神,组织省有关部门调查研究,提出加强西安城墙保护工作的具体意见,然后再由省、市共同商定几条切实有效措施,颁布执行。

一九八二年一月二十日
办公厅

《请加强西安城墙保护工作的意见》

安市委、市政府提出了"维修城墙,整治城河,改造环城林,打通环城北路"的"四位一体"规划模式:"按照'保护与建设相结合'的建设方针,把保存、保护、改建与新建开发密切结合,以城墙为主体,实行墙、河、林、路综合治理,保护历史文物,综合考虑排水、蓄水、绿化、游览和市政交通等各项要求。完善雨水排蓄系统,保证古城安全;开通道路,缓解交通阻塞状况;增加绿化面积,建设环城公园;营造城墙文化景观,吸引更多游客和市民游览驻足。"①

1983年2月,西安环城建设委员会成立,在极其艰苦的情况下开启了"全民修城墙"的时代,使得城墙迎来了大规模重建和修复,西安古城墙的保护工作从此走上正轨。环城建设工程的施工组织采取先维修城墙,整治城河,然后进行环城林改造建设和环北路隧道工程,整个工程大体经历五个阶段。

同时,环城建设管理部门采取"边建设、边管理、边经营、边受益"的方针,多次举办灯会、专项展览以及多种民间娱乐活动,增加服务设施,接待国内外游客,将历史古迹与城市发展相融合,收到良好的社会效益、环境效益和经济效益。据统计,自1984至1998年以来,西安城墙共接待中外游客1200多万人,其中海外人士90多万人。

1. 城墙的修复

这一阶段城墙按照"修旧如旧""不改变文物原状"的原则,按照乾隆年间的墙体结构,开始大规模整修加固,是今天城墙风貌形成的重要时期。

一是修补城墙本体。主要工作有:内外墙面夯土包砖、补砖,封堵加固全部洞穴,修复内外女儿墙及垛墙,补砌海漫和内侧流水槽,新建拓修马道(或踏步),券修豁口门洞,补建已被拆毁的东门、北门箭楼、南门闸楼、吊桥等大量工程,使西安城墙焕然一新。

二是设定保护范围和措施。以城垣为核心保护对象,划分3个保护范围,即绝对保护区、环境影响区和环境协调区。绝对保护区:墙基部内外各6米范围以内及瓮城内

① 张景沸,裴兆雄. 介绍西安环城建设工程 [J]. 城市规划, 1984 (03): 43-45.

1980年代的西安城墙

院，禁止一切占用和修建，严格保持古城原貌，结合绿化设计，布置盆景花坛。环境影响区：城墙内侧20米以内至城外环城路内沿，除园林建筑外，不得修建其他建筑物和影响墙体安全的地下工程。环境协调区：城内顺城街外沿以外50米及城外环城路内沿以外50米，建筑物高度不得超过12米，城外协调区建筑物高度不得超过25米，四门及与城墙交接的主要道路口附近，建筑物的高度、体量及造型，应按视角关系作更严格的限制。

2. 护城河的治理

解放后，护城河改变原有功能，作为城市排洪的唯一渠道，接纳城区40多平方千米范围内的雨水径流，同时由于周边企业和居民的污水无序排放，致使护城河淤泥沉积，蚊蝇孳生。1981—1982年间，发生3次强降雨，形状残破、河床不整的护城河失去了滞洪的作用，城河淤塞，河水倒流，对护城河周边房屋带来了严重的损坏。

1983年4月，作为环城建设工程的一部分，西安市成立城河工程指挥部，由各区负责义务劳动修建，确立了"排蓄兼顾，结合游览"的原则，对护城河进行了全面的整治工作。1983至2000年，共进行了两轮护城河河道整治。

1983—1985年，护城河的清淤工程和托整修形工程紧密进行，在清除淤泥的基础上，修建河床断面，对河道两边的护坡进行片石砂浆砌帮和植草优化。结合护坡修建踏步，在城门、拐角等重点区域设置码头。1985年年底，护城河河道贯通，"死潭"变成了活水。

至1990年，护城河新建拦河坝7处，5座为钢筋混凝土坝，2座为橡胶坝。安装金属闸门12个，形成河道蓄排、调节和拦洪的完整体系。维修桥涵5处，改建新建桥涵17处。进行引水渠明渠维修和暗管敷设33千米。改造退水渠涵4.5千米。建设火车站区域护城河隧道448米。自此河水舒阔，河岸浑厚，护城河初具面貌。建国门、文艺路、南门、小南门等河道上，也架起一座座桥梁，连接内外，

左图：修缮中的安定门. 1987
右上：修缮中的长乐门. 1984
右下：城门券修. 1987

增添景致。

　　随着城市污水排放量持续加大，这条古老的河道又陷入了新的历史矛盾中。1998年市委市政府开始组织新一轮护城河综合治理，包括河水进水净化、截污、清淤、衬砌、退水、护坡整治及周边环境改造等工程，工程主体于2002年基本完成。

　　当时，专家们提出要彻底改善护城河的水质，河道清淤及衬砌是个核心，此工程"预计挖泥方38.8万立方米，衬砌毛石护底6.57万立方米，浇砼护底3.15万立方米等"[1]。这个时间紧、难度大的工程交给了中国人民解放军第47集团军承担支援，这些人民子弟兵们历经重重艰难险阻，克服多重困难，光荣地完成了使命。

3. 环城公园的建设

　　20世纪80年代前，环城公园仅为一个林带，称环城林，荒草丛生，间有野生小动物活动。1950—1960年代住进的部分西安市民在园内种粮种菜，林带内杂乱的居民房和绿化高大的乔木完全遮蔽了古城墙，挡住了人们观赏城墙的视线。

① 商子秦. 西安城墙（保护卷）[M]. 西安：陕西科学技术出版社，2012.

1990年代顺城巷的建筑

环城北路西侧西安第一座立交桥——星火路立交桥1987年竣工通车

1982年7月，陕西省政府倡议建设西安环城公园，得到西安各界人士的热烈响应和支持。西安数十万群众义务劳动兴建环城公园的消息，一时间成为全国的新闻热点。经过两年多的工程建设，环城林地里10多万平方米的违章建筑得以全部拆除，取而代之的是树木花草和多处小游园。

1983—1985年，采用传统园林的设计手法，设置迂回的游步道，弱化城墙、护城河笔直的空间视觉感受。设置仿古亭廊、屋榭、牌楼等园林小品，增强公园古朴的历史文化特色，使绿化软质景观与城墙、护城河相得益彰。环城公园整体上强调东、南、西、北各具特色。环东段河床低下，河沟狭窄，东南角步石堆山。环南路突出南北中轴线，南门外建成小游园和绿化广场，开阔视野。环西段、环北段以乔木、果树为主。

进入1990年代，西安市再次投入大量资金对环城公园进行改造。继续沿用中国传统园林要素，增添多处角亭、木亭、草亭和花架等园林小品。同时加入现代的大草坪和规则式的绿化种植方式，环城一周的牡丹园、樱花园、吉备真备园、山楂园、石榴园等10处特色园作为园中园相互呼应。至1999年，环城林带改造建成60.78万平方米的环城公园。

4. 内外环路的贯通

西安城墙内侧为顺城巷，外侧为环城路，这两条道路沿城墙环绕，是城墙区域的重要环线动脉。

（1）顺城巷

城墙内侧的道路-顺城巷原是古城墙防御体系中调动兵马、输送给养、传递情报的重要通道。抗日战争时期，沦陷区难民逃难西安，多在城墙防空洞内穴居，并在路侧搭建窝棚，道路渐被堵塞。1958年"大跃进"中，街道工业利用内环路为场地，尤其城内四角路面多被占用、堵塞。环城建设开始前，内环路堵塞长度达6.2千米，占全路总长的一半。

上左：1983年7月三千劳动大军投入护城河治理工程
上右：1984年7月从东门到西门城墙整修一新
下左：20世纪80年代末顺城巷旧貌
下右：20世纪90年代初顺城巷改造前

1983—1984年，新城、碑林、莲湖三区组织占路单位、居民拆迁，疏通并重新铺设顺城巷路面。铺设路段包括：东门经东南角至建国门934米，文昌门至南门444米，南门经西南角至粯子市街西口1860米，西北城角至西北三路800米，尚勤路经东北角至中山门1619米。5段总长为5.66千米，最宽处6米多，最窄处3米多，平均宽4米，完成应疏通任务的91%。至1990年底，内环路仅剩由玉祥门北侧至城墙西北角广仁寺一带约600米尚未疏通。

（2）环城路

西安环城路绕城墙一圈，全长15.1千米，环绕古城墙十八门，交叉路口太多，由于1952年建设火车站广场的影响，环城北路形成了断裂之态。在环城路建设方面，1986至1990年实施环城北路火车站地下隧道工程，由环城开发设计所设计，铁道部第二十工程局和西安市市政第一公司承建，其中隧道长468米，为现浇三孔厢型钢筋混凝土结构，中孔机动车道为双向车道，两侧为非机动车道，同时修建地下商场和停车场。

2001 是年 价值提升
西安城墙被国家旅游局评为"AAAA旅游景区"。

2002 七月 《西安历史文化名城保护条例》获准实施
陕西省九届人大常委会正式批准《西安历史文化名城保护条例》。

2004 九月 城墙景区管理委员会成立
全面负责城墙、环城公园、护城河等与城墙相关的文物古迹的整体保护、管理和开发等工作。

十二月 西安城墙火车站段实现顺利合龙

是年 启动西安顺城巷改造项目保护更新历史街区
打通了顺城巷，将城门、碑林、东岳庙、广仁寺、董仲舒墓、湘子庙等多个历史文化节点串联。

2006 六月 顺城巷南门至文昌门段改造完成
西安顺城巷南门至文昌门段以明清风格为特点，形成干净整洁的容颜，成为古城一大亮点。

十二月 西安城墙与南京城墙等被列入《中国世界文化遗产预备名单》

是年 西安地铁2号线开工建设
地铁2号线开工建设标志着西安开始进入了"轨道快速交通时代"。

2008 九月 西安唐皇城墙含光门遗址博物馆建成开馆

2009 十一月 《西安城墙保护条例》颁布
西安市人大审议通过，经陕西省人大批准通过的《西安城墙保护条例》正式颁布实施。

是年 西安城墙条区管理委员会整体移交曲江新区
移交后由曲江新区负责西安城墙的保护、管理和运营工作。

2011 九月 "4+2"城市第三次学术研讨会在西安城墙景区召开
中国古都学会城墙保护专业委员会"4+2"城市第三次学术研讨会在西安城墙景区召开。

九月 西安城墙保护基金会正式成立
西安城墙保护基金会宣告成立，这是西安市探索城墙保护新模式的尝试。

2012 一月 西安城墙南门区域综合提升改造工程
基于"八水润西安""缓堵保畅"等五项重点决策，实施西安城墙南门区域综合提升改造工程。

2014 五月 四大项目完工，并对外开放
护城河水上游览区、环城公园景观提升、箭楼修复性展示、南门内地下人行通道等四大项目完工。

2016 是年 城墙护城环城公园（朱雀门至西门段）综合改造工程启动

西安城墙与环城公园

西安城墙安定门城楼 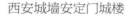   西安城墙角楼

7.2.3 复兴活化：21世纪后的更新提升

"不同规模的历史建筑、古遗址或历史地区，包括建筑个体、规划空间、历史城镇、陆地景观、海洋景观、文化线路和考古遗址，其重要性和独特性来自于人们所理解的其社会、精神、历史、艺术、审美、自然、科学或其他文化价值，也来自于它们与其物质的、视觉的、精神的以及其他文化的背景和环境之间的重要联系。这些联系，可以是一种有意识和有计划的创造性活动、精神信仰、历史事件、利用或通过文化传统日积月累形成的有机变化所导致的结果。"

——2005年国际古迹遗址理事会《西安宣言》

21世纪，随着信息化和经济全球化时代的到来，人们对文化有了新的认识。吸纳外来优秀文化、拥抱现代社会文明和保护本土历史文化和维系民族特色不可偏废。西安作为世界古老文明的发生地之一，在新世纪迎来新的发展机遇。历史的厚重和文化的沉淀，使其成为世界文化交流和旅游观光中心之一。承载了丰富历史文化的古城墙，在现代文化的保护中，重新恢复了宏伟、壮观的风貌，

生机盎然。

城市遗产的内涵不仅包括遗产本体，也包括与其发生"场效应"的周边环境，更包括由遗产本体和周边环境所承载的文化生活。西安城墙及其周边环境作为最能体现城市文化和整体格局的重要因素，是传统文化"活着的载体"，应在保护利用的前提下，积极融入西安现代城市发展中，创造了现代都市和古迹保护和谐共生的良好示范。

1. 时空对话——历史文物的保护与展示

西安城墙是西安历史文化名城的重要组成部分，其自身的每一区段、每一节点均是文化遗产中不可或缺的要素，而由这些要素组成的整体保护也尤为重要。

（1）制度引导与支持

21世纪以来，关于城墙的多部文件制定发布。2002年7月5日《西安历史文化名城保护条例》公布，2002年8月1日起施行。该条例规定古城墙区域包括西安城墙、护城河、环城林带和环城路，古城墙以内区域的建设应从严限制，不适应城市功能的企业事业单位应限期调整或外迁。2003年7月1日起施行的《中华人民共和国文物保护法实施条例》对城墙等文物的保护提出了具体要求。

西安城墙敌楼

西安南门瓮城

2006年初，西安市法制局联合西北政法大学，制定了《西安城墙保护条例（草案）》，是西安城墙保护与管理工作的地方性法规。同年，西安市人大第一次将《西安城墙保护条例》列入立法计划。2009年11月1日《西安城墙保护条例》发布。

2011年9月，西安城墙保护基金会成立。这标志着更多社会资本将参与城墙保护，保护城墙的资金渠道更为多元化，城墙保护资金更为充足，各项研究和申遗工作更易推进。

（2）实体保护与展示

本体保护：完善城墙文物保护的电子档案系统；采用科学的手段，强化城墙的科学监测保护措施，对城墙出现的裂缝、沉降、剥蚀、鼓胀、孔洞等"病害"划分安全等级，分别采取相应的保护措施；研究螨虫、霉菌对城墙土遗址的影响，进行除霉菌、除虫害、除盐害酥粉等保护工作。确保城墙遗址本身的文物保护得到加强和提升。

本体连接：2004年12月，西安城墙火车站解放门连接工程顺利合拢。整个工程采取修复复原和保护文物相结合，由两部分组成：一是广场连接段，全长233.6米，从尚德门东原城墙豁口至东墩台，由西墩台、城墙上一座敌楼组成；二是复原段，全长302.35米，从尚勤路西原城墙豁口至东墩台，由东墩台、城墙上两座敌楼、尚俭门门洞、尚勤门门洞等部分组成。至此，断裂的西安城墙完全弥合，成为一座名副其实的四方城，以完整、雄伟的身姿展现在中外游人面前，对展示西安古城风貌、提高西安文化品位、发挥西安文物资源优势具有重要意义。

南门综合展示区域：2014年的城墙南门区域综合提升改造工程是在保护文物的原则下打造的历史文化街区，包括一系列整体性的建设：箭楼遗址保护性展示工程，恢复三重门三重楼传统布局的历史区域，修建南门广场的风貌区，建设广场两侧的松园、榴园配套服务区，修建护城河的水上游览线，创作南门仿古入城式表演，建设月城和箭楼中的博物馆。这些提升改造措施使得南门区域成为城墙保护和展示的示范区。

在多年努力下，西安城墙恢复了威慑西北的"王城"气象，在视觉空间上展现了一个庞大而精密的军事防御体系，包括护城河、吊桥、闸楼、箭楼、城楼、月城、瓮城等系列配套设施，并被我国列入世界文化遗产预备名录。

2. 活力窗口——文化活动的栖寓与承载

2004年9月西安城墙管理所、西安中国书法艺术博物

2018西安城墙国际马拉松赛　　西安城墙新春灯会　　　　　　　　西安城墙新春灯会

馆、西安环城公园建设管理处等6个单位合并成立了西安城墙景区管理委员会，致力于挖掘内涵、传承历史、塑造人文。通过人文、历史、民俗、民风、民情等生动完整地展现城墙文化资源，推动国内外文化艺术的交流，使城墙成为东西交汇、时空穿梭的舞台。2009年5月，西安市机构改革，西安城墙景区正式划归曲江新区管委会管理和运营。城墙及其周边区域在新的文化保护理念和城市经营理念下得到了进一步的发展。西安城墙利用现有的空间结构，开展许多有意义的文化旅游活动，这是在创意中赋予历史遗产新的生命力，让这处军事防御工事渐渐变为百姓的民生乐园。

（1）节庆活动

在西安城墙的众多文化元素中，节庆是城墙活动的一个重要组成部分，如中秋赏月、六一亲子节、中秋节文化演出等，而城墙新春上元灯会是最具有影响力的节庆活动。"西安城墙灯会"是西安城墙景区新春系列活动之一，1985年春节，西安城墙举办了首届春节灯展，1994年正式命名为"唐都上元不夜城·西安城墙新春灯会"，到2018年，已经连续举办了31届。随着科学技术的发展，城墙在新春佳节融入了"无人机"表演、灯光秀等新的节庆活动内容，绚烂迷人，展示了西安的科技魅力，是新时期文化复兴的创新实践。

（2）体育活动

西安城墙国际马拉松赛是世界唯一一个将赛道设置

在完整古城墙上的马拉松赛事，赛事创办于1993年，至今已举办24届，成为西安人民体育文化生活中的一个重要组成部分。2018年首次扩容参赛规模从3000人增加至5000人，以"汉朝"为主题，在赛事氛围、赛道布置、奖牌设计、赛事互动与汉朝紧密结合。西安市举办城墙马拉松赛事，把"千年古城墙，万众马拉松"与全民健身运动结合起来，把举办赛事与西安国际化都市建设结合起来，使城墙国际马拉松赛成为融体育、旅游、文化、休闲为一体的国际文化盛会。此外，还有"Wall·爱·跑""毕业夜跑季"、"品牌特色夜跑季"、"穿越古城跑"等活动，鼓励人们用运动发现这座城市的魅力。

（3）民俗活动

城墙作为一个城市文化展示的场所，还举办了长安古乐文化周、国际道德经论坛开幕式、客家恩亲大会、希望小学助学、时装发布会、风筝节、秦腔艺术节、曲江艺术节等民间艺术活动，在充分体现中国历史文化精髓的同时，赋予千年古城墙以新的文化内涵和独特的感受体验，创造出具有鲜明特色的旅游文化，让市民和游客更好地走进历史，感受人文。

（4）礼仪活动

国际化背景使得西安城墙也已经成为中国对外交流的一个重要平台，是外国宾朋认识中国的名片。2013年"科比·布莱恩特中国行"；韩国前总统朴槿惠来华访问登上

西安城墙国宾级迎宾演出《梦长安》　　　　　　　　　　　　西安城墙灯会

城墙；2014年诺贝尔文学奖得主的法国作家勒·克莱齐奥参观了城墙；2014年3月24日，美国"第一夫人"米歇尔抵达西安，登上南门城墙，欣赏古筝、放风筝、扭秧歌、秦腔，感受千年古都的魅力；2015年，习近平总书记在城墙会见印度总理莫迪……依托城墙景区打造的西安南门仿古入城迎宾式是根据古礼及盛唐迎宾礼仪而创作的皇家迎宾盛典，以其"天下第一礼""中华仿古迎宾第一式"的美誉闻名世界。仿古入城仪式就是主要参照古礼中的宾礼和盛唐时期的《开元之礼》仪规，并融入古代民间的礼仪内容而创意策划的，通常在南门御道、吊桥、月城、瓮城、南城墙上举行，向世界展示独具魅力的西安神韵。

（5）市井生活

"有什么样的风土，就有什么样的文章"，同样有什么样的场所，就有什么样的生活。自环城公园建设和顺城巷更新之后，人们依着城墙居住，环着城墙休闲，形成了属于西安的独特风景。在这里晨练散步，遛鸟下棋，拉拉二胡，会会老友，吼一声秦腔，逛一逛早市，跳跳广场舞，路边打打牌，这些闲适舒散、怡然自得的生活在古城墙旁混杂出独特的市井情怀。顺城巷下，古老的宅院和青灰色的城墙相互对话，躺椅上的老人摇着蒲扇，调皮的孩子在嬉戏玩耍，这就是西安独特的慢生活方式。

近年来，随着城市的发展，城墙根儿脚下享受悠闲的聚会时光，也逐渐成为西安年轻人的选择。顺城巷沿线的酒吧、餐馆人气旺盛，背包客们在特色民宿门口徘徊往

来，南门城墙下的网红歌手在街边驻足歌唱……夜色渐浓，人群各自散去，唯有城墙依旧屹立，闲看花开花落，漫随云卷云舒，优雅而宁静。

3. 城景相融——环城景观的构思与塑造

2001年，西安城墙被国家旅游局评为"4A级旅游景区"。由此，开始打造以西安古城墙为主题，集护城河、环城林带（包括城河外沿）、顺城路四位一体的环城风景区。

2002年1月24日，环城公园作为西安市第一个免费公园对外开放，公园日客流量骤增，日均约4万人次，大大提升环城公园的社会效益。2004年开始，公园风格定位由建园初期的"古朴、粗放、有野趣"转变为"古朴、自然、人文"，相继建成环城西苑和东门实验段两个相对独立的景观园区。

2012年底，西安市委、市政府讨论通过《"八水润西安"规划》，"到2020年把西安建成"城在水中、水在城中、水韵长安的现代化生态型大都市"。护城河的提升改造是实施"八水润西安"工程的重要内容，让河、渠、池、湖互通，让护城河变清变美，水中有鱼、水上有船，实现"一水护城、碧带环郭，清水长流、绿树成荫"，做到还河于民、还景于民，让市民群众能够近水、亲水、乐水，成为护城河综合改造工程的重中之重"。[①]

2014年对永宁门广场更新建设，使其成为以古代军事城池为主题的公共活动广场，南门区域实现城、墙、河、路、景的融合发展，展示了西安风貌，延续了历史文

----

① 2012年底，西安市委、市政府讨论通过的《"八水润西安"规划》。

西安环城西苑景观

脉，提升了城市品位。西安人熟悉的南门，从文保展示、交通改造、生态提升、文化复兴、城市发展等多方面发生了质的提升。

2016年，备受各界关注的省、市重点建设项目、生态工程、民生工程"西安城墙护城河及环城公园综合改造工程"，围挡动工并再次听取各方意见建议。全段改造计划于2022年建成，护城河剩余段改造将按照"六年四段五水域"施工计划，即利用6年时间，分4个区段，完成5个阶梯水域的建设。每段建成均形成独立水域，分别发挥功效。

2017年，环城公园景区绿化杂乱、树木老化的问题得到解决，成为市民群众休闲娱乐的好去处，也是彰显古城形象的重要窗口和文化名片。

4. 纵横互通——交通体系的建设与发展

城墙的保留与城市的交通问题一直是一个矛盾的对立面，随着城市的发展，这个问题更为突出。自环城北路完成贯通之后，城墙与城市的交通开启了新的糅合与并进。

（1）下穿隧道、立交建设

2010年，玉祥门下穿隧道和火车站综合改造工程开工建设。2012年，东门下穿式立交、南门与环城南路交通综合整治工程开建。2014年，含光门-朱雀门立交、南门立交、文昌门-和平门立交等三处立交的下穿隧道通车放行。建成后的含光门-朱雀门隧道、文昌门-和平门隧道为双向四车道，仅供机动车通行。永宁门隧道为双向的八车道，其中机动车道为双向六车道，非机动车道为双向

西安城墙南门箭楼保护性展示

护城河剩余段 4 区段改造计划

区段	长度	计划建设时间	建成后效应
朱雀门 – 西门	约 2.45 公里	2018 年建成	护城河将与西郊北石桥污水处理厂中水管道碰口，年接纳再生水源达 550 万立方米，发挥显著生态示范效应
西门 – 北门段	约 3.69 公里	2018 年启动，2019 年建成	护城河入水口（东南角）与退水口（西北角）南西线截污箱涵全口径贯通，水质处理及循环系统发挥作用，环城大部分区域实现清水绕城
东门 – 中山门、中山门 – 尚勤门段	约 2.46 公里	2020 年启动，至 2022 年建成	东门河道进一步拓宽敞开，污水通过经九路改排分流，东城防汛排洪进一步改善，环城生态环境、生活环境大幅提升
尚勤门 – 北门段	约 2.41 公里	2020 年启动，至 2022 年建成	火车站段河道全部敞开，北门交通整体改善。护城河全段实现贯通，改造工程全部完成

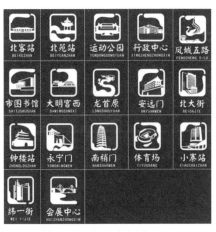

西安地铁及2号线站点标志

285

两车道。含光路、朱雀路、文艺路、雁塔路等4条南北向主干道出入内城时间将大幅缩短，内城将形成快速、立体、便捷的路网体系。

（2）地铁建设

2011年9月，西安地铁2号线建成通车，这是西安建成的首条地铁线路，是古都西安的南北交通大动脉。它的建成对于提升西安城市规划固有格局、拉大城市发展骨架、促进现代立体交通的建设、缓解城市交通拥堵、推动城市经济社会全面进步，都有着十分重要的意义。然而这条纵贯古城南北的地下大动脉，不可避免地要从城墙的永宁门（南门）、安远门（北门）和钟楼下通过。

西安地铁1号线联系东部纺织城与西部西咸新区，为西安地铁第二条运营的线路，于2013年09月15日投入运营。这条东西大动脉，通过了城墙的玉祥门和朝阳门。

西安地铁建设本着"避让为先，保护为主"的原则，通过各种技术分析，全面分析运行振动、基础抗震、施工技术等对文物产生的影响，在经过钟楼等重要古建筑时，铺设减震轨道，采用国内最高等级的减震技术，尽可能保护文物不受破坏。同时，地铁各站点标志也呼应了不同城门的特点，强化了城市的文化特色。

5. 街区活化——顺城巷的更新与改造

随着经济社会的发展，作为城市核心的老城区在日益加快的建设热潮中，受到了新一轮的破坏。大量低矮的传统居民区被拆除改造，众多超高超大的现代建筑拔地而起，破坏了旧城原有的肌理和尺度，增加了建筑和人口的密度，钟鼓楼、城楼等旧城标志性传统建筑湮没在高楼大厦之中。大量商业建筑的开发又吸引聚集了大量人流、车流，以至形成今日"有墙无城，有城无市"的局面。因此，进行明城区内顺城巷区域的保护与再开发，则是西安历史文化名城保护的重点之一。

顺城巷改造规划以明城墙为主线，护城河、环城公园为"绿带"，城墙内环为古街，围绕一"绿"二"古"三"突出"，使长达13.7公里的昔日古老街区和雄伟高大的古城墙展现出处处融洽的生活场景及和谐的时代气息。

改造方案主要着眼于以下几个考虑："首先是保护古城墙周边的文物、老街区、古民居等，保护古城墙与周边环境的空间协调，使二者保持一致；其次是连通整个城墙内环线，将城墙内侧的所有景观串连起来；三是改善居民的生活环境，改变城墙周边脏、乱、差的形象；四是重置传统建筑的形式，对一些有保护价值的民居和古建筑予以

保留，并建造一些真正与古城墙协调的建筑。改造不仅对原有的建筑外立面进行清洗，更换外饰面、屋面材料，增加坡屋顶、保温层，有利于节能；而且重做了防水层，增加上下水，污水处理设施，重新布置了供电设施等基础设施。"

顺城巷及周边环境改造工程经过10余年的改造实践，顺城巷南段改造工程已基本完成。改造后的顺城巷改变了以往脏乱差的现状，给当地居民一个美观的生存环境，大大改善了原有的建筑条件和城市空间环境，延长了建筑寿命，受到了居民的普遍欢迎。这条曾经作为调动兵马、运送粮草的马道巷逐渐成为西安人以及外地游客娱乐休闲、品味西安特色的好去处。以顺城巷道路为纽带串联了丰富的旅游资源，吸引了巨大的客流，带动了旅游消费，成为最西安的文化商业地带。

《西安往事》漫画中的城河

宋黎明系列人文漫画札记，陕西出版集团，太白文艺出版社

西安城墙

"城墙作为一种文化遗产，具有不可再生、不可替代的资源特性和历史文化价值，将其真实、完整地传承下去，是我们的职责。"

——2007年中国古都学会城墙保护专业委员会《南京宣言》

7.3 角色：
西安明城区及城墙的价值思考

城市如人，有初生、青春、壮年，也有暮年、垂老、逝去；有幼时的懵懂、青春的躁动，也有中年的惶惶、暮时的寥落；有愉悦、健康、快乐、幸福，也有疾病、困惑、迷乱、悲伤。人，生而有其命，基因遗传、世代演替、生命进化、血脉关联，皆不同，应尊重、珍视。城市，存而有其格，文化传承、时代更迭、社会进步、文脉关联，更相异，应尊重、善待。

西安明城区及城墙是一本活的城市史书，清晰地记录了城市的发展历程，是城市独特的内涵所在。面对文化复兴、生态持续、存量更新等新阶段的认知与诉求，其价值也发生了新的转变。但亘古不变的是其深入血液，并汩汩流淌的文化基因，它从历史中走来，鲜活于当下，也必将带着新的角色与使命走向未来。

7.3.1 内涵价值：明城区在西安城市中的地位

西安明城区如何在新的历史进程中保存旺盛的生命力，发挥积极的作用，是当下西安城市发展建设需要回答的核心问题。作为西安历史文化名城的核心和精华，总面积11.32平方千米内有多处重要历史建筑、文物保护单位，以及格局风貌相对完整的历史街区。

1. 气度：最西安的人文精神格调

美国建筑学家沙里宁说："城市是一本打开的书，从中可以看到它的抱负。让我看看你的城市，我就能说出这个城市居民在文化上追求的是什么。"

西安有3000多年的建城史，前后有13个王朝在此建都，是世界四大古都之一。周礼、汉制、秦统、唐盛，无一不是中国古代社会的关键节点。文化的丰裕培育了西安独特的人文气度与精神格调。"九天阊阖开宫殿，万国衣冠拜冕旒"，"长安"这个曾经万人仰慕的大都会，以其雄浑宏大的布局、巍峨壮丽的建筑、博采兼容的气度、无比强盛的国力，成为西安发展史上最壮观的一页，也直接构架了西安文化基因的基本格序。即便经历了沧桑巨变，凋敝沉寂，千年的时光在此凝结，却依然动摇不了其浩然恢弘的文化气质。

西安传统的豪迈、恬淡、悠闲的人文特色根植于"自古帝王都"的城市气度与精神，更根植于其几经沧桑、笑傲沉浮的智慧觉悟。

2. 厚度：最西安的历史文化特色

"建筑是永恒的文化舞台。"一座城市，都会有它独具的脉搏和文化。西安是幸运的，这里有过周都的雅朴，秦都的宏伟，汉都的博大，唐都的开明。明代初年，以在唐皇城的基础上建设明代城垣及迁建钟楼为标志，西安的城市建设又出现一个高峰。作为全国首批公布的24个历史文化名城之一，西安人文昌盛，古迹众多，丰富的历史文化基础带来了年代跨度久、内涵深度大、种类繁多、保存完好的历史文化资源。明城区经过朝代的演替和历史的叠加，其内部留存了大量的文化遗存，形成了西安特有的城市风貌和地域文化。据统计，明城区内有国家级文物保护单位14处、省级文物保护单位26处、市级文物保护单位15处，另有北院门历史街区、七贤庄历史文化街区、三学街历史文化街区3片，历史建筑49处，古树名木多株，且大部分保护得当。这些文物古迹承载了数代人的历史文化记忆，是明城区内熠熠发光的文化瑰宝。

3. 形态：最西安的城市空间格局

"以明城区（旧城）为核心"是西安多轮规划中出现的字眼，多年的建设发展始终没有撼动其城市中心的地位。

明城区以城墙为边界，以南北大街、东西大街为轴线，以城内纵横垂直交错的街巷为肌理，以钟、鼓楼等特色建筑为标志性节点，共同构成了城市的基本骨架。这种形态格局又在很大程度上深深地影响着西安整个城市的形态结构。明城区如同一个原点，定位了城市的空间坐标。在城市向外的空间拓展中，均以明城区作为城市空间架构的核心，确立轴线、片区、路网等。南北延伸的龙脉、规整的路网格局、多条轴线的建立，均强化了城市形态发展的延续性。西安已是迈向千万人口的超大城市，而明城区永远是城市的发展之源。

291

西安城墙与其他城市城墙的比对

城市	城墙概述	存废	照片
北京	始创于元代，建成于明代，沿用于清代至民国，经历了七个世纪之久，古城墙已不见踪影	废	
成都	建于明初，后分别进行过三次拆除，现今只剩一小段城墙还在	废	
洛阳	建于隋大业元年，民国全部铲掉并在原墙基上修建环城马路	废	
太原	始建于宋代，扩建于明初，城墙被摧毁于太原战役，解放前都已被拆除改建为工事	废	
合肥	始建于隋朝，1951年拆除残缺的老城墙，改建环城马路，20世纪70年代修环城公园	废	

城市	城墙概述	存废	照片
西安	始建于明太祖洪武三年，是中国现存规模最大、保存最完整的古代城垣	存	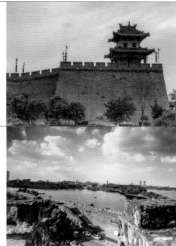
南京	兴建于明朝，清朝和民国时期被破坏，民国后破坏城墙的行为被制止	存	
开封	始建于战国时期的魏国，文革时期大肆破坏，后被列为文保单位后得以保存至今	存	
平遥	始建于西周，扩建于明朝，现基本保持明初城墙建筑的形制结构	存	
荆州	形成于三国时期，现城墙为清代重建，新中国成立后成为政府重点保护对象	存	

右图：西安历代轴线与明
城区历史遗存规划图
来源：《西安明城保护规划》

4. 活态：最西安的日常生活场所

无论是"西安春风花几树，花边饮酒今何处"的风俗
生活、"长安大道连狭邪，青牛白马七香车"的文化生活、
"花萼楼前雨露新，长安城里太平人"的居住生活，还是
"红尘白日长安路，马走车轮不暂闲"的公共生活，明城
区更是富有活力的城市中心。

明城区不仅是一个承载历史的文化空间，还是一个融
合了日常公共休闲功能和民俗文化功能的生活空间，是文
化层不断叠加和城市生活经验不断累积的区域。北院门里
的特色餐饮、三学街的传统匠作、传统社火组成的节庆活
动，透过历史，映射到了当代的城市生活中。今天，历史
文化名城保护的观念已经从单一的文物建筑保护，到历史
街区环境整合保护，再到融入日常生活、参与共享的共生
环境保护。明城区作为承载城市文化生活、旅游商业生
活、市民休闲生活的综合展示场所，是体现城市活力、展
现城市多样性的核心空间，是城市更新发展的动力源泉。

7.3.2 城市遗产：明城城墙在历史进程中的嬗变

"城之所以为城，就是因为有城墙。西安是
名副其实的城啊！它的城墙赫然完整，独身站定
在护城河上的吊板桥上，仰观那城楼、角楼、女
墙垛口，再怯懦的人也要豪情长啸了。"

——贾平凹

西安明城墙是一幅巨大的城市文化图卷，以其为线索
穿越了不同的历史空间，串联起众多的"生活场所"。

1. 角色蜕变——从历史遗存到城市遗产

历史遗存泛指人工建造的各种工程和遗留下来的各种
痕迹，而历史遗产则是具有历史、艺术、科学价值，与人
类生活息息相关的历史遗存。城墙是历史上人工设计建造
的，具有明确规划的景观，是一种人文旅游资源。它属于

西安城墙、环城公园与护城河

历史，代表了时代变迁和文化传承；存于当下，是西安不可或缺的城市象征和市民活动场所。从城市遗产角度解读，它又是最具西安特色的名胜古迹，是西安市、陕西省乃至中国的名片式文物。

从隋唐皇城算起，西安城墙已经有一千四百多年的历史。追根溯源，古城墙的产生和发展与城市防御等军事用途紧密相关。城墙最开始的修建目的就是"筑城以卫君，筑郭以卫民"。作为一个纯粹的防御工事，城市必须围合、封闭、坚固，以保证城市的安全。但是时至今日，随着社会变迁和技术发展，西安城墙永远地失去了它的原始功能价值。经过完整修缮的西安古城墙作为中国现存规模最大的古代城防体系，全国大都市中仅有的得到完整保存的古代城垣，获得了历史上不曾有过的独特性和唯一性，成为西安这座城市的可识别标志。它以其视觉造型的独特性，覆盖了城市最为基础的历史要素，是城市文化情感的寄托。它承载历史，贴近时代，同时体现着西安的地域文化特色，是瑰丽绚烂的城市遗产。

2. 价值转型——从城市边界到公共空间

西安明城墙环绕明城区东、西、南、北四个界面，界定了城市的轮廓，形成了城市有形的空间边界和无形的文化边界。在历史文化遗产的价值得到认识之后，城墙边界的角色逐渐淡化，取而代之的是依托城墙本体，将环城路、环城公园、护城河、顺城巷等进行一体化的建设和修葺。环城路连通城区外围，环城公园狭夹于城河之间，护城河疏阔深远，顺城巷如同一个文化长廊，它们与延续至今的城墙古迹一并赋予了场所古朴典雅的文化气场，如同筑巢引凤一般，吸纳了市民与游客，并将当代城市公共生活汇集在西安明城墙周围。

西安明城墙并未成为封存在展柜中的"历史标本"，而是蜕变为一种城市公共空间场所，承载了城市公共生活，人们在其中交往、互动，生机勃勃。它详实记录了西安当下的人群生活，沿城墙根散步、遛鸟的老西安人，早市吆喝叫卖的菜贩，一同运动锻炼的好友，拿着相机不断拍摄的中外游客，甚至还有低头默走的僧侣，他们生活在

彼此平行又时有交集的剧本中，共同诠释了西安当代城市
生活的精神面貌，让人感受到文化需求上的精神愉悦。西
安明城墙及其周边区域，将丰富的历史文化资源转译为城
市公共活动空间，与当代人们的生活紧密相连，成为一座
展示西安城市生活的博物馆。

永宁门今昔对比图

3. 更新利用——从全面保护到活化利用

　　随着对城市遗产保护的认识不断深入，城市遗产保护
的方法也在不断地更新。传统的保护方法基本都是以保护
对象作为保护活动的核心，在此基础上，经历了对历史建
筑的外观和结构进行的全面修复、对城市遗产的历史痕迹
的尊重、基于"软科学"对城市遗产的维护保养、基于
"硬科学"的保护修复等主要阶段。而"活化利用创新驱
动"，全面保护与活化利用恰当结合，则是当前遗产保护
工作的新思路。

　　对于西安城墙而言，全面的保护并不能充分发挥其对
于城市的价值。通过科学的方法，将传统意义上的城墙与
旅游产业、文化产业、创意产业、休闲娱乐产业等现代产
业元素成功嫁接，对于产业发展和城市发展，都具有不同
凡响的意义。引入城市经营理念、新思维创意和现代化运
作，将不同的商业业态分段呈现，各类文化活动分类策
划，才能使城墙文化与整个城市、企业、市民互动起来，
才能从规划、配套等方面让现代人感知和真实体验到西安
城墙的"千年盛景"。

长乐门城楼今昔对比图

捌 当下——今日城墙图景

大南门（永宁门）航拍　2018年8月23日

　　我庆幸这座城在中国的西部，在苍茫的关中平原上，其实只能在中国西部的关中平原上才会有这样的城，我忍不住就唱起关于这个地方的一段民谣：

　　八百里秦川黄土飞扬，三千万人民吼叫秦腔，

　　调一碗黏面喜气洋洋，没有辣子嘟嘟囔囔。

——贾平凹《西安这座城》

明城三学街雪景

"它将一座城墙由汉修到唐，由唐修到明，由明修到今。上世纪八十年代，城墙再次翻修，我从工地上搬了数块完整的旧砖，一块做了砚台，一块刻了浮雕，一块什么也不做就欣赏它的浑厚朴拙。"

——贾平凹《老西安：废都斜阳》

8.1 品相：西安明城墙图谱

从隋大兴皇城初建（公元582年），西安城墙已诞生一千四百余年，从明洪武年府城扩建定型（公元1378年），西安明城墙已在关中平原上耸立了640年。风卷轮回、朝代更迭，昔日帝都的荣耀、废都的衰亡、市井的繁华、枪炮的烟火已随历史落入尘埃。大地苍茫、风土酽酽，进出城门的皇亲国舅、达官贵人、商贾百工、百姓脚夫已随历史成为过往。只留下一座如丰碑般的故城大墙，守望着城市的兴衰荣辱，日出日落。在漫长的岁月里，城墙是亲历者、记录者、见证者。

进入现代社会以来，城墙也在融入新的城市空间与生活，从封闭内敛到开放包容，从军事壁垒到公共空间，从城市之界到城市之心，历史已成故纸记忆，当下却是真实生活。当下的城墙注记了西安文化基因的格序，也在构建着时代文化的新谱系。

西安明城区城市肌理

东

长乐
为眺

永宁
力眺

安定
内眺

安远
为眺

东 长乐之门

西 安定之门

南 永宁之门

北 安远之门

东 长乐南望

南 永宁西望

313

西 | 安定北望

314

北 | 安远东窔

西 安定南望

北 安远西望

315

8.1.5 四门剖面

长乐门即城墙东门，处新城区东大街与

洪武七至十一年（1374—1378年）扩

大明江山长久欢乐，万年不衰之意长乐

东路交汇处，南北轴线的最北端；明初

墙时新建成；命名"长乐"，带有祈祝

各6+1式门洞，东门现存箭楼和城楼。

CHANGLE G

永宁门即城墙南门，处碑林区南大街与
隋初（582年）原叫安上门，明改为永
长的一座。永宁门规格为6+1式门洞，

南路交汇处，南北轴线的最南端；始建

是西安城门中资格最老、沿用时间最

建筑现存闸楼，城楼，箭楼和瓮城。

安定门即城墙西门，莲湖区环城西路北

末缩建新城时保留下来，明扩建城墙时

事指挥部称"司令部"。安定门规格6

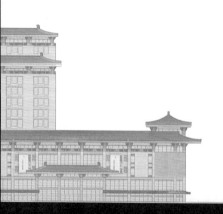

西大街相交处；原唐皇城西面中门，唐

路南移并名安定门；正楼主要是明代军

门洞，西门建筑现存箭楼和城楼。

ANDING GA

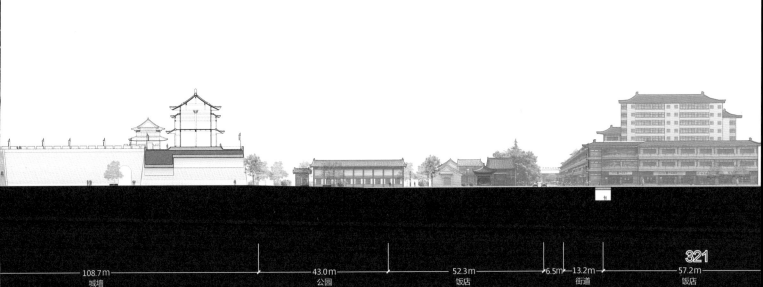

| 108.7m | 43.0m | 52.3m | 6.5m | 13.2m | 57.2m |
| 城墙 | 公园 | 饭店 | | 街道 | 饭店 |

安远门即城墙北门，处新城区北大街与

洪武七至十一年（1374-1378年）拐

要大门，被称为"古城第一门"。安远

瓮城。

北路交汇处，南北轴线的最北端；明初

墙时新建成；远在唐代它便是迎宾的主

各 4+1式门洞，北门建筑现存箭楼和

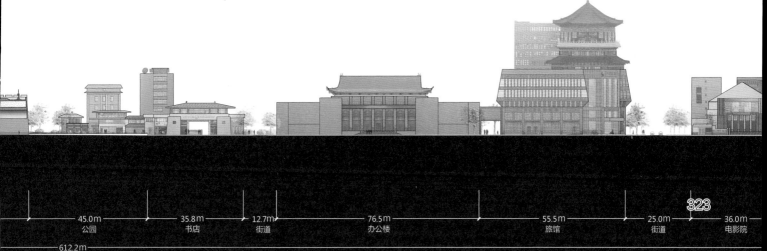

| 45.0m | 35.8m | 12.7m | 76.5m | 55.5m | 25.0m | 36.0m |
| 公园 | 书店 | 街道 | 办公楼 | 旅馆 | 街道 | 电影院 |

612.2m

8.1.6 城门内外

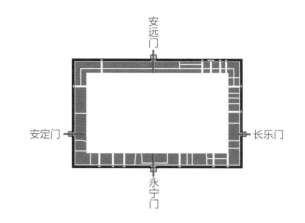

南二

安远门 外 西二

南二 内

安远门

西二

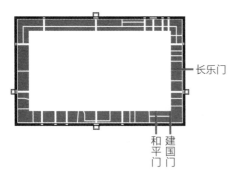

长乐门

建国门

和平门

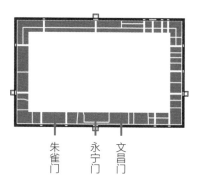

朱雀门　永宁门　文昌门

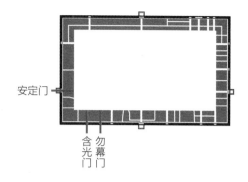

安定门

含光门

勿幕门

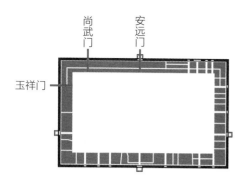

332

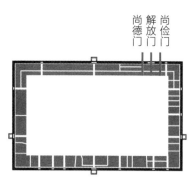

尚德门　解放门　尚俭门

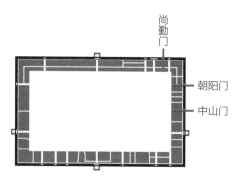

尚勤门

朝阳门

中山门

8.1.7 墙内四角

东北城角

东南城角

东 南 西 北 墙内四角

西北城角

西南城角

8.1.8 顺城街巷

341

明城南门马道

"西安俏了……人们在新的城市格局的每一个路口或每一座建筑物面前，总是忍不住钩沉昨天的记忆，这种喟叹便浸润着生活进步社会变迁的历史性韵味了。"

——陈忠实《西安俏了》

8.2 生活：
西安明城墙下的日常生活

历史的印记正缓缓退去，城墙在发展进程中由防御边界逐步变成城市内环，与顺城巷、环城公园、护城河共同构成今天西安城中不可或缺的公共空间，它更像是一个窗口，让人们念着历史、看着当下、想着未来。不同年龄、不同职业的人和城墙发生奇妙的碰撞，找到属于自己的对话方式。人们赋予这座伟大的历史构筑物以新的意义与价值，并在重新构建新的记忆与文化。

西安这座城总有一些说不清道不明的情愫在沉淀，在培育、在酝酿，并累积在每一个西安人的灵魂深处。城市从城墙中延伸，城墙在城市中萌发新的生活与文化，日常的、游憩的、公共的、贸易的……城墙已成为当下西安生活的一部分，是无法复刻的生活存在与文化基因。

8.2.1 明城航片

西安明城区航片（2018）

2018 年 5 月 25 日
东顺城巷　早市

2018 年 9 月 28 日
南顺城巷　东段

休 憩 墙下日常

2018 年 5 月 24 日
北顺城巷　东段

2018 年 9 月 28 日
南顺城巷　西段

出行 墙下日常

2018 年 9 月 25 日
北顺城巷　火车站

2018 年 9 月 28 日
北顺城巷　汽车站

2018 年 9 月 26 日
西顺城巷　南段

2018 年 9 月 26 日
东顺城巷　南段

停 驻 墙下 日常

2018 年 9 月 28 日
南顺城巷　东段

2018 年 5 月 24 日
南顺城巷　西段

娱 乐 墙下 日常

2018 年 9 月 28 日
东顺城巷 北段

2018 年 5 月 24 日
南顺城巷 东段

8.2.3 城墙与人

358

2018 年 5 月 22 日
西顺城巷　南段

2018 年 5 月 18
南顺城巷　东段

偶 城墙
与人

2018 年 5 月 18 日
南顺城巷　西段

2018 年 9 月 25 日
南顺城巷　东段

2018 年 5 月 18 日
南顺城巷　东段

2018 年 5 月 18
西顺城巷　北段

城墙与人
动

362

2018 年 9 月 26 日
东顺城巷　北段

2018 年 9 月 26 日
东顺城巷　南段

2018 年 9 月 26 日
南顺城巷　西段

2018 年 9 月 26 日
西顺城巷　南段

2018 年 9 月 26 日
南顺城巷 西段

2018 年 9 月 26
南顺城巷 西段

停 城墙与人

2018 年 9 月 25 日
南顺城巷 东段

2018 年 5 月 18 日
南顺城巷 西段

参考文献

古籍

[1] （春秋）左丘明著. 张永祥译注. 国语[M]. 上海：上海三联书店，2014.

[2] （汉）郑玄注. 礼记[M]. 北京：中华书局，2015.

[3] （汉）司马迁撰. （宋）裴骃集解. （唐）司马贞索隐. （唐）张守节正义. 史记[M]. 北京：中华书局，1982.

[4] （汉）班固. 汉书[M]. 北京：中华书局，1962.

[5] （汉）毛亨等. 毛诗注疏[M]. 北京：商务印书馆，1912.

[6] （西晋）皇甫谧. 帝王世纪[M]. 沈阳：辽宁教育出版社，1997.

[7] （唐）柳宗元. 柳河东集[M]. 上海：上海古籍出版社，2008.

[8] （唐）李吉甫. 元和郡县志[M]. 北京：中华书局，1983..

[9] （唐）李林甫. 陈中夫点校. 唐六典[M]. 北京：中华书局，2005.

[10] （后晋）刘昫等. 旧唐书[M]. 北京：中华书局，1975.

[11] （宋）欧阳修等. 新唐书[M]. 北京：中华书局，1975.

[12] （宋）王溥. 唐会要[M]. 上海：上海古籍出版社，1991.

[13] （宋）宋敏求，（元）李好文撰. 辛德勇，郎洁点校. 长安志·长安志图[M]. 陕西：三秦出版社，2013.

[14] （宋）徐松. 张穆校补，方严校点. 唐两京城坊考[M]. 北京：中华书局，1985.

[15] （宋）程大昌. 杨恩成，康万武点校. 雍录[M]. 西安：陕西师范大学出版社，1996.

[16] （元）骆天骧. 黄永年点校. 类编长安志[M]. 西安：三秦出版社，2006.

[17] （元）李好文. 长安志图[M]. 文渊阁四库全书. 台北：商务印书馆，1983

[18] （元）宋史[M]. 北京：中华书局. 1977.

[19] （明）宋濂、王祎等. 元史[M]. 北京：中华书局，1976.

[20] （明）王圻，王思義. 三才图会[M]. 上海：上海古籍出版社，1988.

[21] （明）何景明. 雍大记[M]. 三十六卷（浙江汪启淑家藏本）.

[22] （明）马理等. 董健桥等校. 陕西通志[M]. 西安：三秦出版社，2006.

[23] （明）李贤等奉敕修. 大明一统志[M]. 明天顺五年（1461年）内府刊本. 美国：哈佛大学图书馆.

[24] （明）李应祥，俞安期纂修. 雍胜略[M]. 北京：全国图书馆缩微文献复制中心，1992.

[25] （清）董诰等. 全唐文[M]. 北京：中华书局，2013.

[26] （清）顾炎武. 于杰点校. 历代宅京记[M]. 北京：中华书局，1984.

[27] （清）谭嗣同. 仁学[M]. 北京：朝华出版社，2017.

[28] （清）恽敬. 大云山房文稿[M]. 北京：商务印书馆，1936.

[29] （清）孙星衍等辑. 周天游点校. 汉官六种[M]. 北京：中华书局，1990.

[30] （清）毕沅. 张沛校点. 关中胜迹图志[M]. 西安：三秦出版社，2004.

[31] （清）舒其绅等修. 严长明等纂. 西安府志：乾隆四十四年[M]. 何炳武总校点. 西安：三秦出版社，2011.

[32] （清）张廷玉等. 明史[M]. 北京：北京中华书局，1974.

[33] （清）卢坤. 秦疆治略[M]. 清道光间刻本影印.

[34] 民国档案：《陕西省人口统计报告表（1936年度）》，陕西省档案馆存.

[35] 民国档案：《陕西省建设厅"西安市政府关于本市钟楼四马路四周马路宽度讨论"会议记录》，1946年1月，陕西省档案馆存.

[36] 民国档案：《陕西省六年计划纲要》，1946年5月，陕西省档案馆存.

[37] 民国档案：《西安市分区及道路系统计划书》，1947年，陕西省档案馆存.

[38] 西安市档案馆. 民国开发西北. 西安：内部资料，2003.

[39] 西安市档案馆. 民国西安城墙档案史料选辑[M]. 内部资料，2008.

[40] （民国）《西京日报》，《解放日报》，《秦风日报》《公益报》，陕西省图书馆馆藏资料.

著作

[1] 柴尔德. 远古文化史[M]. 周进楷，译. 上海：上海文艺出版社，1990.

[2] 斯塔夫里阿斯诺斯. 全球通史：从史前史到21世纪[M]. 北京：北京大学出版社，2006.

[3] 黑格尔. 历史哲学[M]. 上海：上海书店出版社，2006.

[4] 贺从容. 古都西安[M]. 北京：清华大学出版社，2012.

[5] 李令福. 古都西安城市布局及其地理基础[M]. 北京：人民出版社，2009.

[6] 张岂之，史念海，郭琦. 陕西通史：原始社会卷[M]. 西安：陕西师范大学出版社，1997.

[7] 张岂之，史念海，郭琦. 陕西通史：历史地理卷[M]. 西安：陕西师范大学出版，1998.

[8] 黄高才. 陕西文化概观[M]. 北京：北京大学出版社，2012.

[9] 徐雪强，陆益凡. 发现陕西：中华文明发祥地[M]. 西安：未来出版社，2014.

[10] 冯天瑜，何晓明，周积明. 中华文化史[M]. 上海：上海人民出版社，2015.

[11] 傅熹年. 中国古代城市规划史[M]. 北京：中国建筑工业出版社，2015.

[12] 何清谷校注. 三辅黄图校释[M]. 北京：中华书局，2005.

[13] 王振复. 中国建筑的文化历程[M]. 上海：上海人民出版社，2000.

[14] 王贵祥. 东西方的建筑空间：文化空间图式及历史建筑空间论[M]. 北京：中国建筑工业出版社，1998.

[15] 郭琦，史念海，张岂之主编，斯维至著. 陕西通史·西周卷[M]. 西安：陕西师范大学出版社，1997.

[16] 中国社会科学考古研究所. 汉长安城未央宫[M]. 北京：中国大百科全书出版社，1996.

[17] 傅熹年. 傅熹年建筑史论文集[M]. 北京：文物出版社，1998.

[18] 傅熹年. 中国古代建筑史（第二版）[M]. 北京：中国建筑工业出版社，2009.

[19] 史念海. 西安历史地图集[M]. 西安：西安地图出版社，1996.

[20] 黄留珠，张明，路中康. 西安通史[M]. 西安：陕西人民出版社，2016.

[21] 刘安琴. 古都西安：长安地志[M]. 西安：西安出版社，2007.

[22] 朱士光，吴宏岐. 古都西安：西安的历史变迁与发展[M]. 西安：西安出版社，2003.

[23] 肖爱玲等. 古都西安：隋唐长安城[M]. 西安：西安出版社，2008.

[24] 肖爱玲等. 隋唐长安城遗址保护规划历史文本研究[M]. 北京：科学出版社，2014.

[25] 张永禄. 唐都长安[M]. 西安：三秦出版社，2010.

[26] 张永禄. 唐代长安词典[M]. 西安：陕西人民出版社，1990.

[27] 张永禄. 西安古城墙[M]. 西安：西安出版社，2007.

[28] 杨鸿年. 隋唐两京坊里谱[M]. 上海：上海古籍出版社，1999.

[29] 李健超. 增订唐两京城坊考（修订版）[M]. 西安：三秦出版社，2006.

[30] 徐连达. 唐朝文化史[M]. 上海：复旦大学出版社，2003.

[31] 荣新江. 唐研究[M]. 北京：北京大学出版社，2018.

[32] 马正林. 镐京—长安—西安[M]. 西安：陕西人民出版社，1983年.

[33] 龚国强. 隋唐长安城佛寺研究[M]. 北京：文物出版社，2010.

[34] 刘庆柱，杜文玉. 隋唐长安——隋唐时代丝绸之路起点[M]. 西安：三秦出版社，2015.

[35] 马得志，马洪路. 唐代长安宫廷史话[M]. 北京：新华出版社，1994.

[36] 张永禄. 明清西安词典[M]. 西安：陕西人民出版社，1999.

[37] 秦晖，韩敏，邵宏谟. 陕西通史·明清卷[M]. 西安：陕西师范大学出版社，1997.

[38] 西安市地方志办公室. 民国西安词典[M]. 西安：陕西人民出版社，2012.

[39] 王桐龄. 陕西旅行记[M]. 北京：文化学社，1928.

[40] 倪锡英. 都市地理小丛书·西京[M]. 上海：上海中华书局，1936（陕西省档案馆存）.

[41] 张长工. 西京胜迹[M]. 1932（陕西省档案馆存）.

[42] 杨虎城，邵力子修，宋伯鲁，吴廷锡. 续修陕西通志稿：二百四十卷首一卷[M]. 1934（铅印本）.

[43] 张其钧，李玉林. 陕西省人文地理志，资源委员会季刊第二卷一期—西北专号[M]. 1942（陕西省档案馆存）.

[44] 翁怪修，宋联奎. 咸宁长安两县续志·二十二卷[M]. 民国年铅印本.

[45] 史念海等. 陕西通史·民国卷[M]. 西安：陕西人民出版社，1997.

[46] 陈赓雅. 西北视察记[M]. 兰州：甘肃人民出版社，2003.

[47] 张恨水，李孤帆. 西游小记·西行杂记[M]. 兰州：甘肃人民出版社，2003.

[48] 林语堂. 朱门[M]. 谢绮霞，译. 北京：北京群言出版社，2010.

[49] 陈真. 中国近代工业史资料·第四辑·中国工业的特点、资本、结构和工业中各行业概况[M]. 北京：生活·读书·新知三联书店. 1961.

[50] 周生玉，张铭洽. 长安史话·民国分册[M]. 西安：陕西旅游出版社，1991.

[51] 何桑. 百年易俗社[M]. 西安：太白文艺出版社，2010.

[52] 郭海成. 陇海铁路与近代关中经济社会变迁[M]. 成都：西南交通大学出版社，2011.

[53] 商子秦，于孟晨. 西安城墙[M]. 陕西：陕西科技出版社，2012.

[54] 武伯纶. 西安历史述略. 西安：陕西人民出版社，1979.

[55] 西安文物管理委员会. 西安文物与古迹[M]. 文物出版社，1983.

[56] 张景沸，景慧川. 西安城墙史话. 西安：陕西旅游出版社，1987.

[57] 陕西师范大学地理系. 西安市地理志[M]. 西安：陕西人民出版社，1988.

[58] 《当代西安城市建设》编辑委员会. 当代西安城市建设[M]. 西安：陕西人民出版社，1988.

[59] 西安市地方志馆，西安市档案局. 西安通览[M]. 西安：陕西人民出版社，1993.

[60] 张岂之，史念海，郭琦. 陕西通史·中华人民共和国卷[M]. 西安：陕西师范大学出版社，1997.

[61] 西安市统计局. 西安五十年（1949—1999）[M]. 北京：中国统计出版社，1999.

[62] 吴良镛. 人居环境科学导论[M]. 北京：中国建筑工业出版社，2001.

[63] 胡武功. 西安记忆[M]. 西安：陕西人民美术出版社，2002.

[64] 赵力光. 古都沧桑–陕西文物古迹旧影[M]. 西安：三秦出版社，2002.

[65] 王军. 城记[M]. 北京：生活·读书·新知三联书店，2003.

[66] 陈景富. 西北重镇西安–古都西安丛书[M]. 西安：西安出版社，2005.

[67] 单霁翔. 从"功能城市"走向"文化城市"[M]. 天津：天津大学出版社，2007.

[68] 王军，于孝军，陆晓延等. 城市记忆–西安30年[M]. 西安：西安出版社，2008.

[69] 西安市地方志办公室. 西安六十年图志（1949.5–2009.5）[M]. 西安：西安出版社，2009.

[70] 西安环城建设委员会. 西安环城建设资料汇编[Z]. 西安：西安环城建设委员会办公室，2010.

[71] 秦建明. 西安城墙·历史卷[M]. 西安：陕西科学技术出版社，2012.

[72] 商子秦. 西安城墙·保护卷[M]. 西安：陕西科学技术出版社，2012.

[73] 姚立军，商子秦. 西安城墙·建筑卷[M]. 西安：陕西科学技术出版社，2012.

[74] 朱文杰. 西安城墙·文化卷[M]. 西安：陕西科学技术出版社，2012.

[75] 西安城墙景区管委会. 城纪[M]. 西安：西安出版社，2016.

[76] 西安市地方志编纂委员会. 西安市志·第一卷·总类[M]. 西安：西安出版社，1996.

[77] 西安市地方志编纂委员会. 西安市志·第二卷·城市基础设施[M]. 西安：西安出版社，2000.

[78] 西安市地方志编纂委员会. 西安市志·第三卷·经济卷上[M]. 西安：西安出版社，2003.

[79] 西安市地方志编纂委员会. 西安市志·第四卷·经济卷下[M]. 西安：西安出版社，2004.

[80] 西安市地方志编纂委员会. 西安市志·第六卷·科教文卫[M]. 西安：西安出版社，2002.

[81] 西西安市城建系统方志编纂委员会. 西安市城建系统志[M]. 西安：陕内资图批2000（AX）040号.

[82] 西安市档案局，西安市档案馆. 筹建西京陪都档案史料选辑[M]. 西安：西北大学出版社，1994.

[83] （德）阿尔弗雷德·申茨·幻方：中国古代的城市[M]. 梅青译. 北京：中国建筑工业出版社，2009.

[84] （日）妹尾达彦. 长安城の都市计划[M]. 东京：讲谈社，2001.

学位论文

[1] 王军. 中国古都建设与自然的变迁——长安、洛阳的兴衰[D]. 西安：西安建筑科技大学，2001.
[2] 张腾辉. 从"帝都"到"天下"[D]. 上海：复旦大学，2012.
[3] 安坤. 西安地区"都城时代"城市设计历史经验研究[D]. 西安：西安建筑科技大学，2012.
[4] 田名川. 当代中国城市秩序研究[D]. 天津：天津大学，2013.
[5] 王美子. 隋唐长安城格局、遗存及标识[D]. 西安：西安建筑科技大学，2007.
[6] 李昕泽. 里坊制度[D]. 西安：西安建筑科技大学，2010.
[7] 张薇. 隋唐长安城自然形胜及其保护研究[D]. 西安：西安建筑科技大学，2008.
[8] 王力. 中国地景文化视角下"长安六爻"起源、演变与现状研究[D]. 西安：西安建筑科技大学，2015.
[9] 李瑞. 唐宋都城空间形态研究[D]. 西安：陕西师范大学，2005.
[10] 刘庆佳. 唐宋都城规制转型探究[D]. 郑州：郑州大学，2011.
[11] 郭璐. 中国都城人居建设的地区设计传统：从长安地区到当代[D]. 北京：清华大学，2014.
[12] 妹尾达彦. 唐长安城的官人居住地[D]. 京都：京都大学，1996.
[13] 苏莹. 明清西安城市功能结构及其用地规模研究[D]. 西安：西安建筑科技大学，2015.
[14] 王文韬. 城市遗产视角下西安明城墙及周边区域研究[D]. 西安：西安建筑科技大学，2015.
[15] 巴索兮. 明清民国时期潼关城镇形态研究[D]. 西安：陕西师范大学，2015.
[16] 杜勋. 明代西安府城市经济研究[D]. 西安：陕西师范大学，2013.
[17] 王俊霞. 明清时期山陕商人相互关系研究[D]. 西安：西北大学，2010.
[18] 付晓渝. 中国古城墙保护探索[D]. 北京：北京林业大学，2007.
[19] 杨彦龙. 西安城市地域结构探源及演化特征分析[D]. 西安：西安建筑科技大学，2006.
[20] 苏芳. 西安明代城墙与城门（城门洞）的形态及其演变[D]. 西安：西安建筑科技大学，2006.
[21] 任云英. 近代西安城市空间结构演变研究（1840—1949）[D]. 西安：陕西师范大学，2005.
[22] 郑炜. 西安明城区城市肌理初探[D]. 西安：西安建筑科技大学，2005.
[23] 张萍. 明清陕西商业地理研究[D]. 西安：陕西师范大学，2004.
[24] 周俊玲. 明南京城墙与西安城墙比较研究[D]. 西安：西北大学，2003.
[25] 史红帅. 明清时期西安城市历史地理若干问题研究[D]. 西安：陕西师范大学，2000.
[26] 阎希娟. 民国西安城市地理初步研究[D]. 西安：陕西师范大学，2002.
[27] 王永飞. 抗日时期西北城市研究[D]. 西安：西北大学，2003.
[28] 解立婕. 西安城市住区街巷空间研究[D]. 西安：西安建筑科技大学，2003.
[29] 张雨新. 论民国中期关中地区三大区域经济中心的南移[D]. 西安：西北大学，2006.
[30] 吴冰. 西安旧街巷名城研究[D]. 西安：西北大学，2008.
[31] 席侃. 西安西大街街道空间形态的形成与演进[D]. 西安：西安建筑科技大学，2008.
[32] 成广广. 民国关中市场研究[D]. 西安：陕西师范大学，2011.
[33] 王芳. 历史文化视角下的内陆传统城市近现代建筑研究[D]. 西安：西安建筑科技大学，2011.
[34] 陈青化. 民国时期西安园林初探[D]. 西安：陕西师范大学，2012.
[35] 张妍. 民国时期的易俗社与西安城市文化[D]. 兰州：兰州大学，2016.
[36] 张换晓. 民国西安会馆研究[D]. 西安：陕西师范大学，2017.
[37] 刘兆. 民国西安商业空间研究——以市场为例[D]. 西安：陕西师范大学，2017.
[38] 唐登红. 西安明城护城河及其环境的保护与利用[D]. 西安：西安建筑科技大学，2003.
[39] 李文墨. 城墙保存完整的历史名城保护之比较研究[D]. 上海：同济大学，2006.
[40] 林源. 中国建筑遗产保护基础理论研究[D]. 西安：西安建筑科技大学，2007.
[41] 张倩. 历史文化遗产资源周边建筑环境的保护与规划设计研究[D]. 西安：西安建筑科技大学，2011.
[42] 傅野. 西安明城区城市空间界面类型化基础研究[D]. 西安：西安建筑科技大学，2014.
[43] 钟曙. 环城公园绿带景观特色研究[D]. 南京：东南大学，2016.

后记

　　本书是编者结合十余年的教学、基础研究与设计实践，吸纳国内最新考古发现及相关研究成果，历时两年多的反复讨论和集中工作编撰而成。李昊、叶静婕、沈葆菊负责整体的框架搭建和内容安排，各章执笔人如下：壹，李昊、沈葆菊；贰，李昊、徐诗伟；叁，李昊、吴珊珊；肆，李昊、吴珊珊；伍，李昊、叶静婕；陆，李昊、韩冰、张洁璐、干墨泽；柒，李昊、贾杨、韩冰；捌，李昊、叶静婕、何琳娜、高健、黄婧、郑智洋、王宇轩、高晗、杨琨、李滨洋。各章排版、校核、绘图：叶静婕、王宇轩、郑智洋、高健、何琳娜、黄婧、高晗、杨琨、李滨洋；图纸整合：刘珈毓、李滨洋；照片采集：李庆梅、罗怡晨、刘乾宇、东昆鹏、程晓泽、高健、杨琨、刘珈毓、卢宇飞、郝昊田、吴越、赵月、孙高源、武伯菊、同晓舟。木作建筑+城市设计工作室完成全书的排版。

　　本书参考了大量的古籍文献、图书著作、国内外相关研究成果、照片图像等，在注释和参考文献中尽可能予以标识，但部分文字和图片来源无法准确查明出处，在此一并感谢，涉及版权问题请与出版社及作者本人联系，以备修正。